LA FAMILLE SUBVERSIVE
Histoire alternative de l'amour et du mariage

Du même auteur :

- THE THEATRE OF POLITICS
- VERY LIKE A WHALE
- THE MAN WHO RODE AMPERSAND
- THE CLIQUE

PSYCHOLOGIE ET SCIENCES HUMAINES

Ferdinand Mount

la famille subversive

Traduit de l'anglais par
Michèle JEUNEHOMME, Tiziana MONACELLI
et Chantal QUOIRIN

PIERRE MARDAGA, ÉDITEUR
2, GALERIE DES PRINCES, BRUXELLES

Copyright © Ferdinand Mount 1982
Jonathan Cape Ltd, 30 Bedford Square, London WC1

© Pierre Mardaga, éditeur
37, rue de la Province, 4020 Liège
2, Galerie des Princes, 1000 Bruxelles
D. 1984-0024-7

A William, Harry et Mary

Introduction

La famille est une organisation subversive. En fait c'est l'organisation subversive par excellence et la seule permanente. La famille est la seule institution qui, tout au long de l'histoire, et de nos jours encore, se soit attachée à spolier l'Etat. La famille est l'ennemi constant et persistant de toutes hiérarchies, églises et idéologies. Autant que les dictateurs, les évêques et autres commissaires du peuple, l'humble curé de paroisse et l'intellectuel de café sont en butte à l'hostilité permanente et inflexible de la famille et à sa détermination de résister jusqu'au bout à toute ingérence.

Comme pour tout mouvement clandestin, les autorités tentent de censurer la moindre allusion à sa popularité, voire à son existence. L'histoire doit être réécrite, les photographies retouchées pour effacer les images gênantes. D'un point de vue extérieur, il nous faut lire entre les lignes des condamnations et des poursuites officielles. Pour connaître l'histoire de la famille nous devons nous fier la plupart du temps aux archives et à la propagande de l'Etat. C'est comme vouloir se documenter sur le christianisme en Union Soviétique et n'avoir accès qu'à la *Pravda* et aux *Izvestia*.

Or nous souhaitons ici voir les choses sous un jour nouveau. Depuis l'enfance on nous inculque une image très différente de la famille. Les écoles, les journaux, les stations de radio nous poussent à voir en la famille le pilier de l'ordre établi. Dans les discours et les sermons, vous entendrez louer la famille comme le « rempart » — de la Société, ou de l'Etat, ou de la Religion, ou du Socialisme. Les politiciens proclament tous qu'ils sont « du côté de la famille ». En 1980, le Synode des Evêques à Rome a discuté « le rôle de la famille chrétienne dans le monde moderne ». Par hypothèse, la famille était essentiellement une institution chrétienne.

De temps en temps, il est vrai, l'un ou l'autre écrivain s'est aperçu qu'il pouvait en dernier recours faire appel à la famille pour lutter contre l'Etat. Pour De Tocqueville, par exemple, aussi longtemps que sera préservé le sens de la famille, l'opposant à l'oppression ne sera jamais seul. D.H. Lawrence, tout en succombant au mythe du christianisme comme défenseur de la condition matrimoniale, a tout de même observé que le mariage créait un espace privé propice à l'individu :

C'est peut-être le mariage qui a conféré à l'homme le meilleur de sa liberté, car il lui a ménagé un petit royaume personnel au milieu du grand royaume de tous ; ... Et il en résulte une indépendance véritable, parce que c'est pour l'homme, la femme, et les enfants, un état de plénitude et d'accomplissement réels.

Voulons-nous vraiment rompre les liens du mariage ? Si oui, nous tomberons tous, sous le contrôle de l'Etat, à un degré bien plus rigoureux que par le passé[1].

Mais la plupart des gens ne pensent généralement pas comme ça. Pour eux « subversion » signifie immanquablement rébellion contre l'ordre établi, « l'ordre établi » n'étant rien d'autre que « LA FAMILLE » en lettres capitales, avec toute l'hypocrisie et l'étouffement qu'implique la vie familiale. La plupart d'entre nous prennent pour argent comptant les déclarations de ceux qui se présentent comme les seuls agents véritablement subversifs, les féministes, les anarchistes, les hippies, les utopistes et les radicaux — les gens qui se soulèvent contre les usages « conventionnels » et les obligations de la famille.

Ici pourtant, le bât blesse. Jésus n'était-il pas lui-même une sorte de radical, un hippie avant la lettre ? Et Platon, qui est resté pendant des siècles le mentor de nos classes dirigeantes, n'a-t-il pas esquissé la première ébauche d'une communauté ? Et Karl Marx n'était-il pas un peu bohème ? Et tous, n'ont-ils pas dit des choses désagréables sur la famille ?

Ce sont pourtant eux — et bien d'autres au même titre — les prophètes qui ont façonné les esprits et moulé les conventions de l'ordre établi. Chaque fois que vous irez à l'église, ou que vous assisterez, en Union Soviétique, à un meeting de la Jeune Ligue Communiste ou à une réunion de la section de votre parti politique, vous vous apercevrez qu'on vous invite à souscrire à certains principes fondamentaux. Et le premier de ces principes, c'est souvent: «vous n'aurez d'autre Dieu que moi» — d'autre cause, d'autre foi, d'autre allégeance. Vous devrez renoncer à tout bien et à tout attachement matériel, et suivre l'étendard, la Croix, le Croissant ou le Marteau et la Faucille. Et que trouve-t-on au centre de tous ces biens et attachements matériels, s'opposant séditieusement à tous ces renoncements et endoctrinements? La famille et elle seule.

Comment se fait-il alors que nous continuions d'occuper nos bancs de famille à l'église? Pourquoi le prêtre et le politicien parlent-ils en termes si chaleureux de la vie familiale? La société dans laquelle nous vivons a été façonnée par une série de mouvements révolutionnaires puissants, certains religieux, certains purement politiques, d'autres à caractère mixte. Après avoir investi l'esprit des hommes et ensuite leur corps, ces mouvements se sont durcis pour devenir de véritables orthodoxies. Jésus, Marx, Lénine, Mao, Hitler et autres démagogues nationalistes des cent dernières années sont tous passés par la même série d'attitudes à l'égard de la famille.

Ce livre traite de cette séquence d'attitudes et de leurs conséquences pour la famille et pour la vie de ses membres. Cette séquence se déroule comme suit:

Premièrement, *hostilité et propagande pour déprécier la famille*. La famille est source de conflit. Elle pourrait détourner les apôtres potentiels de l'idée nouvelle. La famille est un pis-aller, elle est prosaïque, matérialiste, égoïste. Des formules familiales alternatives sont proposées — les communes, le militantisme de parti, les kibboutz, les monastères.

Deuxièmement, *reconnaissance forcée de la puissance de la famille*. En dépit de tous les efforts officiels pour déprécier la famille, pour minimiser son rôle, ou pour l'effacer, les hommes et les femmes persistent à vivre en couples, à faire des enfants et à les aimer, et, qui mieux est, ils insistent pour vivre ainsi, plaçant les responsabilités familiales au-dessus de toute autre obligation sociale.

Troisièmement, *échec de tous les efforts pour promouvoir les pseudofamilles alternatives*. Les communes, les crèches, les kibboutz, les monastères et les couvents perdent l'enthousiasme de leurs fondateurs et sombrent dans la déchéance. Ou bien leurs membres les désertent, ou bien ils deviennent cyniques et corrompus, ou bien les deux.

Quatrièmement, *un traité de paix unilatéral est signé*. L'Eglise ou l'Etat admettent l'importance persistante de la famille et lui accordent une place privilégiée dans le dogme ou l'idéologie orthodoxe. Ceci ne signifie pas pour autant que la famille soit autorisée à suivre sa voie naturelle. Au contraire, l'Eglise ou l'Etat persistent à définir ce qui fait une bonne famille et ce qui lui convient.

Cinquièmement, *l'histoire est réécrite* afin de montrer que l'Eglise ou l'Etat ont *toujours* tenu la famille en haute estime. La famille est redéfinie comme essentiellement chrétienne, ou communiste, ou fasciste, ou quoi que ce soit — au mépris des données historiques qui prouvent que les premiers apôtres ont abominé et méprisé la famille.

Sixièmement, *la famille arrive progressivement à imposer ses propres conceptions*. Les conceptions restrictives, contre-nature ou irréalistes qu'on lui avait imposées se déforment peu à peu sous la pression sociale — jusqu'à ce que les gardiens de l'Eglise ou de l'Etat n'aient plus d'autre alternative que de se soumettre, tout en continuant activement de réécrire l'histoire et de maintenir que ces nouvelles concessions ont toujours été implicitement contenues dans la Foi véritable.

A chaque étape, nous sommes frappés par les manipulations délibérées qui ont présidé à l'élaboration du dogme officiel. Aussi, en essayant d'apprécier l'opinion des profanes à l'égard de l'Eglise, nous ne devons pas nous laisser tromper par l'apparente sécurité et par la confiance en soi qui émanent des cathédrales élevées vers le ciel ou de vastes domaines monastiques. Même la foi confortable et traditionnelle des gens de la campagne ne devrait pas nous laisser penser que l'autorité de l'Eglise, fût-ce au Moyen-Age, a toujours été totalement acceptée ou respectée. Il ne nous est plus possible d'écrire une histoire authentique du mariage en partant du principe que les règles de l'Eglise étaient universellement observées, pas plus qu'il ne nous est possible d'écrire l'histoire de la Russie soviétique en admettant au départ que la constitution stalinienne de 1936 a été l'objet d'une vénération constante. Des pages entières de mystifications officielles, d'adhésion populaire forcée et de cynisme bureaucratique éhonté manquent aux archives officielles.

Nous ne devons jamais oublier qu'un conflit de pouvoir est toujours en train de jouer. Les efforts incessants des évêques et des abbés pour maintenir et élargir leur autorité ne peuvent pas être distingués du reste de la vie de l'Eglise, ni des tentatives de celle-ci pour imposer la morale chrétienne et la loi ecclésiastique à la société séculière. Car l'Eglise avait conquis depuis longtemps une réelle autorité séculière

— et par là même le moyen d'imposer ses propres codes de comportement — en s'emparant simplement des centres du pouvoir temporel par une série de coups spectaculaires: la conversion de Clovis, roi des Francs, la conversion d'Ethelbert, roi de Kent, et ainsi de suite aux quatre coins de ce qui allait devenir la chrétienté. Sans ces accointances avec le pouvoir royal et le soutien à la fois militaire et financier que ce dernier lui offrait, le christianisme aurait eu du mal à dépasser le stade des communautés disséminées qui regroupaient quelques saints et leurs pieux disciples.

Bien qu'un tel langage ne soit pas de mise, on pourrait dire que jusqu'il y a peu, cette technique de prise d'influence par la conversion de personnalités n'a pas été seulement copiée par les Jésuites. Elle servit par exemple au mouvement du Réarmement Moral. Le pouvoir temporel de l'Eglise s'est presque toujours imposé par le haut.

C'est pour cette raison qu'en dépit de certaines différences d'idéal et de motivation, les moyens mis en œuvre par l'Eglise pour s'emparer du pouvoir et le conserver peuvent très bien se comparer aux méthodes des Bolcheviks ou de tout autre parti révolutionnaire qui cherche à s'imposer en s'assurant le contrôle de l'appareil central de gouvernement. Les révolutionnaires investissent le palais royal et la station de radio. L'Eglise investit la conscience du roi et, de là, conquiert rapidement le contrôle des moyens de communication. Naturellement, de nombreuses communautés orthodoxes d'hommes et de femmes pieux et honnêtes continuèrent d'exister, tout comme il existe encore aujourd'hui des communautés intellectuelles de marxistes honnêtes; mais ce n'est pas par le biais de ces communautés que l'Eglise ou le Parti communiste arrivent au pouvoir; et encore moins par le biais d'un processus démocratique quelconque. Combien de cas pouvons-nous citer de nations païennes ayant adopté le christianisme par un vote à la majorité?

Pour la plupart des nations, la conversion a été une expérience collective plus ou moins forcée; voyons l'histoire des Anglais contraints à un interminable va-et-vient sous les différents règnes des Tudor — catholiques sous Henri VIII, protestants sous Henri et Edouard VI, catholiques sous Marie Tudor et protestants encore sous le règne d'Elizabeth. A chaque fois, l'attitude officielle — prétendument sanctionnée par Dieu — à l'égard du mariage et du divorce a dû se modifier pour grosso modo s'adapter. La législation sur le divorce proposée par Cranmer, qui n'a jamais été votée en raison de la mort d'Edward VI, était très proche de la législation britannique actuelle. Edward aurait-il vécu quelques mois de plus seulement, l'histoire sociale de l'Angleterre des quatre siècles suivants s'en serait trouvée largement modifiée.

De semblables retournements se sont produits en Russie soviétique mais dans une période réduite à moins de soixante-dix ans, et en Chine communiste en un temps plus court encore. Nous avons mieux conscience de ces revirements d'orthodoxie en Russie et en Chine, qui sont plus récents et très violents, que des changements notoires qui ont affecté les dogmes de l'Eglise sur le mariage et le divorce parce que ces derniers se sont étalés sur plusieurs siècles et ont été astucieusement déguisés.

Entre-temps les familles ordinaires ont continué de se battre pour pouvoir mener leur vie de la manière qui leur semblait naturelle, sous la menace d'une autorité indifférente, intolérante, ou activement hostile. L'hostilité du christianisme à l'égard de la famille remonte à deux mille ans. L'hostilité du marxisme historique s'est avérée constante et résolue. Si nous replaçons le marxisme dans la tradition des utopies collectivistes, l'anathème qu'il a jeté sur la famille est aussi vieux que Platon lui-même.

Aucun mystère, aucun secret dans cette hostilité. La seule surprise est que nous n'y prenions plus garde. La doctrine, les chefs de file et les adeptes les plus diligents des nouveaux mouvements révolutionnaires admettent tous cette indifférence ou cette aversion à l'égard de la famille. La doctrine invite à une allégeance nouvelle, de «plus grande élévation» que l'allégeance naturelle à la famille. Cette allégeance nouvelle — à Dieu ou à l'Eglise, au Parti ou à l'Idéologie — qualifie de préférence ceux qui renoncent à tout autre lien; ceux qui, pour leur foi, se coupent le plus radicalement de leur foyer, de leurs parents, de leurs enfants, sont les plus chaudement loués. De plus, la pratique du nouveau mouvement exige implicitement que soient abandonnées les anciennes obligations afin de se consacrer pleinement à ces nouveaux devoirs.

L'hostilité contre la famille est naturellement due à la personnalité et à la situation personnelle du chef de file ou des chefs de file. De manière euphémique, nous dirons que les leaders révolutionnaires ne vivaient pas toujours une vie de famille normale. C'était parfois des célibataires ascétiques comme Jésus, parfois des libertins comme Mussolini ou Napoléon, parfois un mélange des deux comme Mao et Staline, parfois des caractères plus complexes encore comme Hitler.

Chez les premiers apôtres aussi, on retrouve généralement les traits de caractère et de personnalité peu communs du leader. Les premiers chrétiens étaient liés aux sectes ascétiques du désert, particulièrement les Esséniens, qui sont en partie à l'origine de leur doctrine et parmi lesquels ils ont recruté un grand nombre de leurs adeptes. Ces sectes encourageaient le célibat et considéraient souvent le mariage, et de fait tous les liens familiaux, comme vulgaires, charnels et coupables.

Les anciens Bolcheviks, de leur côté, se distinguaient par un caractère largement bohème — des jeunes gens croyant à l'amour libre et à la vie libre et attendant du communisme le moyen pemanent de jouir des deux; Lénine lui-même avait un côté ascétique qui, comme nous le verrons, s'opposait à la nature bohème des Bolcheviks, mais il partageait leur impatience générale face au carcan bourgeois et face à la nature prétendument répressive et corruptrice du mariage bourgeois.

A ses débuts, le mouvement nazi comptait un certain nombre de semi-gansters homosexuels qui espéraient trouver le salut et la libération personnelle dans une action politique collective. Par la suite, Hitler trouva ces personnes embarrassantes lorsqu'il voulut donner du parti une image officiellement pro-familiale; mais il leur conserva une certaine fidélité et l'idéologie nazie ne put jamais se débarrasser de cette image sexuellement libérée et déviante qu'ils avaient contribué à lui donner.

Il n'y a donc rien d'accidentel ni de fortuit dans les préjugés antifamiliaux des idéologies qui se sont avérées les plus influentes de notre histoire. Que ce soit dans la personnalité de leurs premiers chefs de file ou dans leurs théories originales, elles ont été fortement marquées, et de manière caractéristique, par le besoin irrésistible d'*en finir* avec la famille.

Dans cette désertion de la famille, tous les moyens ont été mis à contribution. La religion, l'histoire, l'économie — ont toutes été réquisitionnées pour démontrer que la vie de famille est antinaturelle, inutile, voire nuisible. Tout comme le christianisme à ses beaux jours nous recommandait de dépasser les liens vulgaires de la chair et du sang, les théologies séculières modernes, comme la sociologie et la psychologie, peuvent être utilisées pour inculquer que la famille est une prison susceptible de pervertir notre humanité véritable. Le langage peut changer, le message de révolte reste le même.

L'histoire de la pensée et des fantasmes humains montre à satiété les efforts qui furent consentis pour nous prouver que nous ne faisons pas partie du règne animal. Ces efforts vont de la censure des questions sexuelles et des euphémismes relatifs à la fonction d'excrétion, à la thèse selon laquelle, d'une certaine façon, nous ne mourons pas comme les animaux meurent. Les gens d'aujourd'hui, fiers de ne pas ressembler à leurs grands-parents, n'ont pas peur de parler de sexe. La mort semble en passe de perdre son statut de dernier tabou.

Mais les gens les plus francs, et surtout eux, hésitent à parler en pleine confiance de la place que la famille tient dans leur vie. On dit et on écrit plus de mensonges à propos de la vie de famille que sur tout autre sujet. Et ces mensonges ont imprégné nos conceptions de l'histoire de telle sorte que la vie de famille est devenue l'un des aspects les plus gênants de la condition humaine, mal interprétée et mal comprise en raison de cette intimité qui en est la protection et l'essence même.

Les mythes

L'histoire passée de la famille est difficile à mettre à jour. Elle est souvent gardée jalousement à l'abri de nos yeux indiscrets. Comment les gens mariés concevaient-ils l'amour et le mariage en général — et comment se considéraient-ils mutuellement en particulier — il y a deux cents, cinq cents ou mille ans. Quels étaient leurs sentiments à l'égard de leurs enfants et de leurs parents ? Nous ne le savons pas et nous ne pouvons pas le savoir avec certitude. Arpès tout nous ne sommes pas même certains de ce que les gens mariés pensent actuellement de ces questions.

Quand les faits sont si difficiles à établir, il n'est pas surprenant que des croyances étranges se multiplient et trouvent un appui solide dans la littérature. Certaines des croyances qui imprègnent l'histoire de la famille sont de fait très étranges. Lorsque vous en prenez connaissance, vous avez parfois envie de vous frotter les yeux et de vous demander, non sans une pointe d'incrédulité : est-ce vraiment comme cela que les historiens conçoivent le passé ? Nos ancêtres pensaient-ils et agissaient-ils réellement de la sorte ?

Le genre de croyances auxquelles je fais allusion sont notamment :
- Que la famille telle que nous la connaissons aujourd'hui — la prétendue famille «nucléaire» comprenant l'homme, la femme et les enfants — est un accident historique inconnu aux siècles passés et dans les autres parties du monde.
- Qu'au contraire, la plupart des gens vivaient jadis dans de grandes familles, les familles «étendues», parmi une foule de grands-parents, de beaux-frères, de tantes et de cousins ; que c'est la Révolution indus-

trielle qui a démantelé les clans et instauré la famille nucléaire, isolée et introvertie.

● Que parmi les tribus «primitives», le mariage tel que nous le connaissons est inhabituel, voire inconnu; et que les gens vivent en clans ou en groupes, le plus souvent dans une promiscuité insouciante et dépourvue de jalousie.

● Que la plupart des mariages étaient entièrement arrangés par les parents des fiancés, ces derniers n'ayant aucune possibilité de choix.

● Que les jeunes gens étaient le plus souvent mariés peu après leur dixième année.

● Que l'amour romantique est une invention des troubadours de la Provence médiévale; et qu'il ne s'applique qu'à l'amour adultère d'un chevalier pour une dame mariée qui n'était pas son épouse.

● Que l'éducation des enfants et l'intérêt pour le monde de l'enfance sont des inventions des temps modernes; que jadis les enfants mouraient si souvent en bas âge que leur perte affectait peu leur mère, qui ne s'en affligeait pas longtemps; qu'on avait coutume de considérer les enfants comme des adultes en miniature.

● Que le divorce est un phénomène moderne marquant le déclin de la puissance de la famille; que le divorce était considéré avec horreur.

● Que l'Eglise et l'Etat ont toujours été les défenseurs inébranlables de la famille; que l'Eglise catholique romaine en particulier a toujours accordé beaucoup de prix à la famille.

● Que l'apparition des communes, du squattage et des kibboutz est un phénomène récent susceptible de provoquer la chute ou la modification de la famille.

Certaines croyances sont considérées par les spécialistes comme totalement discréditées et comme ne valant plus la peine d'être discutées. D'autres continuent d'être violemment contestées. Certains historiens se demandent si nous avons examiné les arguments qu'il convenait et si ces arguments ne relèvent pas de cas isolés. Malheureusement, ces mises en question et ces réfutations ont été confinées dans les milieux académiques; elles ne se sont pas frayé un chemin dans l'opinion générale qui se trouve à la base des débats publics dans la presse, les parlements et la littérature de vulgarisation.

En fait, la plupart des textes recommandés aux étudiants continuent de ressasser les vieilles théories. Les pamphlets féministes continuent de citer Engels au sujet de la famille. Les critiques littéraires continuent de citer C.S. Lewis au sujet des troubadours. En histoire sociale, on continue de citer Philippe Ariès au sujet de l'enfance d'autrefois. On entend encore des sociologues faire allusion à la « famille nucléaire » comme à un phénomène particulier à notre génération.

Cette dernière croyance, par exemple, se retrouve partout. Shulamith Firestone écrit dans *La Dialectique du Sexe* :

> La famille nucléaire moderne n'est qu'un phénomène récent. Ariès montre que la famille telle que nous la connaissons n'existait pas au Moyen-Age et qu'elle n'a fait qu'une apparition progressive au 14e siècle. Jusqu'alors, le mot « famille » signifiait en premier la ligne d'hérédité légale, l'accent étant mis sur l'ascendance par les liens du sang plutôt que sur la cellule conjugale[2].

Germaine Greer écrit dans *La Femme eunuque* :

> En fait la famille basée sur un seul couple, que les anthropologues appellent famille *nucléaire*, est peut-être le système familial le moins durable qui ait jamais vu le jour. A l'époque féodale, la famille était ce qu'on appelle la famille classique : à sa tête se trouvait le parent mâle le plus âgé qui dominait un certain nombre de fils avec leur femme et leurs enfants[3].

Les sociologues et les anthropologues à la mode continuent de répéter aveuglément les propos bien connus de Sir Edmund Leach, pour qui la famille nucléaire « est un type d'organisation particulièrement inhabituel et je prédirais volontiers qu'il s'agit seulement d'une phase transitoire de notre société »[4].

Les pratiquants progressistes, comme les membres du *British Council of Churches Working Party* décrivent la « famille nucléaire isolée » comme un « schéma socialement conditionné » et regrettent que « cette petite unité, façonnée en majeure partie par les pressions économiques d'une société de consommation nous soit présentée dans la publicité et la littérature comme une entité idéale et autosuffisante »[5].

Ces choses sont allègrement dites et redites avec l'accent de la certitude. Je cite ici des textes récents et bien connus mais ce ne sont que les répétitions tardives de ce que les marxistes et les darwinistes proclamaient il y a une centaine d'années. Pourtant, d'après les plus sûres de nos connaissances, ces croyances et beaucoup d'autres semblables sont tout simplement fausses.

Mon propos principal en écrivant ce livre est de présenter brièvement à un auditoire élargi certaines des raisons pour lesquelles ces théories ne sont plus acceptées par les spécialistes. Je tenterai, aussi honnêtement que possible, de décrire l'état des recherches actuelles. La plupart de mes propos ne sont pas nouveaux pour les spécialistes des domaines abordés. Mais le fait d'inclure ces différents domaines dans un champ d'investigation unique — celui du mariage — est peut-être original.

Je prétends également qu'à la lumière de ces nouvelles conclusions historiques, nous devrions examiner le mariage et la famille sous un angle différent. Nous devons reprendre l'investigation dès le début. Et nous devons nous montrer un peu plus sceptiques.

Nous ne devons pas accepter pour argent comptant les déclarations des politiciens, des papes ou des poètes. Car l'histoire de la famille est une affaire sournoise marquée par les manipulations, la malhonnêteté et les sophismes — autant que par l'indifférence, voire la cruauté à l'égard de l'individu.

Mon approche se distingue à deux niveaux de bon nombre d'études sur le sujet. Tout d'abord nous travaillerons principalement *en observant de l'intérieur vers l'extérieur*. Chaque fois qu'il sera utile, nous donnerons le témoignage écrit ou parlé de personnes mariées sur la famille — au lieu de nous fonder sur les déclarations des gens au pouvoir qui estimaient de leur devoir de diriger et de superviser la famille et qui, durant l'ère chrétienne du moins, ont surtout été des marginaux au sens personnel aussi bien que public, puisqu'ils étaient célibataires.

Ensuite nous essayerons d'*éviter les abstractions*. J'aimerais présenter mes arguments de manière aussi directe que possible et ne tirer que les conclusions qui en découlent immédiatement, et je tenterai de résister à la tentation d'édifier des structures psychologiques et idéologiques comparatives pour représenter ce que les Français appellent la «mentalité» des gens mariés de l'époque et actuellement. Bien que cette démarche paraisse simple et relativement prosaïque, elle peut présenter certains avantages.

Il semblera peut-être aussi que je m'attarde excessivement sur le passé le plus lointain (alors que les témoignages sont souvent rares) et relativement peu sur le 19e et le 20e siècles alors que les documents abondent et que le sujet est d'un intérêt plus direct. La raison est que les mythes de notre société sont souvent plus profonds que nous le croyons et si nous voulons les éliminer, autant le faire radicalement. De plus il est possible qu'après avoir dégagé le terrain de certaines erreurs de conception persistantes, plusieurs questions controversées sur l'époque actuelle se présentent sous un jour plus clair et que ce qui peut être légitimement affirmé le soit le plus simplement et le plus brièvement. Du moins, je l'espère.

Pour ma part, lorsque j'ai lancé cette enquête mes conceptions étaient très différentes de celles que j'ai maintenant — particulièrement sur l'attitude de l'Eglise et sur la condition des femmes dans le passé. J'espère — si je n'arrive pas à les convertir de même — que j'aurai du moins incité les autres à se poser quelques questions.

Je remercie vivement tous les spécialistes dont les recherches fondamentales ont fourni la matière première de ce travail, même lorsque mes conclusions diffèrent sensiblement des leurs. Je suis particulièrement obligé envers le Dr. Peter Laslett et le Cambridge Group for the History of Population and Social Structure — dont les recherches ont constitué la base statistique de l'étude toute entière.

Mon dernier emprunt aux théories du Dr. Laslett est certainement de faire écho à sa pensée: «nous ne comprenons pas ce que nous sommes parce que nous ne savons pas ce que nous avons été et dès lors ce que nous pouvons devenir».

NOTES

[1] D. H. Lawrence, *A Propos of Lady Chatterley's Lover*, Londres, Phoenix, 1961, p. 27.
[2] Shulamith Firestone, *The Dialectic of Sex*, Women's Press, p. 75.
[3] Germaine Greer, *The Female Eunuch*, Granadan éd., 1971, p. 221.
[4] E.R. Leach, *in* Nicholas Pole, éd., *Environmental Solutions*, Cambridge, 1972, p. 105.
[5] Rachel Moss (éd.), *God's Yes to Sexuality*, Londres, 1981, pp. 130, 132.

PREMIERE PARTIE

LES MYTHES

Chapitre 1
Le mariage et l'Eglise

Jésus dit: «Si quelqu'un vient à moi sans me préférer à son père, sa mère, sa femme, ses enfants, ses frères, ses sœurs et même sa propre vie, il ne peut être mon disciple»[1]. Et encore:

N'allez pas croire que je sois venu apporter la paix sur la terre; je ne suis pas venu apporter la paix, mais bien le glaive. Oui je suis venu séparer l'homme de son père, la fille de sa mère, la belle-fille de sa belle-mère: on aura pour ennemi les gens de sa maison. Qui aime son père ou sa mère plus que moi n'est pas digne de moi; qui aime son fils ou sa fille plus que moi n'est pas digne de moi»[2].

Aujourd'hui encore je me rappelle le choc que j'ai ressenti étant enfant à la lecture de ces textes. Le ton en est si féroce, si dur. On m'expliqua que Jésus ne faisait que jeter en termes énergiques les conditions pratiques nécessaires à l'apostolat. Il voulait simplement dire que personne ne pouvait espérer devenir un disciple efficace et dévoué sans se détacher de ses préoccupations familiales. J'ai trouvé et je trouve toujours cette interprétation peu convaincante. Et de toute façon elle n'élimine pas le problème... Car le Nouveau Testament affirme catégoriquement que les disciples du Christ répondent à une vocation plus élevée qu'un parent tendre et affectueux. Si les deux termes de l'alternative étaient dotés de valeur égale, nous trouverions de même le panégyrique du mariage et de la vie familiale dans l'Evangile.

Tel n'est pas le cas. « Laissez venir *à moi* les petits enfants » — pas à leurs parents — voilà le message. Il est difficile de refuser à tous les fanatiques dont les exigences ont provoqué des clivages familiaux et des tragédies humaines — les Frères de Plymouth, la Secte Moon, et le Révérend Jim Jones — le droit de revendiquer une autorité biblique, aussi immonde soit l'usage abusif qu'ils en aient fait.

La messe de mariage anglicane ne comporte que deux allusions spécifiques à l'Evangile: les Noces de Cana et les observtions de Jésus sur le divorce. La fête à Cana débute de manière peu prometteuse: « Or le troisième jour, il y eut une noce à Cana de Galilée et la mère de Jésus était là. Jésus lui aussi fut invité à la noce ainsi que ses disciples. Comme le vin manquait, la mère de Jésus lui dit: 'Ils n'ont pas de vin'. Mais Jésus lui répondit: 'Que me veux-tu, femme? Mon heure n'est pas encore venue' »[3].

On a l'impression, sans quoi l'histoire n'aurait pas de sens, que Jésus est d'humeur relativement irritable parce qu'Il est distrait de Sa tâche et ennuyé par la demande de Sa mère, et qu'Il change l'eau en vin en partie pour la calmer et en partie pour montrer qu'Il est ce qu'Il est (c'est Son premier miracle). Ce miracle ne peut en aucun cas être interprété comme une louange, une sanction de l'institution du mariage elle-même, mais plutôt de la fête qui la célèbre.

Les seules paroles de Jésus citées dans la messe de mariage anglicane sont extraites de Marc, 10:6-9: « Mais au commencement du monde Dieu les fit mâle et femelle; c'est pourquoi l'homme quittera son père et sa mère et s'attachera à sa femme et les deux ne feront qu'une seule chair. Ainsi ils ne seront plus deux mais une seule chair. Que l'homme donc ne sépare pas ce que Dieu a uni »[4].

Il s'agit certainement d'une sanction du mariage en tant qu'impératif biologique et institution sociale. Cependant cet aval n'avait été donné qu'en réponse à une question retorse des pharisiens sur la légalité du divorce. Il n'est pratiquement pas possible d'y voir une assertion positive de l'importance spirituelle du mariage — un point de vue totalement absent de l'Evangile.

Les Epîtres tiennent-elles le mariage en meilleure estime? Saint Paul recommande aux maris d'aimer leurs épouses « comme leur propre corps » et « comme le Christ aimait l'Eglise ». Ils doivent aimer leurs épouses et « ne pas s'aigrir contre elles »[5]. Vous, épouses, « soyez soumises à vos maris comme au Seigneur. Car le mari est le chef de la femme comme le Christ est le chef de l'Eglise »[6]; les jeunes femmes doivent apprendre des plus âgées « à aimer leur mari et leurs enfants, à être modestes, chastes, dévouées à leur maison, bonnes, soumises à leur mari, pour que la Parole de Dieu ne soit pas blasphémée»[7].

Il était urgent d'adopter un comportement social décent qui ne discrédite pas la jeune Eglise à un stade précaire de son évolution. Quand saint Paul se tourne vers les priorités d'ordre spirituel, son message est sensiblement différent:

> «Il est bon pour l'homme de s'abstenir de la femme. Je voudrais bien que tous les hommes soient comme moi; mais chacun reçoit de Dieu un don particulier, l'un celui-ci, l'autre celui-là. Je dis donc aux célibataires et aux veuves qu'il est bon de rester ainsi; comme moi. Mais s'ils ne peuvent vivre dans la continence, qu'ils se marient; car il vaut mieux se marier que brûler. Car la figure de ce monde passe. Je voudrais que vous soyez exempts de soucis. Celui qui n'est pas marié a souci des affaires du Seigneur: il cherche comment plaire au Seigneur. Mais celui qui est marié a souci des affaires du monde: il cherche comment plaire à sa femme, et il est partagé. De même la femme sans mari et la jeune fille ont souci des affaires du Seigneur, afin d'être saintes de corps et d'esprit. Mais la femme mariée a souci des affaires du monde: elle cherche comment plaire à son mari»[8].

Le mariage pour saint Paul représente indiscutablement une condition *inférieure*. Les mariages existants doivent être maintenus mais uniquement en tant que concession à la faiblesse humaine et qu'expédient social. Certains chrétiens de Corinthie concevaient toute relation sexuelle comme inconvenante, même dans les liens du mariage — un point de vue non juif mais fréquemment observé parmi les sectes ascétiques, notamment les Esséniens. Dans *History of the Early Church*, Hans Lietzmann écrit à propos des paroles de saint Paul: «C'était une question d'opposition aux choses de 'ce monde' auquel le mariage appartenait véritablement: tout désir d'élever le mariage aux sphères spirituelles, comme chez les stoïciens, était étranger à l'horizon paulinien»[9]. Le Cardinal Jean Daniélou montre la même franchise: «La supériorité de la virginité sur le mariage n'a jamais été mise en doute. Mais au cours des deux premiers siècles certains penseurs ont été beaucoup plus loin; il leur semblait qu'être chrétien impliquait la virginité. Les personnes mariées qui ne se séparaient pas ne pouvaient être que des membres imparfaits de l'Eglise. Dans les sectes hétérodoxes cette doctrine était l'expression d'une condamnation totale de la création, mais il semble clair que des tendances de ce genre existaient au cœur même de l'Eglise»[10].

Cette tendance «encratiste» — qui recommandait aussi l'abstention de la chair et du vin — ne se limitait pas aux sectes hétérodoxes; elle était l'expression d'un mouvement beaucoup plus général. De faux évangiles en Egypte, en Palestine et à Rome ont poussé plus loin la déférence obsessionnelle de saint Paul pour la virginité et ont fait éclater de violentes polémiques contre le mariage qualifié d'« herbe amère ». Les marcionistes n'acceptaient de baptiser que les vierges et les gens mariés qui avait fait le vœu de chasteté. Les montanistes enseignaient que l'abstinence sexuelle était une obligation pour tous les chrétiens. L'esprit du mal était assimilé, comme chez les Esséniens, à la sexualité.

Progressivement, cependant, l'Eglise dut se rendre à la réalité devant la nécessité d'accroître le nombre de ses ouailles. Dyonysius d'Alexandrie écrivit à l'évêque de Knossos « pour l'exhorter afin qu'il n'impose pas aux fidèles le lourd devoir de la continence comme une obligation mais qu'il prenne en compte la faiblesse de la majorité ». L'encratisme commençait à s'éteindre excepté dans les sectes extrémistes et hérétiques. Clément d'Alexandrie, au 3e siècle, écrivit un ouvrage entier pour montrer que le mariage était absolument compatible avec la vie chrétienne.

Toutefois cette concession à la réalité, ce domptage de l'élément ascétique dans la chrétienté, cette « civilisation » de ses origines n'a jamais vraiment balayé l'austère code du désert. Tout au long du 3e siècle, les Actes apocryphes des Apôtres ont continué de glorifier la virginité et la séparation des couples mariés pour le service de Dieu. Lorsque l'Empereur Septime Sévère publia un édit interdisant aux chrétiens de pratiquer la conversion — la première législation dirigée contre les chrétiens — ce fut, d'après Daniélou, en grande partie à cause de leurs conceptions antifamiliales. « Au moment ou Septime Sévère réformait les lois sur le mariage et tentait de raffermir la famille, ces chrétiens condamnaient le mariage et incitaient leurs frères à pratiquer l'abstinence »[11].

Tertullien lui-même, qui allait devenir l'un des premiers instigateurs d'une sanction spécifiquement chrétienne du mariage, encourageait la virginité comme l'expression d'un christianisme absolu.

Et lorsque Tertullien se mit à parler avec chaleur du mariage, il faisait allusion à un mariage entièrement contrôlé par l'Eglise : « Comment pourrions-nous décrire le bonheur de ce mariage approuvé par l'Eglise, confirmé par l'obligation, scellé par la bénédiction, ratifié par le Père ? »[12]. Toute une liturgie chrétienne fut substituée à certaines pratiques idolâtres des rites matrimoniaux romains.

De plus, la nouvelle discipline était considérablement plus stricte que l'ancienne. Non seulement Tertullien condamna le divorce, la polygamie et l'avortement, mais il mit également en garde contre les mariages mixtes avec des païens susceptibles de faire obstacle aux obligations chrétiennes.

Progressivement, on se mit à sanctifier le mariage qui fut assimilé au rituel chrétien officiel. Au 4ᵉ siècle, une nouvelle coutume fut de bénir les fiancés aussitôt le mariage prononcé avec accompagnement de rites repris aux usages païens; à Rome, un voile était placé sur la tête des deux époux, la *velatio conjugalis*. Et au 4ᵉ siècle encore, sous le règne de Constantin, l'Eglise commença à exercer son influence sur le code juridique: il était interdit aux hommes mariés d'entretenir des concubines, l'adultère et le viol étaient sévèrement réprimés et le divorce, qui était devenu relativement libre, fut soumis à certaines restrictions.

Un élément à ne pas négliger est le temps que prit cette évolution. Pendant des siècles, le mariage avait été considéré comme un pis-aller susceptible de détourner les fidèles de leur amour pour Dieu. Et ce n'est qu'au 16ᵉ siècle que le Concile de Trente, point de départ de la Contre-Réforme, dénonça ceux qui proclamaient que «le mariage devait être placé au-dessus de la virginité et du célibat, et qu'il n'est ni meilleur ni plus pieux de garder la virginité ou le célibat que de s'unir».

Pendant des siècles, l'Eglise s'attela à une double tâche: élaborer une conception du mariage chrétien qui puisse survivre dans ce bas monde sans trop sacrifier de la considération chrétienne pour la chasteté, et s'emparer du contrôle des institutions juridiques et sociales gouvernant le mariage. En Angleterre, l'Eglise ne vit pas exaucer sa revendication d'une juridiction exclusive sur les affaires matrimoniales avant le 17ᵉ siècle. Pendant les quelques centaines d'années qui suivirent, les gens pauvres continuèrent de se marier sans la bénédiction du clergé. Simultanément, les règles de l'Eglise définissant qui pouvait se marier et qui ne le pouvait pas devenaient de plus en plus chicaneuses et restrictives. La *Table of Affinity**, reprise dans le *Book of Common Prayer***, n'est qu'un fragment de l'énorme corpus de la législation médiévale définissant les mariages légitimes. Pendant quelques siècles — ce qui est peu lorsqu'on considère les deux mille années qu'a duré le christianisme — l'Eglise a exercé un contrôle plus ou moins absolu sur le mariage.

Mais pas pour longtemps. La Réforme fut, en partie du moins, une

---

* Texte de loi établi en Angleterre en 1563 et qui définissait les limites de validité d'un mariage selon le degré de parenté.
** Livre des offices du rituel anglican compilé sur l'ordre de Cranmer en 1548 afin de simplifier et unifier les offices médiévaux et d'établir un livre de prières officiel à l'usage de tous.

révolution contre le célibat. Les conceptions de Calvin auraient été incompréhensibles pour l'Eglise médiévale et plus encore pour les premiers chrétiens :

> En ce qui me concerne, je ne voudrais pas qu'on me croit très vertueux parce que je ne suis pas marié. Ce serait plutôt une faute en moi si je pouvais mieux servir Dieu dans le mariage qu'en restant comme je suis... mais je connais ma faiblesse, je sais qu'une femme ne serait peut-être pas heureuse avec moi. Quoi qu'il en soit, je renonce au mariage afin d'être plus libre de servir Dieu. Mais ce n'est pas parce que je pense être plus vertueux que mes frères. Honte à moi si j'avais cette fausse opinion[13].

Dès ce moment, l'Eglise commença peu à peu à s'accommoder de la sexualité. Les puritains se mirent à glorifier le mariage non comme une autre façon, aussi louable, de servir Dieu, mais comme le moyen le meilleur et le plus absolu. Et cette conception de la vie sexuelle comme la réalisation et l'accomplissement de la volonté divine permit naturellement de considérer la sexualité comme une bonne chose en soi.

Ce renversement entraîna toutefois des remaniements considérables de l'histoire. Ernst Troeltsch, par exemple, dans son œuvre monumentale, *Social Teaching of the Christian Churches*, décrit ainsi les conceptions de l'Eglise à ses débuts :

> Parallèlement à cette influence de la pensée chrétienne sur l'idée de la Famille, existaient toutefois les conceptions assez différentes de l'ascétisme chrétien et de l'idéal célibataires. Ce caractère dualiste de l'éthique sexuelle chrétienne, qui apparaissait déjà dans la pensée de Paul, a conduit, sous l'influence de l'ascétisme et du monachisme à une exaltation grotesque de l'abstinence sexuelle, qui, à son tour, a donné jour à toutes ces théories bien connues sur le danger représenté par le sexe féminin, et à une dépréciation de la femme — ces théories sont certainement nées de l'imagination refoulée du monachisme et non de la pensée chrétienne[14].

Grotesques, ces théories ? Peut-être d'après nos conceptions actuelles, mais d'après le Cardinal Daniélou, ces tendances existaient « au cœur même de l'Eglise ». Et de toute évidence, il en était ainsi. D'après la seule conclusion qui puisse se tirer du Nouveau Testament, le célibat a toujours remporté tous les suffrages et l'acceptation du mariage a toujours été réticente et conditionnelle. Troeltsch, le spécialiste contemporain le plus influent dans le domaine de l'histoire sociale de l'Eglise, obéissait à un pieux dessein. Il édulcorait les querelles des sectes ascétiques du désert afin de présenter une image immuable du « mariage chrétien », complètement en marge de la réalité.

Le résultat de ces efforts apparaît clairement dans le récit triomphaliste de Troeltsch sur la manière dont saint Thomas d'Aquin a «intégré» la famille au sein de l'Eglise :

L'assimilation de la Famille à la préoccupation religieuse fondamentale de l'Eglise répond aux principes suivants : l'aspect sexuel est ignoré autant que possible, puisque l'objet du mariage se limite à la reproduction rationnelle des êtres humains et par conséquent des membres de l'Eglise; la condition d'époux devient elle-même le symbole de l'union du Christ et de l'Eglise. Les répressions ascétiques de l'instinct sexuel sont donc bien réelles, étant donné que le mariage se limite à une institution consacrée à la reproduction et qu'il devient le symbole de l'unité spirituelle de l'amour. De plus, le caractère sacramentel du mariage le place sous l'autorité de la loi ecclésiastique, que l'Eglise s'efforce d'étendre autant que possible au détriment de la loi civile; il est aussi grandement influencé par la puissance omniprésente du confessionnal. Enfin, comme l'Eglise imprègne les relations personnelles au sein de la famille des vertus chrétiennes de l'amour et qu'elle l'élève par-delà l'union naturelle au niveau de l'union religieuse, la famille devient la forme originelle de toutes les relations sociales et la préparation à ces relations[15].

Mais la famille *souhaitait-elle* être assimilée? Comment mari et femme pourraient-ils ignorer le côté purement sexuel de leur union? A quel égard la condition d'époux devient-elle le symbole de l'union du Christ et de l'Eglise? La condition d'époux existe en tant que telle, et pour des raisons humaines, et cela depuis bien longtemps avant que le Christ vienne sur la terre. Et cette législation civile sur le mariage, à laquelle l'Eglise s'efforce tant de substituer la sienne, n'a-t-elle pas évolué à partir de l'expérience que les hommes ont du mariage? Et, pour reprendre les termes de Troeltsch, «la puissance omniprésente du confessional» ne suggère-t-elle pas une forme d'ingérence et d'interprétation entre le mari et son épouse, en contradiction avec l'objet même de l'union conjugale? En deux mots, cette assimilation n'a-t-elle pas un côté dirigiste et sournois? Après tout, peut-on considérer cette prise en main comme un décret de Dieu alors que cette nouvelle attitude de l'Eglise est si récente et qu'elle demeure en transition permanente?

N'y a-t-il pas une dose effarante de malhonnêteté — intellectuelle et morale — d'un bout à l'autre de cette histoire?

C'est peut-être par l'ironie du sort la plus amère que le Cardinal Daniélou, le plus honnête des historiens de l'Eglise, est mort dans une maison close. Cela aussi, l'Eglise a tenté de le dissimuler.

La crainte et la méfiance à l'égard des relations sexuelles ont toujours dominé et déformé les vues de l'Eglise sur tout ce qui a trait au mariage. Et pour comprendre la logique ecclésiastique, il a toujours suffit de prendre comme point de départ la crainte et la méfiance.

Prenez l'attitude de saint Paul devant le divorce. Sous l'empire romain, le divorce était chose courante et exigeait peu de formalités légales. Paul, au contraire, déconseillait le divorce autant que possible parce qu'une seconde liaison ajoutait à l'impureté de la première et *non* parce que le mariage était un lien sacré. De même que saint Mathieu tenait l'adultère comme le seul motif acceptable de divorce, saint Paul disait, si vous devez divorcer, au moins ne vous remariez pas : « N'es-tu pas lié à une femme ? Ne cherche pas de femme »[17]. Aucun aspect du mariage n'est assez sacré pour mériter la protection des ordonnances les plus sérieuses. Au contraire, le mariage représente une diversion tellement périlleuse et une telle occasion de pécher qu'il doit être minutieusement contrôlé; à l'époque actuelle, l'enseignement de Paul est plus justement comparable aux règlements qui régissent les magasins ou les débits de boissons qu'à une quelconque doctrine sur la spiritualité de la condition matrimoniale.

L'Eglise à ses débuts voyait de grandes tentations dans la condition matrimoniale elle-même. Saint Jérôme écrivait :

> A l'égard de l'épouse d'autrui, en vérité, tout amour est honteux; à l'égard de la sienne propre, l'amour excessif. L'homme sage doit aimer sa femme avec jugement, non avec passion. Qu'il maîtrise l'emportement de la volupté et ne se laisse pas emporter avec précipitation à l'accouplement. Rien n'est plus infâme que d'aimer une épouse comme une maîtresse...

Et l'Eglise ne réussit pas non plus entièrement à dissimuler sa vision dépréciative du mariage. Les gens étaient bien capables de mettre deux et deux ensemble, et l'attitude réticente et méfiante de l'Eglise ne cessa d'être manifeste que longtemps après que les évêques et les prêtres fussent obligés de procéder à un retournement stratégique et de passer de l'abstention de l'impureté aux « Liens sacrés du Mariage ». Milton, par exemple, était conscient de cette malhonnêteté intellectuelle dont il exposa la contradiction dans *The Doctrine of Divorce* :

> Pendant des siècles, le mariage fut en disgrâce auprès de la plupart des anciens érudits, en tant qu'œuvre de la chair, presque une profanation, absolument interdite aux prêtres, et le remariage était déconseillé à tous, comme il apparaît clairement à la lecture de Tertullien ou de Jérôme. Plus tard, on lui accorda une telle valeur sacramentelle que ni l'adultère ni l'abandon du conjoint ne purent motiver sa dissolution[19].

La législation sur le divorce, selon Milton, montrait clairement que l'Eglise se préoccupait uniquement du contrôle du comportement sexuel et très peu ou pas du tout des « actes de paix et d'amour, substance bien plus précieuse que la quintessence d'un excrément ». Cette malhonnêteté contredisait et spoliait l'esprit de la doctrine chrétienne.

Et cet enseignement n'était pas non plus le fruit d'une invention excentrique des Pères de l'Eglise, limitée dans le temps et dans l'espace. Saint Paul lui-même nous met en garde non seulement contre la fornication et l'impureté, mais encore contre une «affection immodérée». Cette traditionnelle méfiance pour toute passion, même dans les liens du mariage, a survécu jusqu'à nos jours, transparaissant notamment dans les déclarations de Jean-Paul II: «L'homme commet l'adultère en son cœur non seulement quand il regarde une femme de cette façon. Mais aussi lorsqu'il regarde de cette façon la femme qui est son épouse, commet-il l'adultère en son cœur»[20], un avertissement qui va plus loin encore que les paroles de Jésus dans l'Evangile selon saint Mathieu.

Les déclarations de Jean-Paul II ont créé des remous considérables en leur temps alors qu'elles ne semblent pas s'écarter du tout de l'enseignement traditionnel de l'Eglise. Pie XII avait déclaré que même dans le mariage:

Les couples doivent savoir se restreindre dans les limites de la modération. Dans l'acte sexuel comme pour la nourriture et la boisson, ils ne doivent pas s'abandonner aux impulsions de leurs sens... Malheureusement des vagues incessantes d'hédonisme balaient le monde et menacent de submerger la vie conjugale sous un flot grandissant de pensées, de désirs et d'actes qui ne sont pas sans présenter de graves dangers et des menaces sérieuses pour le premier devoir de l'homme et de la femme. Trop souvent cet hédonisme antichrétien n'hésite pas à passer de la théorie à la doctrine en inculquant le désir d'intensifier continuellement le plaisir dans la préparation et l'accomplissement de l'union conjugale, comme si dans les relations maritales tout le principe moral se réduisait à l'accomplissement normal de l'acte lui-même et comme si tout le reste, peu importe la manière dont il se réalise, ne se justifiait que par des épanchements d'affection mutuelle, par la sanctification du sacrement du mariage[21]...

Et ces restrictions dans l'expression des sentiments au sein du cercle familial ne sont pas non plus limitées à l'amour sexuel entre mari et femme. J.L. Flandrin, dans une brillante étude sur les manuels catholiques à l'usage des confesseurs entre le 14e et 19e siècle, cite plusieurs exemples de confesseurs ayant prohibé d'autres formes de sentiments immodérés:

Un ouvrage anonyme *Exercices spirituels qui se font en l'église Saint-Etienne-du-Mont* (1667) encourageait l'amitié entre parents et enfants et non l'amour. De plus, chaque fois que l'auteur utilise le mot «amour», c'est dans le contexte d'un inventaire des péchés que les enfants sont susceptibles de commettre, afin de les mettre en garde contre tout excès de ce sentiment: Inversement, il était d'usage à l'époque de comparer les pères qui ne se montraient pas suffisamment stricts avec leurs enfants à des «singes qui tuent leurs petits à force de trop les étreindre et de trop les chérir»[22].

Montaigne note d'un ton amusé :

L'amitié que nous portons à nos femmes, elle est très légitime : la théologie ne laisse pas de la brider pourtant et de la restreindre. Il me semble avoir lu autresfois chez sainct Thomas, en un endroit où il condamne les mariages des parans és degrés deffandus, cette raison parmi les autres, qu'il y a danger que l'amitié qu'on porte à une telle femme soit immodérée : car si l'affection maritale s'y trouve entière et parfaite, comme il se doit, et qu'on la surcharge encore de celle qu'on doit à la parentelle il n'y a point de doubte que ce surcroist n'emporte un tel mary hors les barrières de la raison [23].

Un mari ou une épouse devait et doit toujours être aimé *avec modération*. Seul Dieu doit être aimé immodérément, sans limite.

Dès que l'Eglise eut décidé d'exercer un contrôle absolu sur le mariage, les confesseurs se virent amenés à d'étranges extrémités. Il est peut-être très simple de condamner toutes les variations du coït normal mais il semble tout de même très curieux que la masturbation et le coït interrompu soient classés, au même titre que la sodomie et la bestialité, au rang des péchés sexuels les plus graves — pires encore que la fornication ou l'adultère.

Et les préoccupations principales de l'Eglise — la chasteté et l'abstention du péché — eurent parfois des conséquences pénibles pour les enfants. Fromageau expose le cas suivant dans son *Dictionnaire des Cas de Conscience* : « Jeanne ayant eu un premier enfant de son mari a voulu le nourrir elle-même ; mais comme son mari veut exiger d'elle le devoir conjugal, elle demande si elle est obligée de le lui rendre pendant tout le temps qu'elle allaite son enfant, ou si elle peut sans pécher le lui refuser ? »

Après avoir argumenté, il conclut : « La femme doit, si elle peut, mettre son enfant en nourrice afin de pourvoir à l'infirmité de son mari en lui rendant le devoir, de peur qu'il ne tombe en quelque péché contraire à la pureté conjugale » [24].

Même si le fait de mettre l'enfant en nourrice signifiait négligence et mort de l'enfant, comme c'était souvent le cas, l'obligation de garder un mari à l'abri de l'impureté était considéré comme plus important. Le « devoir conjugal » n'impliquait pas d'entretenir et de nourrir sa famille, ni d'entourer et d'éduquer ses enfants ; cela signifiait entretenir des rapports sexuels normaux afin que chaque partenaire soit préservé du péché ou de la tentation de pécher. Que l'exécution de ce tribut conjugal entraînât un nombre trop grand de bouches à nourrir, ce résultat était préférable encore à l'impureté sexuelle.

La famille devait être contrôlée afin que ses membres soient préservés du péché individuel. Elle a toujours été l'instrument secondaire et auxiliaire de la volonté de l'Eglise. Les relations et les responsabilités familiales n'existaient pas de plein droit. Et si l'enseignement de l'Eglise devait entraîner souffrance, pauvreté, et même la mort dans la famille, alors ces malheurs étaient envoyés par Dieu.

Les ecclésiastiques contemporains ont tenté de faire disparaître ces passages gênants de l'histoire de l'Eglise. Il est vrai, disent-ils que certains ermites et pères du désert, aux premiers jours de l'Eglise, ont eu des idées relativement curieuses, mais le courant fondamental de l'Eglise a toujours épousé la tradition du «croissez et multipliez-vous» et des «deux ne faisant plus qu'une seule chair». Pour citer le titre du rapport du *British Council of Churches Working Party*, le «Oui de Dieu à la Sexualité» a marqué toute l'histoire de l'Eglise. On ne peut s'empêcher de penser que par moments, il s'agissait d'un oui très faible et très réticent.

Et l'on remarquera qu'aujourd'hui ces tactiques détournées sont toujours de mise :

> La Bible, que ce soit l'Ancien ou le Nouveau Testament, fait partie de ce qui nous est légué, de notre tradition, et en cette qualité nous devons nous laisser guider par elle. Mais, de même que les auteurs bibliques ne considéraient pas leur tradition comme statique, fixée, ou morte, nous ne devons pas considérer notre tradition comme moins dynamique...[25].

Cette déclaration autorise le pratiquant à ne choisir que ce qui convient à son cas. Maintenant que nous allons pouvoir apprécier pleinement la joyeuse communion de la sexualité humaine, tous les interdits relatifs à la conduite sexuelle doivent être mis au rencart :

> Jusqu'ici la tendance a été de considérer les inclinations hérérosexuelles comme normales et toutes les autres comme déviantes. Il est aujourd'hui plus courant de concevoir toutes les formes d'identité et d'inclinations sexuelles comme le spectre des expressions individuelles de la sexualité dans toute sa variété... Bien que la tendance hétérosexuelle représente une norme statistique et qu'elle soit le résultat attendu du développement de la personnalité, on ne peut toutefois en conclure que les autres schémas de comportement ou d'expression sexuels soient nécessairement inférieurs ou nuisibles ou moralement répréhensibles[26].

Le mariage est simplement une forme de relation intime. Nulle part les auteurs de la Bible n'ont «affirmé que cette relation particulière est la seule possible pour tous les hommes et femmes de tous les temps. Si tel était le cas, leur récit ferait invariablement état d'un mariage de Jésus lui-même»[17].

Même l'utilisation symbolique du mariage dans la Bible «n'est pas une image de la famille qui puisse être utilisée pour appuyer et encourager la famille nucléaire »[28]. En fait, les Eglises doivent être blâmées pour être restées à l'écart des changements survenus dans la société et pour avoir essayé d'imposer la morale victorienne et d'exalter « la famille nucléaire renfermée sur elle-même, vivant d'après les valeurs et les conventions bourgeoises »[29].

Ces réinterprétations « dynamiques » de la Bible dégagent toutes un profond dégoût pour le mariage, la famille nucléaire et son code. « La qualité de la fidélité qui est exigée de l'un et de l'autre doit être réexaminée à la lumière des styles de vie et expériences contemporains. Une conception de la fidélité dans le mariage basée sur la seule fidélité sexuelle apparaît comme un concept trop étroit, particulièrement à notre époque »[30].

Les quinze membres du *British Council of Churches Working Party* étaient d'appartenances diverses — l'Eglise anglicane, l'Eglise catholique romaine, des méthodistes, des baptistes. Certains étaient mariés, certains avaient des enfants, nous dit-on; certains étaient célibataires, certains homosexuels; certains étaient du clergé, d'autres laïques. Mais tous manifestaient une impatience égale vis-à-vis des exigences et des responsabilités de la vie familiale.

La vie de famille est certainement importante, mais elle l'est particulièrement lorsqu'elle vise plus loin qu'elle-même et lorsqu'elle fonctionne comme une intersection parmi beaucoup d'autres dans le réseau des relations humaines. Il arrive que des familles apparemment fortes participent peu à la vie sociale, tombant trop facilement dans le piège d'une vie repliée sur soi-même...

Les priorités dans la répartition du temps et des talents doivent être examinées à la lumière de l'engagement chrétien vis-à-vis de la société, engagement dont la famille n'est qu'un des aspects. La thèse selon laquelle la famille doit toujours venir en premier lieu, que ce soit du point de vue de l'argent, du temps ou de l'intérêt, n'est pas toujours opportune. Il est intéressant de constater que dans les combats menés par certains chrétiens illustres, la famille s'en sort finalement très mal, comme par exemple dans la vie de John Wesley, d'Elizabeth Fry ou de David Livingstone...

Le Nouveau Testament lui-même s'écarte d'une concentration exclusive sur les préoccupations d'ordre familial et s'oriente vers d'autres possibilités davantage ouvertes sur le monde. Jésus nous y avertit que les liens de parenté ne sont pas nécessairement plus importants dans le Royaume de Dieu. Il proclame que ses frères et sœurs sont « ceux qui accomplissent la volonté de Dieu ». Il est bon, et même nécessaire à certains moments, de briser les liens de la famille, et d'être libre — parfois douloureusement —, d'abandonner ses prérogatives à un autre membre[31].

D'un point de vue strictement théologique, ceci semble correct. Si nous comparons la tolérance et la compassion étendue ici aux homosexuels et aux adultères et l'*intolérance* vis-à-vis de ceux qui placent leur famille au-dessus de tout, il devient évident que l'attitude sous-jacente de l'Eglise est celle de toujours.

La famille continue d'être l'ennemi de toutes les Eglises chrétiennes. La famille continue de détourner les hommes de l'amour de Dieu. Les chercheurs qui ont récemment étudié l'attitude de l'Eglise médiévale envers l'homosexualité ont conclu sinon à de la tolérance, du moins à une relative indifférence. Bien que l'homosexualité fût considérée comme un péché non moins grave que les transgressions hétérosexuelles de la fornication et de l'adultère, en pratique elle n'était jamais dénoncée ou punie avec la même vigueur. Cette permissivité est due, je suppose, au fait que beaucoup de membres du clergé d'hier et d'aujourd'hui ont eux-mêmes été, par la force des choses des homosexuels; mais elle est certainement due aussi au fait que l'homosexualité ne menace pas de manière aussi imminente de détourner les humains de la vie de l'Eglise. Et surtout les homosexuels ne courent pas le danger d'avoir des enfants. Rien n'est plus remarquable dans *God's Yes to Sexuality* que les allusions fugitives mais percutantes à la parenté. La vérité est que la sexualité présente un danger nettement moins grand que la parenté pour l'observance religieuse; les pratiquants d'aujourd'hui ont appris à mettre à profit leur vie sexuelle dans une expérience religieuse extatique au lieu d'en faire un objet de honte. Mais les responsabilités familiales et les devoirs de la parenté sont plus éloignés que jamais des sphères de la religion.

Le fait d'avoir des enfants implique surtout la nécessité d'une *planification*. Les parents doivent compter avec les lendemains et prévoir d'amasser quelques trésors sur la terre non seulement au sens matériel de l'expression mais parce qu'ils doivent consacrer leur temps et leurs sentiments à l'éducation de leurs enfants. Ils doivent investir d'énormes quantités d'amour, d'attention et de prévoyance. Le message chrétien selon lequel la foi nous libère de tout souci du lendemain ne coïncide pas avec le message parental qui affirme qu'il est juste de se préoccuper de l'avenir et que nos enfants ne soient pas livrés à eux-mêmes.

Les restrictions imposées par l'Eglise à la sexualité ne sont pas et n'ont jamais été la menace majeure du christianisme à l'égard de la famille. Cette menace est surtout contenue dans les *irresponsables* déclarations du Sermon sur la Montagne:

Ne vous amassez pas de trésors sur la terre, ... Regardez les oiseaux du ciel: ils ne sèment ni ne récoltent, ils n'amassent point dans des greniers; et votre Père céleste les nourrit!... Observez les lis des champs, comme ils croissent: ils ne peignent ni ne filent; Et je vous le dis, Salomon lui-même, dans toute sa gloire, n'a jamais été vêtu comme l'un d'eux... Ne vous inquiétez pas pour le lendemain: le lendemain s'inquiètera de lui-même. A chaque jour suffit sa peine[32].

L'élément suprême et irréductible de la foi est l'insistance sur le fait que nous avons été créés comme des choses: mâle et femelle il les créa; sans Dieu nous ne sommes rien. Et pourtant quand un homme et une femme ont des enfants et deviennent des parents, ils deviennent inévitablement des *créateurs*, des créateurs incompétents, accidentels et partiels, mais des créateurs tout de même.

Il est de leur devoir inéluctable et, avec un peu de chance, de leur plaisir occasionnel, de prendre soin et de surveiller leur progéniture; même si ce pouvoir de création est en partie illusoire puisque les chromosomes et le hasard décident de tout, les parents ne peuvent agir *comme s'il* était illusoire; ils ne peuvent sincèrement croire à leur absolue impuissance. Ils doivent se comporter en bergers, même infirmes, et non en moutons, même bien dressés.

Le Sermon sur la Montagne est un sermon merveilleux et ennivrant, mais c'est un sermon pour célibataire.

NOTES

[1] Luc 14:26.
[2] Mathieu 10:34-7.
[3] Jean 2:1-11.
[4] Marc 10:1-12.
[5] Colossiens 3:19.
[6] Ephésiens 5:22-3.
[7] Titus 2:4-5.
[8] I Corinthiens 7:1, 7-9, 31-4.
[9] Hans Lietzman, *History of the Early Chruch*, Londres, 1961, Vol. I, p. 136.
[10] Daniélou, J. et Marrou, H., The Christian Centuries, Londres, 1964, Vol. I, p. 121.
[11] *Ibid.*, p. 142.
[12] *Ibid.*, p. 176.
[13] T.H.L. Parker, *John Calvin*, Berkhamsted, Herts, 1975, p. 121.
[14] Ernst Troeltsch, *Social Teaching of the Christian Churches*, Londres, 1931, p. 131.

[15] *Ibid.*, p. 313.
[16] Mathieu 19:9.
[17] I Corinthiens 7:27.
[18] *Cit. in* Laurence Lerner, *Love and Marriage: Literature and Its Social Context*, Londres, 1979, p. 162.
[19] John Milton, *Prose Writings, The Doctrine and Discipline of Divorce*, Ed. Everyman, 1927, pp. 255-56.
[20] *The Times*, 9 octobre 1980.
[21] A. Werth et C.S. Mihanovich (éd.), *Papal Pronouncements on Marriage and the Family*, Milwaukee, 1955, pp. 64-67.
[22] J.L. Flandrin, *Families in Former Times*, Cambridge, 1979, p. 160.
[23] *Cit. in Ibid.*, p. 164.
[24] *Ibid.*, p. 206.
[25] Rachel Moss (éd.), *God's Yes to Sexuality*, Londres, 1981, p. 59.
[26] *Ibid.*, pp. 45-46.
[27] *Ibid.*, p. 73.
[28] *Ibid.*, p. 72.
[29] *Ibid.*, p. 135.
[30] *Ibid.*, p. 158.
[31] *Ibid.*, pp. 137-38.
[32] Mathieu 6:19, 26, 28-29, 34.

Chapitre 2
L'Etat et la famille

Le mépris du mariage et de la famille n'est pas moins féroce dans l'enseignement de Marx et d'Engels. Le *Manifeste du Parti communiste* déclare :

Sur quelle base repose la famille bourgeoise d'à présent ? Sur le capital, le profit individuel. La famille, dans sa plénitude, n'existe que pour la bourgeoisie ; mais elle a pour corollaire la suppression forcée de toute famille pour le prolétaire, et la prostitution publique.

La famille bourgeoise s'évanouit naturellement avec l'évanouissement de son corollaire, et l'un et l'autre naturellement avec la disparition du capital...

Les déclamations bourgeoises sur la famille et l'éducation, sur les doux liens qui unissent l'enfant à ses parents deviennent de plus en plus écœurantes, à mesure que la grande industrie détruit tout lien de famille pour le prolétaire et transforme les enfants en simples articles de commerce, en simples instruments de travail...

Nos bourgeois, non contents d'avoir à leur disposition les femmes et les filles des prolétaires, sans parler de la prostitution officielle, trouvent un malin plaisir à se cocufier mutuellement. Le mariage bourgeois est en réalité la communauté des femmes mariées. Tout au plus pourrait-on accuser les communistes de vouloir mettre à la place d'une communauté des femmes hypocritement dissimulée une communauté franche et officielle[1].

D'après le *Manifeste*, publié en 1848, la famille capitaliste pouvait être décrite en deux phrases : dans les classes supérieures il s'agissait d'arrangements inhumains, corrompus et commerciaux ; dans les classes inférieures, la famille était inexistante.

Cette théorie fut reprise en détail dans les *Origines de la Famille, de la Propriété privée et de l'Etat* de Engels — un ouvrage tardif qui embarrasse les intellectuels marxistes mais qui continue obstinément d'exercer son influence et qui est souvent cité en Russie soviétique et dans le Mouvement féministe. Engels prétendait avoir travaillé à partir des notes de Marx après la mort de celui-ci; certains marxistes affirment qu'il a simplifié à l'excès les conclusions de Marx, mais les termes du Manifeste communiste, rédigé presque quarante ans auparavant, montrent que les différences ne pouvaient être que mineures. Hormi ces deux exemples, les allusions au mariage et à la famille dans les volumineux écrits de Marx et des premiers marxistes sont rares et superficielles. En fait, Engels s'est consciemment efforcé de combler une lacune — comme saint Paul lui-même l'avait fait en son temps.

Il ne s'agit pas d'une coïncidence. Pour le marxisme comme pour le christianisme, la famille est un agent de corruption ou, du moins, un agent de diversion. Seuls notre héritage biologique embarrassant et les problèmes pratiques qui en découlent nous obligent à concentrer notre attention sur ces questions secondaires; la famille est à la fois le symptôme et la cause de la faiblesse humaine.

Et nous ne pouvons pas non plus éviter les comparaisons de mauvais goût. Aussi horrifiants que nous paraissent Adolphe Hitler et le nazisme, nous ne pouvons nier une certaine similarité entre l'attitude nazie face à la famille et l'attitude chrétienne. Pour toutes les deux, la famille est essentiellement secondaire et subordonnée. Hitler écrivait dans *Mein Kampf*:

> Même le mariage ne peut être considéré comme un but en soi : il doit conduire vers un but plus élevé, la multiplication et la conservation de l'espèce et de la race : telle est son unique signification, telle est son unique mission. Pour cette raison, il est bon de se marier tôt car seul le mariage de personnes jeunes possède encore cette force dont seule peut être issue une descendance capable de résister[2].

Plus loin Hitler précise l'objectif du mariage et la manière dont il devrait être contrôlé et guidé par l'Etat :

> La génération des pleutres qui se sont signalés à l'attention de nos contemporains, va naturellement pousser des cris à l'énoncé de cette thèse et se plaindre, en gémissant, de ce que je porte la main sur les sacro-saints droits de l'homme. Non, l'homme n'a qu'un droit sacré et ce droit est en même temps le plus saint des devoirs, c'est de veiller à ce que son sang reste pur, pour que la conservation de ce qu'il y a de meilleur dans l'humanité rende possible un développement plus parfait de ces êtres privilégiés.

Un Etat raciste doit donc, avant tout, faire sortir le mariage de l'abaissement où l'a plongé une continuelle adultération de la race et lui rendre la sainteté d'une institution, destinée à créer des êtres à l'image du Seigneur et non des monstres qui tiennent le milieu entre l'homme et le singe[3].

Les protestations contre ce programme sacré pour des «raisons dites d'humanité» ne sont en réalité, d'après *Mein Kampf*, que des plaidoiries particulières de «dégénérés et de maladifs» et de ces «êtres sains qui peuvent acheter dans n'importe quelle pharmacie le moyen d'arrêter de procréer des êtres sains, alors que les infirmes et les syphilitiques se reproduisent librement»[4].

Ces déclarations horrifiantes ne restèrent pas au stade de la propagande. Dans l'année qui suivit son arrivée au pouvoir comme Reichkanzler en 1933, Hitler fit passer une loi sur la stérilisation. Le Reich tout entier fut promptement organisé pour éliminer les «défauts héréditaires». Le médecin qui ne fournissait pas les informations exigées perdait le droit de pratiquer. Tout un corpus de lois sur le mariage fut institué. La stérilisation pouvait être sollicitée soit par les intéressés, soit par les gardiens de la loi, les médecins ou les directeurs de prison; les hommes jugés comme criminels sexuels dangereux étaient castrés. Les personnes considérées comme saines n'étaient pas autorisées à demander la stérilisation.

Une licence était nécessaire pour se marier; les demandeurs devaient fournir un certificat de bonne santé; un Allemand ne pouvait épouser une Juive et les mariages mixtes contractés avant que la loi soit votée pouvaient être dissous pour cette seule raison.

Ces abominables prohibitions restent gravées dans nos mémoires. Mais on nous rappelle moins souvent les moyens pratiques mis en œuvre par les nazis pour encourager les familles «saines». On dissuadait les jeunes gens de se marier avant d'avoir accompli six mois de service dans un camp de travail et deux ans à l'armée. Les hommes dont la profession exigeait de longues études n'étaient pas autorisés à se marier avant l'âge de vingt-cinq ans, à moins qu'ils ne jouissent de rentrées privées. Les industriels et les chefs de départements administratifs par contre, avertissaient leurs employés que «une fois l'âge de vingt-six ans atteint, un célibataire ne pouvait plus espérer de promotion ou d'avancement jusqu'à ce qu'il se montre capable d'assumer ses responsabilités en prenant dans la société allemande sa place de mari et de père»[5].

En d'autres mots, l'Etat cherchait à exercer un contrôle absolu sur le mariage et la famille dans l'intérêt d'une amélioration de la race.

Les résultats furent exceptionnellement consternants. Mais que l'Etat prétende tout savoir et revendique l'autorité suprême sur les institutions du mariage et de la famille est un fait sans nul doute exceptionnel ou inhabituel.

En Prusse existaient déjà de semblables «lignes de conduite» prescrivant qui on pouvait épouser et quand. La bénédiction du prêtre ne suffisait pas. Les autorités devaient aussi donner leur accord.

Un édit de 1739 interdisait aux nobles d'épouser les filles de paysans. A Württenberg, au 18e siècle, les infirmes et les aveugles ne pouvaient pas se marier du tout. Les artisans devaient avoir terminé leur apprentissage. Dans de nombreuses institutions, les étudiants ne pouvaient se marier avant d'avoir obtenu leur diplôme et ensuite, avant d'avoir trouvé un emploi. Nulle part en Allemagne protestante, il n'était possible de se marier sans l'assentiment des parents, conformément à ce qu'avait prescrit Luther.

Dans la Grande-Bretagne du 20e siècle nous connaissons également ce genre d'interdits, bien qu'à une échelle moins importante. Dans les régiments britanniques il a toujours été défendu de se marier sans l'autorisation de l'officier au commandement. En Angleterre, les jeunes gens ayant l'âge du consentement mais n'ayant pas atteint l'âge de vingt et un ans ne pourraient pas se marier sans l'assentiment de leurs parents — d'où les fugues romanesques à Gretna Green où règne la législation écossaise plus laxiste.

Ces restrictions sont peu de chose en comparaison des contraintes imposées par le système féodal au mariage des paysans asservis. Partout en Europe occidentale il était interdit de se marier en dehors de son fief ou de la «familia» sans l'autorisation du seigneur; en fait il était simplement interdit de se marier sans permission. Le seigneur avait le droit, et en usait, de refuser son consentement, particulièrement dans le cas de serfs désireux de se marier à l'extérieur, ce qui le privait de bras pour travailler sur ses terres. Les parents étaient tenus pour responsables des enfants qui désobéissaient à cette loi. Une lourde amende appelée «formariage» était infligée. De plus, dans de nombreux pays, le seigneur percevait une taxe sur le mariage des filles de serfs à l'intérieur tant qu'à l'extérieur du fief. En Angleterre, cette taxe s'appelait «merchet» et, d'après le grand médiéviste Sir Paul Vinogradoff, elle était considérée «de toutes les exactions seigneuriales comme la plus odieuse». L'abolition de ces obligations et de ces taxes — un critère essentiel de la condition servile — fut l'une des revendications principales des soulèvements paysans.

Paradoxalement, ce sont ces obligations et taxes qui nous fournissent une première preuve que les paysans se mariaient par amour. Car les obstacles légaux et financiers coutumiers qui décourageaient les mariages à l'extérieur du fief étaient tels qu'ils auraient pu dissuader les serfs quasiment affamés de tenter l'expérience. Pourtant ces mariages « extérieurs » étaient un phénomène courant, qui contrariait beaucoup les seigneurs. Ils étaient d'ailleurs si fréquents que des règles complexes, et violemment contestées, durent être établies afin d'en régir les conséquences. Les enfants issus d'un mariage « mixte » par exemple, devaient être ramenés au domaine auquel appartenait la mère, ou, selon un autre principe, devaient être partagés entre les deux domaines une fois atteint l'âge de travailler, l'aîné allant au domaine du père, le suivant au domaine de la mère, et ainsi de suite. Lorsque de l'un de ces mariages n'était issu qu'un seul enfant, les règles se faisaient plus complexes encore.

La preuve la plus éclatante que l'amour était capable de surmonter ces obstacles nous est donnée par la règle féodale qui régissait les mariages entre une personne libre et une personne asservie. Les enfants issus de tels mariages étaient habituellement considérés comme asservis et leur parent libre lui-même retombait dans l'asservissement, du moins en partie. De toutes les unions possibles c'était la moins souhaitable et pourtant elle était fréquente, à tel point que les Français et les Allemands avaient une formule pour l'exprimer : « le mauvais emporte le bon » et « Das Kind folgt der ärgeren Hand » (l'enfant suit le pire côté de la famille). L'objectif de cette règle issue de la loi romaine est claire : les intérêts de la classe dirigeante exigeaient que la réserve de serfs ne soit pas réduite par une éventuelle ascension de ceux-ci du fait d'un mariage à l'extérieur du fief.

N'oublions jamais qu'au cours de ce dernier millénaire le mariage a échappé excessivement peu souvent aux pressions officielles. Mises à part la proscription de la bigamie et la nécessité d'un âge minimum de consentement, nous considérons aujourd'hui comme totalement abusive toute tentative de la part des autorités pour imposer des restrictions quant à la personne qu'on doit épouser et l'âge auquel on peut le faire. Pareille liberté ne se retrouve pratiquement pas dans l'histoire des mille dernières années. Le plus souvent le mariage a été régi par les autorités afin de servir des desseins qui lui étaient étrangers : la croissance ou la décroissance de la population nationale, la préservation d'une race invincible, le maintien d'une structure de classe bien définie, l'amélioration de la prospérité nationale ou de la force morale du pays, l'accomplissement de la volonté de Dieu, la préservation contre l'impureté et la dégénérescence.

« Le mariage ne peut être une fin en soi » — les mots sont d'Hitler mais ils auraient pu être prononcés par n'importe quel dictateur communiste, n'importe quel pape ou évêque.

Dans l'Encyclique de Pie XI sur le « Mariage chrétien », la condition de subordination du mariage apparaît clairement :

> ... rappelons d'abord ce fondement qui doit rester intact et inviolable; le mariage n'a pas été institué ni restauré par les hommes, mais par Dieu; ce n'est point par les hommes, mais par l'auteur même de la nature et par le restaurateur de la nature, le Christ, Notre-Seigneur, que le mariage a été muni de ses lois, confirmé, élevé; par la suite, ces lois ne sauraient dépendre en rien des volontés humaines ni d'aucune convention contraire des époux eux-mêmes. Telle est la doctrine des saintes lettres; telle est la tradition constante de l'Eglise universelle, telle est la définition solennelle du Concile de Trente qui, en empruntant les termes mêmes de la Sainte Ecriture, enseigne et confirme que la perpétuelle indissolubilité du mariage, son unité et son immutabilité proviennent de Dieu, son auteur[6].

Les fondateurs de l'U.R.S.S. se trouvaient dans une situation quelque peu différente. Comme les premiers chrétiens, les bolcheviks étaient hostiles ou indifférents au mariage, quoique pour des raisons évidemment opposées. La plupart croyaient à l'amour libre considéré comme « un don de la Révolution ». Pour de nombreux socialistes du 19e siècle, la sexualité était ou devait être la satisfaction d'un besoin physique, aussi simple et aussi banale que le fait de boire un verre d'eau. En ce qui concerne la famille, Trotsky, Alexandra Kollontai, Lunacharsky et Krylenko ont tous souscrit à un moment donné à la thèse selon laquelle elle dépérirait son heure venue. La thèse la plus radicale fut ainsi résumée par A. Slepkov, un membre influent du parti de Leningrad :

> Les idéologues bourgeois pensent que la famille est une organisation transitoire et non éternelle, ayant pour base les relations sexuelles, et que ces relations sexuelles existeront aussi longtemps que les deux sexes eux-mêmes, et que, comme les hommes et les femmes continueront de vivre sous le socialisme comme ils ont vécu sous le capitalisme, l'existence de la famille est dès lors inéluctable. Ce raisonnement est absolument incorrect. Les relations sexuelles, bien sûr, ont existé, existent et continueront d'exister. Mais cela n'implique en aucun cas l'inéluctabilité de l'existence de la famille. Les meilleurs historiens de la culture ont définitivement démontré qu'aux premiers temps de l'histoire, la famille n'existait pas... De la même manière que simultanément à la disparition des classes et simultanément à l'abolition des oppositions de classes, l'Etat disparaîtra, ainsi, simultanément au renforcement de l'économie socialiste, simultanément au développement de relations socialistes, simultanément à l'avènement des formes antérieurement pré-socialistes, la famille elle aussi s'éteindra. La famille est déjà en train de prendre la voie

qui la mènera à fusionner avec la Société Socialiste, à se dissoudre dans cette société. Une attitude ouvertement négative à l'encontre de la famille ne se justifie pas pleinement car des formes pré-socialistes de relations continuent d'exister, l'Etat n'est pas suffisamment fort, les nouvelles formes sociales (les salles à manger publiques, l'éducation des enfants par l'Etat, entre autres) ne sont pas encore très développées et cet état de choses ne permet pas d'abolir totalement la famille. Toutefois, l'intégration de ce type de famille au sein de l'organisation générale de la vie soviétique incombe à chaque communiste, à chaque Komsomolite [membre de l'Union de la jeunesse communiste]. L'individu ne devrait pas se claquemurer dans sa famille mais au contraire s'élever de la coquille familiale pour s'élancer vers le futur. Chercher sans cesse à élever la famille tout entière au rang des organisations publiques, surpasser de manière toujours plus définitive les formes de vie familiale bourgeoise — telle est la tâche difficile mais primordiale qui nous attend[7].

Lunacharski, Commissaire à l'Education, écrivait dans les années 1930 :

Notre problème, à présent, est d'abolir la famille et de libérer la femme de l'éducation des enfants. Il serait stupide de séparer par la force les enfants de leurs parents. Mais lorsque, dans nos maisons communautaires, nous disposerons de quartiers bien organisés pour les enfants, reliés par des couloirs chauffés, afin de répondre aux rigueurs du climat, aux quartiers réservés aux adultes, il ne fait aucun doute que les parents, de leur propre chef, enverront leurs enfants à ces quartiers où ils seront surveillés par un personnel pédagogique et médical qualifié. Il ne fait aucun doute que les expressions telles que « mes parents », « nos enfants », sortiront progressivement de l'usage et seront remplacées par des concepts tels que les « personnes âgées », les « enfants », ou les « nourrissons »[8].

D'après Lunacharski, cette évolution devait représenter l'étape essentielle de la transition vers la nouvelle société — « cette société publique au sens large qui remplacera le petit cocon philistin, ce petit appartement philistin, ce petit foyer domestique philistin, oui, cette entité familiale stagnante qui se coupe de la société »[9]. Le vrai communiste éviterait ce type de mariage de couple permanent et chercherait à satisfaire ses besoins dans « la liberté des relations mutuelles entre maris, femmes, pères, enfants, de sorte qu'il soit impossible de dire qui est le parent de qui et à quel degré. C'est cela la construction sociale »[10].

Bien que ces idées aient été populaires et de fait mises en pratique par de jeunes communistes enthousiastes, elles ne faisaient pas partie, à proprement parler, de la ligne du parti. Lénine rejeta la théorie du verre d'eau comme totalement antimarxiste et de plus antisociale.

A coup sûr, la soif devait être étanchée. Mais une personne normale se coucherait-elle dans le canivau pour boire l'eau d'une flaque ? Ou même d'un verre d'eau dont le bord a été souillé par d'autres lèvres ? Mais l'aspect social est le plus important. Boire de l'eau est un acte individuel. Mais il faut deux personnes pour faire l'amour et une troisième personne, une nouvelle vie a des chances de voir le jour. Il s'agit d'un acte à caractère social et qui constitue un devoir envers la communauté [11].

L'amour libre, pour Lénine, était une fantaisie de bourgeois dégénéré. « La révolution exige la concentration et le ralliement de chaque fibre nerveuse que ce soit au niveau des masses ou à celui des individus. Elle ne tolère aucunement les conditions orgiaques prévalant parmi les héros et héroïnes décadents d'un d'Annunzio. La promiscuité dans le domaine de la sexualité est bourgeoise » [12]. Il n'avait guère le temps de débattre ce sujet :

> J'ai entendu dire que les problèmes de la sexualité sont aussi un sujet favori dans nos organisations de jeunes, et qu'on manque absolument de conférenciers à ce sujet. Cette ineptie est particulièrement dangereuse et nuisible pour le mouvement de jeunesse. Elle risque de mener à des excès sexuels, à une hyper-stimulation de la vie sexuelle et à un gaspillage des forces et de la santé des jeunes gens [13].

Mens sana in corpore sano était la devise de Lénine. Mais les leaders soviétiques étaient très occupés et, comme l'écrivit Trotsky en 1923, « le Parti n'accordait et ne pouvait accorder aucune attention particulière aux questions de la vie quotidienne des masses laborieuses » [14].

Les prolongements de la guerre civile et les nouvelles libertés sexuelles se combinèrent pour engendrer le chaos social, un nombre important d'enfants non voulus et abandonnés, des maladies vénériennes et aussi — facteur non négligeable — des millions de paysans choqués et interdits, particulièrement des femmes, qui considéraient ces nouvelles libertés comme dangereuses et malsaines.

Le Parti communiste se mit rapidement à changer de refrain. C'est vers cette époque, en 1935, que Béatrice et Sidney Webb publièrent *Soviet Communism: A New Civilization*?

> Au sein du Parti communiste, et parmi les Comsomols, la promiscuité sexuelle, comme toutes les formes de plaisir individuel, est aujourd'hui définitivement considérée comme contraire à l'éthique communiste pour les raisons énumérées par Lénine : c'est une cause fréquente de maladie, un obstacle à la productivité des travailleurs, un danger pour les facultés de jugement, l'acquisition intellectuelle et l'inventivité scientifique, et une source de cruauté pour les individus qui en sont les victimes. La stabilité et la loyauté mutuelle sont de plus en plus imposées non seulement par l'opinion publique mais aussi, en ce qui concerne les membres du Parti et les Comsomols, par les sanctions ordinaires du Parti. L'infidélité conjugale, et même l'instabilité occasionnelle, sont devenues des offenses absolues contre l'éthique communiste, conduisant

au mieux à des réprimandes, au pire à l'expulsion[15].

Les leaders syndicaux furent enjoints de s'intéresser de plus près à la vie privée de leurs membres, y compris à leur attitude envers leurs femme et enfants. En 1935, 1936 et 1944, de nouvelles lois furent édictées qui obligeaient les parents divorcés à subvenir à l'éducation de leurs enfants, interdisaient l'avortement et rendaient le divorce lui-même plus difficile et plus coûteux. L'homosexualité fut décrétée criminelle en 1934. En 1936, la Pravda déclarait: «Le mariage est l'événement le plus sérieux d'une vie»[16].

Staline avait changé de cap et tout le monde devait en faire autant. Des interprétations totalement fallacieuses furent avancées pour démontrer que Marx et Engels n'avaient jamais été des adversaires de la famille. Les nouveaux boucs émissaires s'avérèrent utiles:

Les ennemis du peuple, les méprisables larbins du fascisme — Trotsky, Boukharine, Krylenko et leurs adeptes — ont couvert de boue la famille soviétique en propageant la «théorie» contre-révolutionnaire de l'extinction de la famille et de la cohabitation sexuelle déréglée en U.R.S.S. dans le but de discréditer la nation soviétique[17].

Pourquoi Staline a-t-il tourné casaque? Sans aucun doute parce que la famille s'est obstinément refusée à mourir et parce que sa résurgence officielle gagnerait l'approbation populaire et pourrait aider à résoudre les véritables problèmes sociaux; mais la raison principale fut certainement que le régime avait simplement laissé échapper une trop grande partie de la vie soviétique à son contrôle. Non seulement parce que le concept soviétique d'«amour libre» — incluant le divorce et l'avortement à volonté — s'était avéré un échec social. Mais aussi — et surtout — parce qu'il n'existait aucune attitude soviétique véritablement cohérente à l'égard du mariage et de la famille. La seule solution fut, pour ainsi dire, de «patriotiser» la famille — de la glorifier au titre d'institution populaire, essentiellement *russe*.

Autrement dit, dans cette affaire comme dans tant d'autres, Staline recourut au compromis entre marxisme-léninisme et tradition russe. La famille était un bienfait parce qu'elle était une création du peuple russe et ensuite parce qu'elle était socialiste.

Grâce à ce compromis entre dogme et tradition, le régime soviétique s'assura efficacement le contrôle sur le mariage et la famille. D'une manière rigoureusement identique, l'Eglise chrétienne, après un premier temps d'indifférence ou d'hostilité, avait repris les rênes en redéfinissant les origines biologiques naturelles du mariage tel qu'il fut prescrit par Dieu dans le jardin d'Eden — et non comme l'avaient pensé les premiers chrétiens en tant que simples impulsions de notre nature la plus vile et en tant qu'occasion perpétuelle de pécher. Bien sûr, les règles officielles étaient et sont toujours très différentes sous les deux régimes; le divorce et l'avortement restent chose facile en Union soviétique; l'Eglise continue de réprouver les deux. Mais la prise de contrôle totale reste la même. C'est ainsi qu'on réécrit l'histoire.

Et c'est ainsi, hélas, que persiste l'aura de la mauvaise foi, l'inéluctable suspicion que le régime attache moins d'importance au mariage et à la famille qu'il le prétend. Cependant les idéologues s'obstinent à affirmer qu'il n'existe aucun problème. Les porte-voix du régime soviétique proclament toujours que Marx et Engels continuent de jeter sur la famille un regard bienveillant. Tout comme les curés cherchant à tranquilliser leurs ouailles, les papes et les synodes ont prétendu que l'Eglise devait être acceptée comme le protecteur et le guide de la vie familiale.

Comment réussissent-ils ce renversement ? Quelles sont leurs stratégies pour éluder le conflit apparent entre famille et idéologie ?

Ces stratégies sont de deux ordres : historique et moral.

La stratégie historique affirme que la famille telle que nous la connaissons — la «famille nucléaire» — est un phénomène historique temporaire et transitoire qui n'a rien d'éternel, de naturel ou de divin. Toutes ces institutions que nous acceptons comme acquises — le mariage, la «parenté» dans le cadre du mariage, les ménages isolés fondés sur la cellule conjugale — sont d'origine relativement récente et s'éteindront le moment venu.

Sir Edmund Leach, anthropologue, *Reith Lecturer*, et ancien Principal du *King's College* à Cambridge, n'est pas le seul à croire que la famille nucléaire «est une forme d'organisation particulièrement inattendue et il me semble que ce ne soit qu'une phase transitoire de notre société»[18]. Lawrence Stone conclut son monumental ouvrage, *The Family, Sex and Marriage in England 1500-1800* par ce jugement sur l'évolution de la famille telle que nous la connaissons :

> Même si on l'évalue selon des critères moraux, il s'agit certainement, pour le meilleur et pour le pire, de la transformation la plus significative qui se soit jamais produite, non seulement dans les aspects les plus intimes de la vie humaine mais encore dans la nature de l'organisation sociale. D'un point de vue géographique, chronologique et social, il s'agit d'un phénomène particulièrement inattendu et limité et il y a peu de raisons de croire avec plus de confiance à sa survie et à son expansion future qu'à celles de la démocratie elle-même[19].

Moins prudent, Edward Shorter conclut ainsi *Naissance de la Famille moderne* :

> Vers la fin du 18ᵉ siècle, il se produisit une transformation de la vie domestique, le passage de la famille traditionnelle à la famille nucléaire. J'ai dit que le «capitalisme» fut la force motrice principale de cette transformation. Mais quelle force est à l'œuvre aujourd'hui ? Je dois confesser une relative ignorance... Depuis 1960, la structure de la famille a commencé de changer de fond en comble. La famille nucléaire tombe en ruine, et je crois qu'elle sera remplacée par le couple à la dérive, une dyade conjugale sujette à des fissions et fusions spectaculaires et privée de tout satellite — enfants, amis ou voisins... En dehors des tout jeunes enfants, il ne restera plus que les parents du couple, vaguement en retrait, souriant amicalement à l'arrière-plan[20].

Etant donné que la famille est un phénomène particulièrement récent et fortuit, nous dit-on, elle n'est pas seulement transitoire et vouée à disparaître, mais elle est surtout très secondaire. On ne peut la prétendre supérieure ou à l'abri d'autres impératifs comme la vénération de Dieu, les intérêts de l'Etat ou le progrès social. Même si la famille telle que nous la connaissons présente certains avantages à côté de ses défauts, il appartient à l'Etat ou à l'Eglise de les définir. Le fait que les familles elles-mêmes souhaitent perpétuer ou étendre certains usages et coutumes familiales ne constitue pas une raison suffisante pour leur permettre de le faire. Il n'est pas besoin d'affirmer que la famille existe *pour* l'Etat; nous avons simplement le droit de dire que l'Etat est le mieux à même, possédant l'autorité morale et historique nécessaire, de guider et orienter le développement de la famille et des institutions qui en découlent.

L'Etat seul sait si les familles doivent avoir plus ou moins d'enfants. Il arrive que l'Etat change rapidement d'avis sur la question; il se peut qu'à un moment donné la sagesse officielle décrète que le développement futur de la nation exige impérieusement de remplacer les héros morts — comme ce fut le cas en France après la première guerre mondiale; quelques années plus tard, ou quelques kilomètres plus loin, de l'autre côté de la frontière, il est possible que les autorités s'inquiètent du nombre de bouches à nourrir.

Les exemples que j'ai cités jusqu'à présent sont ceux d'Etats anciennement ou actuellement totalitaires, ou du moins autoritaires. Ces exemples sont les plus appropriés à ce stade de notre investigation, car jadis la plupart des Etats étaient autoritaires et considéraient comme un devoir naturel de contrôler les institutions du mariage et de la famille. L'histoire des régimes libéraux occidentaux depuis la moitié du 19ᵉ siècle s'est traduite par un relâchement progressif mais accéléré de ce contrôle.

Il est toutefois remarquable de constater que les gouvernements occidentaux se sont pendant très longtemps accrochés au pouvoir qu'ils détenaient sur le mariage. L'exemple le plus frappant est celui du contrôle exercé par l'Etat sur le divorce — contrôle qui, en Angleterre, fut seulement dévolu *à* l'Etat par les tribunaux ecclésiastiques à partir de la moitié du 19e siècle, en dépit de l'opposition violente de Gladstone et d'autres membres du haut clergé. Le véritable relâchement de la législation sur le divorce n'atteignit l'Angleterre — et beaucoup d'autres pays d'Europe occidentale — que bien après la seconde guerre mondiale.

Le maintien d'un contrôle rigoureux ne se justifiait pas uniquement par des motifs utilitaires comme la sécurité des enfants et la protection des femmes abandonnées. Ces aspects étaient jugés importants, autant qu'aujourd'hui. Mais les autorités avaient parfaitement conscience que de nombreux couples sans enfants ou ayant des enfants d'âge adulte, pourraient très bien demander le divorce par *consentement mutuel*; dans la pratique, cette catégorie représente une proportion élevée — presque le tiers — des couples divorçant à la faveur d'une législation moderne libéralisée.

L'objection réellement fondamentale était qu'une libéralisation du divorce constituerait un danger pour la *nation*. En 1956 encore, la Commission Royale sur le Mariage et le Divorce affirmait que «en donnant aux gens le droit de divorcer d'eux-mêmes on fomenterait un changement d'attitude envers le mariage qui serait désastreux pour la nation». Aujourd'hui encore, ces conceptions continuent de transparaître dans un rapport de la Société des Juristes conservateurs déclarant que le taux actuel de ruptures de mariages ne constitue pas seulement «un puits profond de misère humaine» mais encore «un coût financier pour l'Etat qu'il est possible de démontrer de manière irréfutable, et une charge insoutenable. *Cette raison à elle seule démontre clairement* l'importance qu'il y a de préserver un nombre plus grand de mariages, et de les préserver dans la stabilité... Le facteur essentiel des changements survenus ces dix dernières années a été la désertion par l'Etat de son devoir de préserver les mariages et de protéger les enfants et il est temps à présent de se demander s'il faut que l'Etat reprenne cette responsabilité»[21]. (Les italiques sont de nous). Les intérêts de l'Etat — l'économie, le maintien de l'ordre — revêtent apparemment une telle importance pour les juristes conservateurs qu'ils devraient passer avant l'opinion publique, qui «n'a cessé de revendiquer une législation moins stricte sur le divorce». On nous apprend sur un ton élégiaque que «en l'espace de dix années, la Loi et l'Eglise, les deux piliers qui soutenaient le mariage, se sont effondrés».

Comme nous l'avons vu, le soutien apporté par l'Eglise au mariage a toujours été quelque peu équivoque. Le soutien de la Loi — qui, en Angleterre était directement issue de la loi canonique médiévale et qui, par conséquent, s'est fort peu distinguée du soutien de l'Eglise elle-même — se résuma à une simple condamnation du divorce pour tous excepté pour les gens possédant les moyens de se payer les services d'un bon avocat. L'idée — pourtant courante dans les sociétés préchrétiennes et non chrétiennes — que toute conception sérieuse du mariage doit ménager la possibilité de dissoudre les mariages désastreux n'a jamais effleuré ni la Loi ni l'Eglise. L'idée qu'il appartient à l'Etat d'exercer un contrôle sur le mariage et le divorce a la vie dure et cela parce que la conception du mariage en tant qu'institution *indépendante*, dotée de vie propre, déplaît souverainement à l'Etat et à l'Eglise — aucun des deux ne supportant le moindre rival dans le pouvoir sur le cœur des hommes.

Effectivement, chaque fois que la famille fait preuve d'indépendance, sa volonté est considérée comme rebelle, indocile et obstinée. Car l'objection morale à la famille est qu'il s'agit d'une institution égoïste qui place en premier ses propres intérêts. C'est pourquoi, nous dit-on, parmi les premiers disciples du Christ, du moins au début, «tous ceux qui étaient croyants étaient unis et mettaient tout en commun», et «la multitude de ceux qui étaient devenus croyants n'avait qu'un cœur et qu'une âme et nul ne considérait comme sa propriété l'un quelconque de ses biens; au contraire, ils mettaient tout en commun»[23].

Dans la République de Platon, Socrate explique plus précisément pourquoi la famille et la propriété doivent être vues comme des menaces:

> Donc la communauté des femmes et des enfants, entre nos guerriers, est la cause du plus grand bien pour notre république. Cette conclusion est juste. Ajoutez que ce point s'accorde avec ce que nous avons établi plus haut. Car nous avons dit que nos guerriers ne devaient avoir en propre ni maisons, ni terres, ni possessions; mais qu'il fallait qu'ils reçussent des autres leur nourriture, comme la juste récompense de leurs services, et qu'ils vécussent en commun, s'ils voulaient être de véritables gardiens. Fort bien. Or, peut-on douter de ce que nous avons déjà réglé à leur égard, ne soit très propre à les rendre de plus en plus de vrais gardiens, et ne les empêche de diviser la république, comme il arriverait si chacun ne disait pas des mêmes choses qu'elles sont à lui; mais que celui-ci le dît d'une chose, celui-là d'une autre: si l'un tirait à soi tout ce qu'il pourrait acquérir, sans en partager la possession avec personne: si l'autre en faisait autant de son côté, et qu'ils eussent chacun à part leurs femmes et leurs enfants, qui seraient par conséquent pour eux une source de plaisirs et de peines que personne ne ressentirait avec eux. Au lieu que chacun ayant pour maxime que l'intérêt d'autrui n'est pas distingué

du sien, ils tendront tous au même but de tout leur pouvoir, et éprouveront une joie et une douleur communes[24].

L'amour de la famille est dès lors aussi égoïste et excessif que l'amour de soi; tous deux sont préjudiciables à l'ensemble de la communauté.

Avant d'examiner les deux stratégies antifamiliales, la stratégie historique et la stratégie morale, il convient de noter un dernier point: ces deux stratégies se contredisent mutuellement.

Si la famille telle que nous la connaissons — la famille nucléaire ou conjugale — n'est qu'un phénomène éphémère de l'histoire contemporaine, destiné à disparaître aussi soudainement qu'il est apparu, comment se fait-il que l'objection *morale* portée contre la famille se soit présentée sous une forme relativement constante pendant ces 2.500 dernières années? D'après les arguments de type historique, en 400 avant notre ère, rien ne devait exister qui soit comparable à la famille nucléaire égoïste et privée de la société industrielle moderne. La société en Terre Sainte devait être dominée par des structures tribales. La procréation n'aurait été qu'un acte automatique, exécuté conformément aux règles sociales et dépourvu de tout engagement émotionnel.

Or c'est précisément cet engagement émotionnel qui semble avoir inquiété les philosophes et les ascètes de l'époque. L'expression de cette inquiétude indique vraisemblablement que ces anciennes familles étaient légèrement plus étendues et que leurs membres se sentaient relativement plus concernés par leurs parents éloignés que nous le sommes actuellement. Mais les données historiques montrent qu'il ne s'agit là que d'arguties. Les anciens détracteurs de la famille s'inquiétaient peut-être du trouble que semaient les guerres entre les clans, mais leur souci principal concernait indubitablement l'intensité émotionnelle inhérente à la famille nucléaire — la force de l'amour sexuel et de l'intimité entre le mari et la femme et la détermination farouche des parents à protéger et préférer leurs propres enfants. C'est véritablement cette intensité, cette concentration de petites unités solidaires qui a suscité les critiques; toute entité familiale plus vaste, plus étendue, aurait été plus facile à intégrer dans une société communautaire.

Ces stratégies antifamiliales ne peuvent se justifier toutes les deux. Soit les objections morales contre la famille ont toujours été véridiques et fondées parce qu'aussi loin que nous puissions remonter, des structures familiales semblables aux nôtres ont toujours existé, et dans ce cas les critiques historiques sont non seulement injustifiées mais fausses; soit les objections morales ne se justifient pour aucune période de l'histoire de l'humanité, parce que la famille telle que nous la connaissons n'existe que depuis deux ou trois cents ans.

Mais si l'une de ces argumentations est fausse, l'autre est-elle correcte pour autant? Examinons-les séparément.

NOTES

[1] Karl Marx et Friedrich Engels, *Communist Manifesto*, Ed. Pelican, 1967, pp. 101-01.
[2] Adolf Hitler, *Mein Kampf*, Munich, 1929, p. 276.
[3] *Ibid.*, p. 445.
[4] *Ibid.*
[5] Nora Waln, *Reaching for the Stars*, Londres, 1939, p. 178.
[6] Cit. in Ronald Fletcher, *The Family and Marriage in Britain*, Ed. Pelican, 1973, p. 38.
[7] Cit. in H. Kent Geiger, *The Family and Marriage in Britain*, Ed. Pelican, 1973, p. 38.
[8] *Ibid.*, pp. 47-48.
[9] *Ibid.*, p. 68.
[10] *Ibid.*
[11] V.I. Lenine, *On the Emancipation of Women*, Moscou, 1965, p. 106.
[12] *Ibid.*, p. 107.
[13] *Ibid.*, p. 104.
[14] Geiger, *Family in Soviet*, Russia, pp. 77.
[15] Beatrice et Sidney Webb, *Soviet Communism: A New Civilization?*, Londres, 1935, p. 849.
[16] Geiger, *Family in Soviet Russia*, p. 94.
[17] Cit. in *ibid.*, p. 104.
[18] E.R. Leach, *in* Nicholas Pole (éd.), *Environmental Solutions*, Cambridge, 1972, p. 105.
[19] Lawrence Stone, *The Family, Sex and Marriage in England, 1500-1800*, Ed. Pelican, 1979, p. 428.
[20] Edward Shorter, *The Making of the Modern Family*, Ed. Fontana, 1977, p. 273.
[21] Society of Conservative Lawyers, *The Future of Marriage*, 1981.
[22] Voir chapitre 12, 'The Recovery of Divorce'.
[23] *Acts* 2:44 et 4:32.
[24] Platon, *The Republic*, V, 464.

Chapitre 3
La famille est-elle un accident historique ?

Engels fonde son histoire de la famille sur les découvertes des anthropologues de la fin du 19ᵉ siècle, en particulier celles de l'Américain Lewis Morgan. De fait, en sous-titre à *L'Origine de la Famille, de la Propriété privée et de l'Etat*, on trouve « à la lumière des recherches de Lewis H. Morgan ». Comme la plupart de ses contemporains, Morgan était profondément darwinien et considérait comme convenu que le même type de schéma évolutionniste s'appliquait aussi bien au développement des arrangements sociaux conçus par l'homme qu'à son propre développement physique. La famille, d'après Morgan, « représente un principe actif. Elle n'est jamais stationnaire mais évolue d'une forme inférieure vers une forme supérieure à mesure que la société progresse d'une condition inférieure à une condition supérieure ».

Le premier stade dans le schéma de Morgan — auquel Engels souscrit avec enthousiasme — était une époque de prosmiscuité communautaire : « une liberté sexuelle sans restriction prévalait au sein de la tribu, chaque femme appartenant indistinctement à chaque homme et chaque homme à chaque femme »[1]. C'est à la fois la forme la plus ancienne et la plus idyllique de la vie de famille, un Eden affectif :

> Et de fait, que trouvons-nous comme forme la plus ancienne, la plus primitive de la famille, celle dont nous pouvons indéniablement attester l'existence dans l'histoire, et qu'encore aujourd'hui nous pouvons étudier çà et là ? Le mariage par groupe, la forme de mariage où des groupes entiers d'hommes

et des groupes entiers de femmes se possèdent mutuellement et qui ne laisse que peu de place à la jalousie².

Au milieu du 19ᵉ siècle, la polygamie était largement considérée par les radicaux et les anarchistes comme la condition naturelle et habituelle de la grande majorité de l'humanité primitive. Charles Fourier dans ses féroces attaques contre l'hypocrisie et la sauvagerie du mariage en France considère ce qui suit comme acquis :

> Si la polygamie est un vice digne du courroux des philosophes, comment se fait-il qu'ils n'aient trouvé aucun moyen d'extirper la société barbare qui tient en polygamie cinq cents millions d'hommes et que parmi les trois cents millions de sauvages et civilisés, les premiers pratiquent souvent cette polygamie comme vertu, tandis que les civilisés la pratiquent tous en secret quoi qu'elle soit réputée vice, crime d'adultère, dans leurs opinions³.

Les découvertes de l'anthropologie, science encore balbutiante, semblaient confirmer les récits des voyageurs du 18ᵉ siècle. La pratique de l'amour libre dans des endroits aussi réels que Tahiti fut alléguée pour montrer que la monogamie n'était pas une condition naturelle.

C'est la raison pour laquelle Engels accorda tant d'importance à ce premier stade; non parce qu'il évoquait l'âge d'or maintenant révolu de la liberté naturelle, tel qu'il est susceptible d'attirer les utopistes et autres esprits romantiques, mais bien parce qu'il prétend établir que dès le début de l'histoire de l'humanité la monogamie n'a jamais été une tendance *naturelle* et qu'il n'existe pas une ligne continue de développement depuis le règne animal jusqu'au règne humain. Dès lors toute allusion au fait que la plupart des animaux préfèrent la monogamie est écartée comme étant inopportune puisque la promiscuité primitive constituait une *rupture* par rapport au règne animal.

Il est tactiquement essentiel d'établir cette rupture. C'est l'une des raisons pour lesquelles Marx conserve toujours une telle popularité, ses admirateurs contemporains persistant à répéter ses déclarations les plus totalement discréditées sur l'histoire de l'humanité. Car le charme du marxisme c'est de vous libérer de la nature — et des devoirs et contraintes familiales.

Il est essentiel pour le modèle d'évolution proposé par Marx et Engels que l'homme soit libéré de l'héritage de tout impératif biologique. Nous sommes les créateurs de notre propre histoire; il n'y a rien qui puisse limiter ou diriger le cours de cette histoire. Rien ne nous arrive «naturellement». De fait, le concept tout entier de «nature humaine», en tant que donnée déterminée et permanente, doit être rejeté comme une simple fadaise sentimentale équivalant à prédire l'avenir d'après la position des étoiles.

Les marxistes s'autorisent cet argument grâce à un habile stratagème dans leur manière de définir ce qui est « naturel ». Ce que nous entendons normalement par « faire ce qui nous est naturel » ne désigne pas un réflexe aussi instinctif ou automatique qu'un réflexe rotulien ou les fonctions physiologiques de la respiration, de la transpiration ou de l'excrétion, mais un type d'action plus proche du type instinctif que du type volontaire dans l'éventail entier des types d'actions humaines possibles. Nous ne croyons pas que ces actions ou ces sentiments soient de simples réflexes physiques. On peut éviter de faire « ce qui nous vient naturellement »; l'individu peut être *dénaturé* par des pressions d'ordre physique ou psychologique. Les rats en cage ont un comportement étrange qu'ils n'ont pas dans la nature. Quelle que soit l'espèce considérée, tous les mâles ne sont pas sexuellement attirés par les femelles. Toutes les mères n'aiment pas leurs bébés.

Bien que nous sachions que ces déviances par rapport au comportement naturel existent, nous continuons cependant de dire « qu'il est naturel pour un rat de faire ceci ou cela » ou qu'il est « naturel » pour les mâles d'être attirés sexuellement par les femelles ». Quel que soit le langage que nous utilisons pour expliquer un comportement naturel — nous parlons peut-être de pulsions instinctives ou de programmation biologique — le concept de nature n'est utile que dans la mesure où il s'oppose à celui de comportement *non naturel* résultant de forces extérieures malencontreuses ou anormales. Si nous avions toujours un comportement naturel et ne pouvions nous comporter autrement, le concept serait beaucoup moins utile; il nous suffirait de dire « les êtres humains/les rats *font* x ou y »; ce serait comme de parler d'un clignement de paupières ou d'un réflexe rotulien.

L'artifice marxiste consiste en un glissement de sens dans la définition du concept de « naturel » jusqu'à ce qu'il signifie virtuellement la même chose que le mot « instinct ». Le marxiste peut alors prétendre que « la nature est une illusion » — puisque les gens peuvent se comporter, et se comportent d'ailleurs, de manière non naturelle, et puisqu'il en est ainsi de la majorité des cas. Parce que certaines mères sont cruelles ou indifférentes envers leurs enfants, il faut rejeter l'idée que l'instinct maternel est naturel chez la femme. C'est pourquoi, nous proclame-t-on triomphalement, rien de ce que nous faisons n'est naturel; chaque chose est le produit de l'environnement.

Le concept de « naturel » tel qu'il est sanctionné par le bon sens n'est en rien affecté par l'argument qui veut que tout comportement humain soit appris, du moins en partie, par l'exemple ou le précepte.

Il en va de même pour la plupart des comportements naturels animaux. Il est plus facile d'être une mère aimante quand on a soi-même été aimée pendant son enfance; les mariages heureux engendrent les mariages heureux. Ce disant, on ne fait rien de plus que constater que l'eau coule toujours dans le sens de la pente. Le fait qu'une tendance naturelle puisse être inhibée ou stimulée par des interférences extérieures ne l'empêche pas d'être naturelle.

Il est d'ailleurs curieux de constater que l'Eglise catholique romaine se fonde également sur une notion de *rupture historique* entre *nature* et *biologie*, bien que son intention soit quelque peu distincte. Selon la tradition catholique, les sociétés primitives seraient devenues sexuellement laxistes et le mariage aurait dû être *secouru* par le christianisme. Ce secours fut à la fois un progrès spirituel et une restauration de l'institution naturelle créée par Dieu dans le jardin d'Eden. Le pape Léon XIII dans l'*Arcanum* (1880) décrit ainsi l'histoire préchrétienne du mariage:

> La corruption et les changements qui ont affecté le mariage chez les Gentils semblent à peu près incroyables, d'autant plus que cette institution était menacée dans chaque pays par une marée d'erreurs et d'appétits les plus coupables. Toutes les nations semblaient plus ou moins avoir oublié la signification et l'origine véritables du mariage... la multiplicité d'épouses ou de maris, les abondantes sources de divorce, provoquèrent un relâchement excessif du lien conjugal[4].

Alors que la version de l'histoire défendue par l'Eglise est destinée à montrer le caractère spécifiquement chrétien du mariage tel que nous le connaissons, Engels s'est attaché à prouver que le mariage a constamment évolué sous l'influence des changements sociaux et économiques. Chaque étape de la société humaine se reflète dans un changement spectaculaire de l'institution du mariage.

Le mariage de groupe prévalant dans les sociétés primitives a fait place, dans le schéma établi par Engels, à la «famille appariée» qui fut le trait caractéristique de l'époque de la barbarie:

> A ce stade, un homme vit avec une femme, mais cependant la polygamie et l'infidélité occasionnelle restent le droit des hommes, bien que la première se présente rarement, pour des raisons d'ordre économique; cependant, la plupart du temps, la plus stricte fidélité est exigée des femmes pour la durée de la vie commune, et leur adultère est cruellement puni[5].

Cette union par couple est rigoureusement distinguée de la monogamie contemporaine.

> La famille appariée, trop faible par elle-même et trop instable pour rendre nécessaire ou seulement désirable une économie domestique particulière, ne

dissout nullement l'économie domestique communiste héritée des temps antérieurs. Mais l'économie domestique communiste signifie la prédominance des femmes dans la maison, tout comme la reconnaissance exclusive de la mère en personne, étant donné qu'il est impossible de connaître avec certitude le véritable père, elle signifie une très haute estime des femmes, c'est-à-dire des mères[6].

La transition entre l'union par couple et la monogamie contemporaine fut favorisée par l'événement historique le plus considérable — cet événement qui assura la continuité de la popularité d'Engels et de Morgan :

Le renversement du droit maternel fut *la grande défaite historique du sexe féminin*. Même à la maison, ce fut l'homme qui prit en main le gouvernail; la femme fut dégradée, asservie, elle devint l'esclave du plaisir de l'homme et simple instrument de reproduction...

Le pouvoir exclusif des hommes une fois établi, son premier effet se fait sentir dans la forme intermédiaire de la famille patriarcale qui apparaît alors. Ce qui la caractérise essentiellement, ce n'est pas la polygamie... mais «l'organisation d'un certain nombre d'individus, libres ou non, qui constituent une famille sous l'autorité paternelle du chef de celle-ci. Dans la forme sémitique, ce chef de famille vit en polygamie, les esclaves ont une femme et des enfants et le but de l'organisation toute entière est la garde des troupeaux sur un terrain délimité»[7].

Avec la famille patriarcale, nous arrivons à la seconde grande étape de la critique historique. La famille patriarcale est ce qu'on appelle communément la «famille étendue», et qu'on imagine avoir peuplé toute la planète jusqu'à l'avènement du monde industriel et des temps modernes. Dans la famille patriarcale, plusieurs générations de descendants d'un père unique vivaient avec leur femme sous le même toit et travaillaient sur les mêmes terres.

Jusqu'ici l'amour n'intervient pas. Engels répète que «l'amour sexuel individuel au sens actuel du terme a peu de chose à voir avec l'établissement du mariage conjugal»[8]. Et même lorsque la monogamie au sens actuel fit son apparition, «elle ne fut aucunement le fruit de l'amour sexuel individuel, avec lequel elle n'avait absolument rien à voir, puisque les mariages restèrent comme par le passé des mariages de convenance. Ce fut la première forme de famille basée non sur des conditions naturelles, mais sur des conditions économiques»[9]. Et elle répondait à un objectif rigoureusement économique, assurer la suprématie masculine.

L'amour selon Engels et d'autres historiens populaires, était une invention des troubadours provençaux pour célébrer non pas l'amour conjugal mais la passion adultère. Et c'est la montée de la bourgeoisie, avec toutes ses hypocrisies et ses contradictions qui a fait intervenir l'amour sexuel dans le mariage.

Tel est donc le schéma d'Engels : tout d'abord mariage de groupe sans morale sexuelle, ensuite mariage de couple matriarcal, ensuite monogamie bourgeoise et enfin, et seulement alors, intégration de l'amour sexuel et du mariage.

L'authenticité historique de ce schéma est néanmoins contestée non pas sur un point précis, mais depuis A jusqu'à Z, et cela par des observateurs de tous bords. Pour commencer, les anthropologues ont vigoureusement nié que le mariage de groupe ait été de règle dans les sociétés primitives. Au contraire, ils ont dit et redit que cette déduction de Morgan et de ses contemporains victoriens, Bachofen et sir John Lubbock, était fondée sur une incompréhension totale des coutumes et institutions tribales. Westermack, dans *History of Marriage* (1891) affirme qu'au contraire, la monogamie est de règle à peu près partout, et que même lorsqu'il existe des cas de polygamie ou de toute autre variante de relations sexuelles, parentales et sociales, la monogamie continue d'être la règle de vie normale. La contre-attaque de Westermarck vit le jour alors qu'Engels vivait encore ; dans l'*Origine de la Famille*, on trouve en effet des réponses à certaines des premières affirmations de Westermarck sur la monogamie chez les animaux. Et Westermarck ne convient pas non plus que ces mariages à vie aient été dépourvus d'affection ; il cite une longue liste d'exemples de dévouement dans les sociétés tribales — des fiancées languissant d'amour, des veuves et des veufs accablés de douleur, entre autres.

Parmi ces illustrations, je ne peux m'empêcher de citer celles-ci :

Chez les indiens de l'Ouest de Washington et du Nord-Ouest de l'Oregon, raconte le Dr. Gibbs, «on retrouve souvent un fort attachement sensuel à l'origine du mariage, et il n'est pas rare qu'une jeune femme se détruise à la mort de son amant». On dit la même chose d'autres tribus indiennes dans lesquelles certains suicides se sont produits à la suite d'échecs amoureux, même parmi les hommes. Le colonel Dalton décrit les jeunes amoureux Paharia comme nourrissant un attachement très romantique ; «qu'ils soient séparés pour une heure seulement», dit-il, «et ils sont malheureux». Davis nous raconte l'histoire de ce noir qui après avoir vainement tenté d'acheter la liberté de sa belle est devenu esclave lui-même plutôt que d'en être séparé. A Tahiti, des prétendants malheureux se sont suicidés ; et la robuste fermière australienne elle-même ne chante-t-elle pas, dans un élan de détresse romantique : «I shall never see my darling again»[10].

L'intensité des réfutations de Westermarck (en particulier dans le volume I, chapitres IV - VII) est vraisemblablement due au choc moral qu'il ressentit devant l'appel fait par Morgan aux cordes sensibles des victoriens, mais ses théories ont été appuyées avec une fermeté croissante par les grand maîtres de l'anthropologie moderne — Malinowski, Radcliffe-Brown, et beaucoup d'autres. En fait, Malinowski admirait Westermarck pour avoir si promptement démoli le mythe du mariage de groupe[11]. Robert H. Lowie avait également gagné le respect de Malinowski en réfutant Morgan. Effectivement, le résumé que donne Lowie du procès contre Morgan dans *Primitive Society* (1929) est toujours sanctionné par les anthropologues :

> Lorsque les principes évolutionnistes, après être communément admis en biologie, eurent commencé d'influencer toute la pensée philosophique, il sembla naturel de les étendre à la sphère des phénomènes sociaux... Au cœur de l'époque victorienne, les penseurs considéraient comme une conclusion évidente, que l'énoncé seul suffisait à prouver, le fait que la monogamie soit la forme supérieure que puisse atteindre le mariage dans le meilleur des univers qui puisse se concevoir et il était également posé en axiome que les premiers hommes vivaient dans des conditions très éloignées de cet idéal. Aussi n'était-il pas dans les prétentions de Morgan de produire la preuve empirique de cette promiscuité originelle, qu'il situait d'ailleurs à l'époque où les hommes étaient encore à la limite entre l'être humain et un stade organique inférieur. Il présentait la promiscuité comme un *postulat logique*, de la même manière précisément que certains philosophes évolutionnistes posent le principe axiomatique de la génération spontanée; et ce faisant, il la plaçait à l'abri de toute discussion scientifique[12].

Les conclusions de Lowie sont formelles. Il affirme, contrairement à Morgan, que la famille venait en premier, avant la tribu ou le clan :

> L'inversion de la séquence traditionnelle est l'une des conclusions les plus sûres de l'ethnologie contemporaine... Le communisme sexuel en tant que condition devant remplacer la famille individuelle n'existe nulle part à l'heure actuelle; et les arguments prétendant prouver son existence antérieure doivent être rejetés comme insatisfaisants... nous sommes donc en droit de conclure que, en dépit de tous les autres arrangements sociaux, la famille individuelle est une entité sociale omniprésente. Peu importe qu'il s'agisse de liens conjugaux durables ou temporaires; qu'il y ait polygamie, polyandrie ou licence sexuelle; que ces conditions soient compliquées par l'addition de membres qui ne font pas partie de *notre* cercle familial: un fait seul s'impose devant les autres, à savoir que partout, le mari, la femme et les enfants non adultes constituent une entité à part du reste de la communauté[13].

La plupart de nos contemporains qui étudient Engels conviennent que Morgan et ses disciples n'offrent pas les fondements les plus solides sur lesquels bâtir une histoire du mariage. Pour David Mc Lellan, étant donné que les vues de Morgan sur la promiscuité sexuelle primitive, le mariage de groupe et la priorité de la famille matrimoniale sont «extrêmement douteuses», il n'est pas étonnant que les chapitres réservés à la famille soient les moins solides de l'ouvrage d'Engels[14].

Quoi qu'il en soit, le plupart des marxistes et particulièrement les marxistes féministes tentent de sortir Engels de ce mauvais pas en disant: «Même s'il ne s'en est pas très bien tiré — parce que le matériel historique disponible était insuffisant — lui-même et Marx avaient raison sur la manière dont l'histoire opère».

Voici par exemple ce qu'écrit Sheila Rowbotham à propos d'Engels et de ses théories sur l'origine de la famille:

Le fait que ses démonstrations anthropologiques sont insuffisantes n'implique en aucune façon que les idées qu'il émet, que sa tentative d'insérer le marxisme tel qu'il le voit dans une étude anthropologique de la famille, soient dépourvues de valeur. Répudier son anthropologie en la qualifiant de «dépassée» serait une attitude aussi arrogante que celle consistant à rejeter le *Capital* de Marx sous prétexte que ses bases économiques sont surannées. Même en tenant compte des limites de l'*Origine de la Famille*, la question essentielle, celle de la méthode, reste posée. Les arguments contre Engels prennent facilement l'allure d'arguments contre toute tentative de découvrir des schémas historiques et des facteurs de changements[15].

En fait, il est essentiel de déterminer si l'anthropologie d'Engels et l'économie de Marx sont correctes ou non («dépassée» est un mot assez vague).

Si elles ne le sont pas, et si dans leur ensemble, les preuves recueillies montrent soit qu'il n'existe pas de schéma évolutif bien défini, soit qu'il en existe un mais entièrement différent, soit qu'il n'existe aucune relation constante utile entre le développement économique et la structure familiale, alors il nous faudra reconsidérer le problème.

Comme c'est le cas pour toutes les théories historiques boiteuses, on en arrive finalement au stade où il n'est plus possible de conserver la ligne générale adoptée au départ parce qu'elle ne repose plus sur un nombre suffisant de données ponctuelles fondamentales. Si l'hypothèse de la promiscuité sexuelle ne peut être maintenue plus longtemps, il importe pour le marxisme dans son ensemble de démontrer la validité de la théorie d'Engels sur une grande transition entre famille étendue et famille nucléaire.

NOTES

[1] Friedrich Engels, *The Origin of the Family, Private Property and the State*, Londres, 1972, p. 95.
[2] *Ibid.*, p. 100.
[3] J. Beecher et R. Bienvenu (éd.), *The Utopian Vision of Charles Fourier*, Boston, 1971, p. 333.
[4] A. Werth et C.S. Mihanovich (éd.), *Papal Pronouncements on Marriage and the Family*, Milwaukee, 1955, pp. 2-4.
[5] Engels, *Origin of the Family*, p. 111.
[6] *Ibid.*, pp. 112-13.
[7] *Ibid.*, pp. 120-21.
[8] *Ibid.*, pp. 112.
[9] *Ibid.*, p. 128.
[10] E. Westermarck, *History of Marriage*, Londres, 1891, 3 Vol., Vol. 1, p. 503.
[11] Meyer Fortes, *Kinship and the Social Order,* Londres, 1969, p. 5.
[12] Robert H. Lowie, *Primitive society*, Londres, 1929, pp. 52-53.
[13] *Ibid.,* pp. 148, 59, 63.
[14] David McLellan, *Engels*, Londres, 1977, p. 37.
[15] Sheila Rowbotham, *Women, Resistance and Revolution*, Ed. Pelican, 1974, p. 69.

Chapitre 4
Le mythe de la famille étendue

On pourrait limiter les dégâts infligés à la doctrine d'Engels, s'il était possible de montrer que les lacunes n'en affectent que les premiers développements. Malheureusement, au centre même de son schéma historique se trouvent encore plusieurs passages nébuleux, dans la partie consacrée à la «famille patriarcale». Engels cite des exemples de famille partriarcale chez les peuples slaves du sud et, par-ci par-là, dans d'autres régions du monde. En ce qui concerne l'Europe du Nord-Ouest, la preuve de l'existence de familles étendues de ce type, où plusieurs générations de frères et de sœurs vivent avec leurs conjoints sous le même toit, est de plus en plus contestée. Chacun à leur façon, G.P. Murdock, Peter Laslett, Alan Macfarlane, Emmanuel Le Roy-Ladurie et bon nombre de chercheurs ont jeté le doute sur le fait que ces familles étendues aient jamais constitué la norme dans ces régions du monde qui furent le berceau de la Révolution industrielle et qui, précisément, auraient dû dépasser le stade de la famille étendue, si toutefois le schéma Marx-Engels est correct.

Les sceptiques marquent deux points: d'abord la famille nucléaire est *universelle*. Partout où existent des structures plus complexes la famille nucléaire est toujours présente. Ensuite, en Angleterre et dans le Nord-Ouest de l'Europe, la famille nucléaire constituait la situation *normale* — une simple famille vivant dans sa propre maison.

Dans *Household and Family in Past Time* (1972), l'une des réfutations les plus accablantes et les plus intégrales de toute sagesse orthodoxe de l'histoire récente, Laslett écrit :

> En Angleterre et ailleurs dans le nord-ouest de l'Europe, la situation familiale normale était celle où chaque groupe domestique était constitué d'une simple famille vivant dans sa propre maison, de sorte que l'entité familiale conjugale coïncidait avec l'entité domestique... en dépit d'importantes différences que révélerait une simple comparaison... cette situation normale semble s'être imposée dans une large mesure dans les autres régions[1].

Les premiers anthropologues des deux côtés de l'Atlantique étaient arrivés à la même conclusion. G.P. Murdock : « La famille nucléaire est un groupement humain universel ». Marion Levy : « La majeure partie de l'humanité doit toujours avoir vécu en petites familles ». Mais ce sont les études statistiques sur la taille des ménages, entreprises par le Dr. Laslett et ses collègues du Cambridge Group for the History of Population and Social Structure qui ont finalement démontré que la famille nucléaire a toujours représenté la famille normale. D'après Marion Levy : « La nature et les traits généraux de la *véritable* structure familiale ont été pratiquement identiques dans leurs caractéristiques les plus essentielles (dimensions, âge, sexe et nombre de générations composantes) dans toutes les sociétés connues de l'histoire du monde et cela pour beaucoup plus de 50 pour cent des membres de ces sociétés »[2].

Il se peut que les sentiments, ou la tradition, ou la morale officielle prescrivent d'autres types de groupements familiaux. La tradition pouvait exiger par exemple que les couples mariés avec des enfants veillent sur leurs parents, en les gardant dans leur foyer comme des invités d'honneur; mais dans la plupart des sociétés l'observance de cette tradition est surtout remarquable par son inexistence. En effet, la plupart des couples mariés dans la société traditionnelle n'avaient simplement pas les moyens de nourrir leurs parents. La plupart des personnes âgées mouraient seules à l'hospice ou dans une affreuse misère.

Contrairement à ce qui est communément admis, ce n'est qu'*à partir* de la Révolution industrielle, et particulièrement dans les villes industrielles, que les couples mariés ont commencé à vivre avec leurs parents en plus ou moins grand nombre. La famille étendue, en Europe occidentale du moins, est un phénomène *moderne*, si toutefois il existe réellement. Dans ses études sur le Lancashire industriel, le berceau de la Révolution industrielle, Michael Anderson laisse entendre que cet étonnant accroissement du nombre de parents et de grands-parents vivant ensemble s'est produit pour des raisons strictement économiques. Pour la première fois, les parents qui travaillaient tous deux à la fabrique gagnaient suffisamment d'argent pour nourrir les grands-parents; en retour, les grands-parents pouvaient garder les enfants de la famille ou des voisins et peut-être aussi exécuter quelques menus travaux. De plus, les enfants pouvaient rester plus longtemps au foyer familial que dans l'Angleterre rurale pré-industrielle, parce que leurs revenus contribuaient aux dépenses du ménage — alors qu'à la campagne la ferme n'offrait du travail que pour une petite minorité d'enfants, qui resteraient à la maison jusqu'à leur mariage. En dépit des conditions inhumaines et des privations qu'elle a infligées, la Révolution industrielle n'a en tout cas pas réussi à désintégrer les structures familiales.

Le taux d'illégitimité est l'un des critères les plus souvent utilisés par les historiens pour évaluer la qualité de la vie familiale. La proportion d'enfants illégitimes est censée démontrer particulièrement combien le fait de vivre en ville et de travailler en usine altère la moralité des jeunes, anéantit l'autorité parentale et conduit à un sentiment général de désœuvrement et d'anarchie, ou d'«anomie», qui ne peut qu'entraîner le laxisme sexuel.

Malheureusement, comme le fait remarquer Peter Laslett: «Il est simplement faux de croire que la vie dans les villes et les cités et l'exode vers ces centres de population aient toujours été directement et positivement liés au phénomène de bâtardise, que ce soit pendant la prétendue révolution sexuelle ou toute autre période»[4].

En Ecosse, en Allemagne et en Angleterre du moins, le taux d'illégitimité a toujours été plus élevé *dans les campagnes* — et tout particulièrement dans les régions rurales d'Ecosse, où la stricte morale de l'Eglise presbytérienne semble avoir été très peu respectée. En réalité, dans beaucoup d'autres pays européens — l'Autriche, la Belgique, le Danemark, l'Allemagne, l'Italie, les Pays-Bas, la Suède et la Suisse — le taux d'illégitimité est tombé, souvent brutalement, au moment de l'industrialisation maximale, à la fin du 19e siècle et au début du 20e.

En 1845, alors que la bâtardise en Angleterre et au Pays de Galles était à son point culminant pour la période précédant le 20e siècle, les districts londoniens étaient les moins touchés de tout le pays; les taux d'illégitimité les plus élevés s'observaient généralement dans les régions les plus lointaines du Cumberland et du Pays de Galles. Même les villes industrielles comme Manchester, Liverpool et New Castle, qui dans la littérature victorienne avaient une réputation de relâchement moral, étaient largement représentées sur les listes du Conservateur des actes de l'état civil. Whitechapel et Bethnal Green, les plus misérables des quartiers Est de Londres ont connu un taux de bâtardise inférieur à la moyenne nationale, tout au long du 19ᵉ siècle. Jusqu'en 1930, les communes rurales ont affiché des taux d'illégitimité beaucoup plus élevés que les villes. Par la suite, l'exode rural et la croissance des zones suburbaines ont rendu la comparaison moins fiable[5].

Du moins ne trouve-t-on ici aucune raison de prétendre que l'exode vers les cités industrielles a porté un coup à la vie familiale ou à la morale sexuelle, contrairement aux affirmations automatiques de romanciers comme Dickens et Disraeli et de sociologues comme Marx et Engels. Marx a bien pu avoir un enfant de sa servante et Engels séduire les filles qui travaillaient à la fabrique de son père, la grande majorité des relations amoureuses et des grossesses se terminaient par un mariage entre jeunes gens de même condition sociale.

Par contre, dans la société pré-industrielle, l'exemple classique de la mère célibataire était celui de la jeune fille travaillant comme domestique loin de sa famille, enceinte du jeune valet de ferme également séparé des siens, le couple étant empêché de se marier par pauvreté et peut-être aussi à cause des conditions de son service. Les ouvriers de fabriques, malgré les affres de leur condition, ne subissaient au moins pas ces contraintes.

La liberté de se marier était une liberté authentique que la plupart des jeunes gens pouvaient conquérir en émigrant vers les villes. Et c'est cette liberté nouvelle que les moralistes contemporains qui, comme Mme Gaskell, ne sont pas toujours les observateurs les plus perspicaces, se sont empressé d'assimiler à de l'immoralité, atteints comme ils l'étaient par l'illusion naïve des gens aisés pour qui la misère physique ne peut qu'entraîner la misère morale.

En réalité, il serait plus exact de dire que les témoignages que nous avons sur la vie dans les cités ouvrières du Lancashire et d'autres sont la preuve d'une ténacité morale, face à de continuelles vicissitudes, aussi émouvante que n'importe quel récit historique de guerre ou de captivité[6]. Et l'objet principal de cette ténacité était de garder unie sa famille contre vents et marées.

L'un des mythes les plus tenaces à propos du passé consiste à croire qu'il fut un temps où nous faisions tous partie d'une communauté harmonieuse et que, parce que nous ne faisions qu'un, nous étions totalement ouverts et disponibles l'un pour l'autre. Et la vie privée n'existait pas à cet âge d'or. Vouloir préserver son intimité était réprouvé comme une conduite antisociale.

On situe parfois cet âge d'or dans les mers du Sud, parfois en Europe occidentale au Moyen Age. On nous invite à contempler la manière dont nos ancêtres vivaient ensemble dans une même grande salle enfumée, dormaient dans le même lit et voyaient les autres satisfaire leurs fonctions physiologiques, sans la moindre honte ou le moindre embarras. Ce mythe survit parce qu'on nous fait croire que tout le monde vivait à cette époque dans les grands châteaux de la noblesse. En réalité, dans les pays occidentaux, l'habitat familial typique était la chaumière ou le taudis. Et de toute façon, même lorsque les habitations sont blotties les unes contre les autres ou font partie d'une même structure — comme le ziggurat mexicain, le bloc d'appartements moderne — nous ne pouvons prétendre que le sens de la vie privée s'en trouve amoindri. Les anciennes législations — le droit coutumier en Angleterre, les «Miroirs de justice» en Allemagne, le droit privé romain — sont empreintes d'un sens très profond de la vie privée.

Que sont toutes ces querelles pour une haie ou un mur, un droit de passage ou une servitude, un égout ou une branche qui dépasse, et même pour une servitude de vue, si ce n'est la preuve d'une volonté féroce de jouir totalement de sa propriété y compris du droit de vivre chez soi, même cloîtré, volonté à ce point féroce que l'air et la lumière au-dessus de notre jardin puissent être considérés comme un bien inaliénable?

La législation moderne, loin d'implanter et d'intensifier le sens de la vie privée, se montre plutôt plus lâche et plus vague à ce sujet. La loi médiévale anglaise contre les écoutes indiscrètes fut en effet récemment abolie sans qu'aucun effort sérieux soit tenté pour la remplacer par de nouvelles dispositions susceptibles de décourager l'usage d'appareils d'écoute ou la prise de photocopies illicites.

Je ne voudrais pas tomber dans l'excès inverse et prétendre que la vie moderne soit à beaucoup d'égards moins privée que la vie il y a cinq cents ou mille ans. Mais il est exact que les prétendus exemples de modes de vie plus publics et plus sociaux aujourd'hui révolus ne tiennent guère debout.

La célébration du mariage en famille par exemple. C'est presque un cliché que de comparer le mariage moderne dans le bureau de l'état civil avec pour «seul» entourage les parents proches, avec la foule énorme des voisins et des connaissances qui, nous dit-on, assistait à presque tous les événements heureux du village médiéval. Pourtant le manque de preuves incite continuellement à procéder à la comparaison inverse. Le mariage au Moyen Age, comme nous le verrons, était généralement considéré comme une cérémonie *privée*, au désespoir d'ailleurs des autorités ecclésiastiques. A cause de la pauvreté et de la carence de moyens de communication, les familles médiévales voyaient beaucoup moins souvent leurs cousins et leurs parents éloignés. Les facteurs économiques obligeaient une grande partie de la population, la majorité dans de nombreux pays, à vivre non pas dans de grands villages pleins d'animation, mais dans des hameaux épars ou des fermes et des chaumières isolées. Bien sûr, dans les communautés rurales d'hier et d'aujourd'hui, on trouve des exemples de festivités villageoises, de solidarité et de pression sociale et morale exercée par la localité sur les jeunes gens; les cérémonies pittoresques comme les charivaris et les rondes autour de l'arbre de mai font le délice des folkloristes et des anthropologues. Mais il est purement fantaisiste de présenter ces cérémonies, aussi importantes eussent-elles été pour la vie du village, comme essentielles à la vie de l'individu ou comme la chose la plus importante pour lui.

Et même dans ces sociétés où la famille semble avoir été la communauté la plus omniprésente, il faut nous garder de croire que l'unité familiale de base était une vaste structure dépourvue du sens de la vie privée. Le village africain ressemble souvent plus à une communauté solidaire de voisins d'appartements qu'à une tribu affectueuse où tout le monde vit, mange et dort ensemble sans distinction de famille. Le professeur Goody nous met en garde:

> Nous devons nous montrer très prudents lorsque nous opposons la cellule familiale du type *zadruga*, comme nous l'appelons, et qui peut être comparée à une forteresse de, disons, 100 personnes, à la «famille étendue» comprenant une petite ferme, une famille conjugale et quelques parents intégrés au groupe... La première n'est probablement que la version «pluri-cellulaire» de la seconde, les cellules se regroupant pour des raisons de protection, de rationalisation administrative, ou simplement pour s'adapter au logis qui avait été construit à l'origine; des habitations permanentes en matériaux durs structurent la composition familiale de manière beaucoup plus radicale que des cases en terre séchée ou des huttes de bambou, car ces dernières se modifient constamment en fonction du nombre et de la personnalité de ceux qui y vivent [7].

Ces *zadrugas* étaient des villages des Balkans qui, pour l'observateur étranger, semblaient de nature éminemment tribale et qui ont captivé les anthropologues victoriens — notamment Engels —, ces derniers y voyant le symbole de l'intimité communautaire abolie par la «famille nucléaire isolée» d'aujourd'hui au détriment du bonheur et de l'équilibre psychique de l'homme. Les recherches actuelles sur ces *zadrugas* tendent à montrer que la vie y est plus soigneusement et plus subtilement compartimentée que l'avaient cru les observateurs nostalgiques; on estime de plus que la *zadruga* n'a jamais été en déclin, comme l'avait porté à croire la nostalgie de certains, et qu'au contraire elle subsiste bel et bien dans la Yougoslavie d'aujourd'hui. Le professeur

Goody conclut:

> Ce n'est pas seulement dans le cas de l'Angleterre qu'il nous faut abandonner le mythe de la «famille étendue» au sens qu'on lui confère d'habitude. Sous une forme ou sous une autre, ce mythe n'a cessé de hanter les études historiques et comparatives depuis l'époque de Maine et Fustel de Coulonges, que ces études soient le fait d'historiens, de sociologues ou d'anthropologues. Quel qu'ait été leur aspect, les groupes familiaux dans les premières sociétés n'ont jamais été des communautés indifférenciées, telles que les chérissaient les théoriciens du 19ᵉ siècle, qu'ils soient marxistes ou pas. Les entités de production étaient partout des entités relativement petites et basées sur les liens du sang [9].

Dans *Bondman Made Free*, Rodney Hilton déclare que l'examen des documents domaniaux du 13ᵉ siècle mène à cette conclusion inéluctable:

> Au 13ᵉ siècle déjà, peut-être avant, la famille normale dans la plus grande partie de l'Europe occidentale n'était pas la famille étendue comprenant tous les descendants d'arrière-grands-parents communs, ou d'ancêtres plus lointains, vivant ensemble avec leurs femmes et leurs enfants. Au contraire, nous n'y trouvons que les grands-parents, le fils aîné et héritier, avec sa femme et ses enfants et les membres non mariés de la seconde génération. Lorsque le grand-père était actif, il dirigeait la propriété; sinon il laissait la place à son héritier, mais continuait de vivre sur ses terres. A la mort des grands-parents, la famille devenait une famille nucléaire de deux générations jusqu'à ce que l'héritier devienne adulte et se marie, perpétuant ainsi ce type de structure [10].

En réalité, d'après Hilton il est possible que les familles étendues aient existé à des époques plus lointaines, comme les médiévistes d'écoles plus anciennes, Marc Bloch notamment, le pensaient généralement: «Pendant la période pauvrement documentée qui va du 6ᵉ au 10ᵉ ou 11ᵉ siècle, certaines familles paysannes étaient probablement plus vastes et plus unies qu'elles ne l'ont été au milieu du Moyen Age» [11]. «Certaines» et «probablement» sont hélas des mots essentiels du point de vue de la documentation. Hilton cite le cas d'une famille française du 9ᵉ siècle comprenant deux frères et leurs épouses, deux sœurs et quatorze enfants, mais il dit également que le document duquel est tiré cet exemple semble montrer une prédominance des familles nucléaires parmi les métayers du domaine.

Il semble que mieux les historiens connaissent une période de l'histoire de l'Europe occidentale et plus ils découvrent que la famille nucléaire a toujours été le mode de vie normal. De temps en temps, bien sûr, on trouve toutes sortes d'exceptions et de variantes, certains cas où des frères et des sœurs adultes ou des grands-parents faisaient partie du même ménage; certaines de ces variantes se sont peut-être produites parce que le corps de logis était très grand, parce qu'il n'y avait pas d'autre habitation disponible, ou parce que les liens familiaux étaient exceptionnellement étroits et affectueux, à cause des exigences de l'agriculture, pour des raisons financières, dans un but de protection ou parce qu'un membre de la famille était vieux ou forcé de garder le lit. Mais la « famille » d'alors semble s'être très peu distinguée de la famille d'aujourd'hui en ce qui concerne sa composition et son mode de résidence.

Laslett déclare :

Le désir de croire à la vaste famille étendue comme à l'institution classique des premiers temps de l'Angleterre ou de l'Europe ou comme à la caractéristique normale d'un monde ancien non industriel est en fait une affaire d'idéologie. L'idéologie en question, je pense, n'est en aucune façon un système de normes et d'idéaux présents à l'esprit des hommes et des femmes de jadis qui, en réalité, ont décidé eux-mêmes de la forme caractéristique qu'ils ont donnée à la structure de leurs groupes domestiques[12].

Pourquoi tant d'historiens, de sociologues et d'idéologues ont-ils succombé à ce mythe au cours des cent dernières années ? Pendant pratiquement toute cette période, après tout, les preuves n'abondaient ni dans un sens ni dans l'autre. Essayons donc de dégager les raisons à l'origine de ce malentendu. Certaines sont d'ordre technique et concernent le type de documents qui *étaient* disponibles et l'interprétation qu'en ont faite les historiens. D'autres par contre sont d'ordre psychologique et concernent non seulement l'attitude des historiens à l'égard du passé, mais encore leur manière d'appréhender le présent, leurs sentiments de nostalgie, de malaise ou de ressentiment ; elles sont moins faciles à établir. Commençons donc par les causes techniques, qui sont plus concrètes.

Les historiens qui continuent de s'exprimer en ces termes : « L'évolution de la famille à partir de la cellule familiale impersonnelle (nous semble-t-il), de nature économique et d'extension précaire qui prévalait au 16ᵉ siècle vers l'entité nucléaire plus réduite et de nature affective apparue vers la fin du 18ᵉ siècle... »[13] décrivent en réalité la situation des classes *les plus élevées*. C'est en effet ce que nous dit Lawrence Stone dans sa version abrégée de *The Family, Sex and Marriage, 1500-1800* en édition Pelican :

La nature des témoignages qui subsistent encore oriente inévitablement l'ouvrage vers une étude d'un petit groupe minoritaire, à savoir les classes instruites sachant s'exprimer avec aisance, et nous apprend relativement peu de choses sur la grande majorité des Anglais, les petits propriétaires ruraux ou urbains, les artisans, les ouvriers et les indigents. Mais les conséquences sont atténuées du fait que tout semble montrer que les premiers furent les instigateurs du progrès culturel[14].

Mais comment pourrions-nous savoir que les classes élevées ont été les meneurs de train, alors que nous savons si peu de choses des autres couches sociales ? Une fois encore le professeur Stone lui-même répond : « Lorsqu'il étudie le comportement sexuel dans les classes inférieures, l'historien doit se résigner à l'impossibilité de prouver des attitudes ou des sentiments, étant donné qu'il n'existe aucun témoignage direct »[15]. De plus, en se rapprochant de notre époque, le profane est tenté de tirer les conclusions inverses ; le mariage dans les classes élevées n'est-il pas devenu plus ouvertement affectif, moins dynastique et moins centré sur la propriété ; en d'autres mots, ne s'est-il pas rapproché du mariage dans les classes ouvrières ?

En tout cas, la rareté des documents ne semble pas même freiner le professeur Stone. Sans l'ombre d'une hésitation, il en déduit que :

> Les rapports sociaux entre le 15e et le 17e siècle étaient généralement froids, voire inamicaux : à tous les niveaux, les hommes et les femmes étaient extrêmement irritables... les liens émotifs familiaux étaient tellement faibles qu'ils n'engendraient aucune passion susceptible de mener à des meurtres ou à des sévices intra-familiaux... La société hypothétique du 16e siècle et du début du 17e siècle est une société dans laquelle la majorité des individus éprouvent des difficultés à établir des liens émotionnels étroits avec toute autre personne[16].

Auquel cas les spectateurs du Globe ont dû accueillir avec autant d'ennui et d'indifférence que d'étonnement les représentations de *Roméo et Juliette* et d'*Antoine et Cléopâtre*. « A tous les niveaux » ? « La majorité des individus » ? Vraiment, qu'en sait-il ?

Des rapports sociaux généralement froids ? Des liens émotifs familiaux tellement faibles qu'ils n'engendraient aucune passion susceptible de mener à des sévices ? Reportons-nous en 1527-1528, près du début de la période étudiée par le professeur Stone, et contentons-nous de prendre une seule lettre parmi la fameuse correspondance de Henri VIII à Anne Boleyn.

> Mon petit cœur, cette lettre est pour vous avertir du tourment que j'ai éprouvé depuis votre départ, car je vous assure que le temps m'a semblé plus long depuis votre départ, que ne le fait ordinairement une quinzaine. Je pense que votre bonté et la ferveur de mon amour en sont la cause ; car autrement je ne croirais point possible qu'une aussi courte absence ait pu me causer tant de chagrin. Mais maintenant que je vais vous joindre, il me semble que mes peines disparaissent à moitié, et je trouve aussi une très grande consolation à composer mon livre, qui rentre complètement dans mon affaire. Aujourd'hui même j'y ai consacré plus de quatre heures, ce qui, outre un petit mal de tête, fait que je vous écris maintenant une lettre aussi courte ; désirant surtout le soir me trouver entre les bras de ma petite mignonne, dont j'espère bientôt baiser les jolis petits tétons. Ecrite de la main de celui qui a été, qui est, et qui sera à vous de sa propre volonté.   H.*Rex*[17].

Même parmi les classes élevées, les rapports sociaux n'étaient pas toujours tièdes. Il nous suffit de revenir trois cents ans en arrière, au récit que donne Berthold le chapelain, de la vie de sainte Elisabeth de Hongrie qui avait épousé Louis IV de Thuringe dans les années 1220. «Ils s'aimaient d'un amour merveilleux...» nous dit-il; «plus de mille fois elle le baisa tendrement sur la bouche». Alors qu'il était parti visiter de lointains domaines, elle instaura une soupe populaire et un dispensaire. Apprenant sa mort en 1227, peu après qu'il ait rejoint les croisés qui se regroupaient dans le sud de l'Italie, elle se mit à courir dans le château, absolument folle de douleur, en criant: «Mort, mort sera désormais pour moi tout bonheur, tout honneur de ce monde...». Le but de cette histoire n'est pas seulement de nous faire admirer cette femme pour ses bonnes œuvres et pour sa fidélité et son amour indéfectibles. On nous cite également son époux qui s'était emporté contre ses courtisans le pressant de prendre une maîtresse au cours de ses longues absences, et qui leur avait répondu: «J'ai une femme et je lui reste fidèle»[18].

L'authenticité historique du récit de Berthold sur la vie de Louis et de sainte Elisabeth importe peu. Dans le cadre de notre étude, ce qui nous intéresse, ce sont les attitudes émotionnelles qui y sont dépeintes pour notre édification et pour forcer notre admiration. Et on nous apprend clairement qu'au début du 13e siècle l'amour dans le mariage, l'amour pleinement affirmé, l'amour sexuel passionné, était un phénomène familier et admiré parmi la noblesse. De même les lettres passionnées de Henri VIII à Anne Boleyn montrent qu'au début du 16e siècle un prince d'éducation n'hésitait absolument pas à coucher sur le papier ses sentiments en des termes à la fois intensément érotiques et affectifs. Le ton est tout sauf glacial, ou tiède, ou mécanique.

Il semble que le professeur Stone ne soit pas du tout un cas exceptionnel parmi les historiens de la famille. Edward Shorter, un historien américain plein de verve, préface son livre *Naissance de la Famille moderne* (1977) en disant:

> Je souhaite faire partager au lecteur mon extrême modestie quant à son contenu. Nous parlons ici de la vie privée de gens anonymes, de gens ordinaires. La plupart ne savaient pas lire. Aucun d'eux n'a écrit de livre sur ce qu'il faisait ou ressentait. La reconstitution de leur expérience familiale ne peut être qu'une entreprise hasardeuse. Il y a peu de certitudes, et les témoignages, loin d'ancrer solidement ma théorie sur les sentiments et l'affection, risquent de s'envoler au premier coup de vent[19].

Evidemment! A maintes reprises le professeur Stone confesse d'un ton attendrissant qu'il ne possède des documents que pour une période d'un siècle ou deux (généralement en France) et cette période est plutôt tardive (généralement le 19ᵉ siècle) par rapport au sujet de son étude. Il lui arrive souvent de passer allégrement à côté de certains acquis exposés dans des ouvrages qu'il a pourtant lus. Au mépris de presque toutes les recherches contemporaines, il persiste par exemple à déclarer que «Les familles de l'Europe traditionnelle étaient relativement plus vastes et plus complexes que les familles modernes — dans la mesure où elles abritaient plus que la simple entité conjugale». Eh bien, pour autant que nous puissions en juger, ce n'était pas le cas.

Pourtant le professeur Shorter se montre moins affecté que le professeur Stone par le manque de données. Il découvre non pas une «révolution sexuelle», mais deux. Et il n'hésite pas: «Le mariage populaire au cours des siècles passés était généralement dépourvu de liens affectifs et se fondait sur des considérations de propriété et de lignage»[20]. «Le grand éveil s'est produit plus tôt dans les villes que dans les campagnes et plus tôt dans la bourgeoisie que dans les classes inférieures, mais avant que se produise ce phénomène séculier, les relations entre hommes et femmes dans les ménages semblent avoir été dépourvues de toute affection partout en France»[21]. «Dans la société traditionnelle les mères étaient indifférentes au développement et au bonheur de leurs enfants en dessous de deux ans... Et ces mères ne considéraient pas souvent (certains disent jamais) leurs enfants comme des êtres humains susceptibles d'éprouver les mêmes joies et les mêmes peines qu'elles-mêmes»[22]. L'extrême modestie semble s'être envolée.

Si je fais allusion à ces ouvrages bien connus de spécialistes renommés, ce n'est pas tant pour relever les failles de leurs raisonnements que pour attirer l'attention sur leur notable *impatience*. Ils veulent sans délai tirer d'un matériau insuffisant la démonstration la plus emphatique que s'est produite une grande transition depuis la «famille étendue» cupide et sans amour de la «société traditionnelle» à la «famille nucléaire» d'aujourd'hui basée sur l'affection, et ensuite, vers l'étape décisive d'une relation plus libre, plus changeante, en fait la fin du mariage tel que nous le connaissons.

Ce n'est pas comme s'il y avait quelque chose de neuf ou d'original dans cette théorie. Le professeur Stone et ses éditeurs décrivent l'évolution de la famille dans les termes cités plus haut et les éditeurs proclament que «cet ouvrage défie toutes les conceptions conventionnelles sur la société anglaise de cette époque». Au contraire cette étude *rétablit* les conceptions conventionnelles de ceux qui souhaitent conserver à la famille sa valeur d'accident historique.

Une position véritablement non conventionnelle et subversive serait d'affirmer que la famille nucléaire est plus ancienne que Jésus, que Platon, que Marx, qu'Engels, plus ancienne certainement que la Révolution industrielle, et que la famille nucléaire — avec tous ses inconvénients, ses difficultés et ses dangers — est un mode de vie biologiquement approprié, qui nous «est naturel» et qui est la source d'une force émotionnelle constante et inextinguible.

NOTES

[1] Peter Laslett, introduction à Peter Laslett et Richard Wall (éd.), *Household and Family in Past Time,* Cambridge, 1972, p. 40.
[2] *Cit. in ibid.*, p. 105.
[3] Voir Anderson, *ibid.,* pp. 216-40.
[4] Peter Laslett, Karla Oosterveen et Richard M. Smith (éd.), *Bastardy and its Comparative History*, Londres, 1980, p. 27.
[5] *Ibid.*, pp. 63-64.
[6] Voir, en particulier, les premiers chapitres de E.P. Thompson, *The Making of the English Working Class*, Ed. Pelican, 1968.
[7] Laslett et Wall (éd.), *Household and Family*, p. 110.
[8] Résumé, *ibid.*, pp. 335-427.
[9] *Ibid.*, p. 124.
[10] Rodney Hilton, *Bondmen Made Free*, Londres, 1973, University Paperback, 1977, p. 27.
[11] *Ibid*, p. 27.
[12] Laslett et Wall (éd.), *Household and Family*, p. 73.
[13] Lawrence Stone, *The Family, Sex and Marriage in England, 1500-1800*, Ed. Pelican, 1979, annonce de l'éditeur.
[14] *Ibid.*, p. 26.
[15] *Ibid.*, pp. 77, 80.
[17] Christopher Falkus (éd.), *The Private Lives of the Tudor Monarchs*, Londres, 1974, p. 31.
[18] Barbara Beuys, *Familieleben in Deutschland*, Hamburg, 1980, pp. 173-74.
[19] Edward Shorter, *The Making of the Modern Family*, Ed. Fontana, 1977, préface.
[20] *Ibid.*, p. 12.
[21] *Ibid.*, p. 68.
[22] *Ibid.*, p. 170.

Chapitre 5
Mariage d'amour et mariage d'argent

« Oh! mon ami, célibataire! Célibataire et très riche! Quatre ou cinq mille francs de rente! Quelle chance pour nos filles! ». Chacun se souvient de la Mrs Bennett imaginée par Jane Austen, désespérant de marier ses filles aux hommes les plus riches qui puissent se trouver, et de son ravissement lorsqu'un nouveau parti, Mr Bingley, s'installe dans le domaine voisin de Netherfield. La plupart d'entre nous gardent gravé dans la mémoire le cliché du mariage typique de jadis comme une alliance arrangée par les parents. Le mariage d'amour et les fiançailles librement consenties par les jeunes promis semblent être des conceptions essentiellement modernes. Plus loin nous remontons dans l'histoire, plus nous nous attendons à voir marier des jeunes gens sans les consulter, le plus souvent contre leur volonté et parfois à un âge trop précoce pour qu'ils aient un avis.

En retraçant l'évolution du comportement actuel, nous devons nous demander : *quand* l'idée qu'il est juste de se marier par amour a-t-elle commencé à faire son chemin ? De toute évidence l'attitude ancienne à l'égard du mariage doit avoir profondément imprégné la pensée et les paroles des gens de l'époque sur le sujet et par conséquent, il ne devrait pas être trop difficile d'établir quand est apparue la nouvelle conception du mariage — tellement essentielle dans les notions actuelles de liberté, d'individualisme et de bonheur.

Il est clair qu'à l'époque de Jane Austen la nouvelle conception du mariage était en plein essor. Mrs Bennett est une femme stupide, matérialiste, écervelée, incapable de comprendre l'intérêt véritable de ses filles; Jane Austen cherche à faire partager au lecteur le point de vue de son héroïne Elisabeth : bien qu'il convienne de se comporter avec prudence et intelligence en matière de mariage — et ne pas s'enfuir, comme sa sœur Lydia, avec un Capitaine Wickham — le mariage doit se fonder sur une relation d'affection et d'estime mutuelles et résulter du libre choix des deux partenaires.

On nous dit souvent que cette conception du mariage était un fait relativement nouveau — peut-être dû à l'individualisme du siècle des Lumières et du 18e siècle en général. Mais une brève réflexion montre que ce ne peut être vrai. Des attitudes rigoureusement semblables se retrouvent dans presque toutes les comédies de Shakespeare.

Dans *Les Joyeuses Commères de Windsor*, Page tente de dissuader sa fille Anne d'épouser Fenton, un jeune gentleman bagarreur, sous prétexte qu'il lui fait la cour uniquement pour son argent.

FENTON. Il prétend que je suis de trop haute connaissance,
et qu'ayant largement entamé mon patrimoine par mes dépenses,
je cherche à le restaurer avec sa fortune.
Il m'objecte encore d'autres choses,
mes désordres passés, mes folles liaisons,
et il me dit qu'il est impossible
que je t'aime autrement que comme un héritage.

ANNE. Peut-être dit-il vrai !

FENTON. Non. Je te le jure par la faveur que j'attends du ciel !
Il est vrai, je le confesse, que la fortune de ton père
a été mon premier motif pour te faire la cour, Anne.
Mais en te la faisant, je t'ai trouvé plus de valeur
qu'à tout l'or monnayé, entassé dans des sacs scellés ;
et c'est aux trésors de ta personne
que j'aspire désormais[1].

Pendant ce temps, Page s'efforce en réalité de marier Anne à Slender, et Madame Page essaie de la marier au Dr. Caius — tous deux pour des raisons d'argent. Mais leurs stratagèmes n'aboutissent à rien. Et à la scène finale, Fenton triomphant jette le blâme sur ses beaux-parents :

FENTON. Vous vouliez pour elle un mariage misérable,
où les sympathies n'eussent pas été assorties.
Le fait est qu'elle et moi, depuis longtemps fiancés, nous sommes désormais si fermement unis que rien ne peut nous séparer.

> Sainte est l'offense qu'elle a commise;
> et ce stratagème ne saurait être traité de fraude,
> de désobéissance, d'irrévérence,
> puisque par là elle évite et écarte
> les mille moments d'irreligieuse malédiction
> qu'allait lui imposer un mariage forcé[2].

L'Amour vrai triomphe. Si ce texte est vraiment le reflet d'une nouvelle attitude populaire, alors il semble que cette attitude se soit implantée bien longtemps avant la prétendue «Révolution sentimentale» du 18ᵉ siècle. Mais on ne peut en aucun cas nier qu'il s'agissait véritablement d'une attitude *populaire* et que le mariage forcé, le mariage d'argent et la conception des femmes comme de simples objets de propriété étaient déjà réprouvés à l'époque élisabéthaine.

On pourrait toutefois conclure qu'à une époque plus lointaine les mariages de convenance étaient chose plus courante et que la réprobation de cette pratique était relativement récente. Effectivement, certains historiens comme John Hajnal dans *European Marriage* ont prétendu que les quelques données statistiques disponibles indiquent «un changement fondamental dans les coutumes matrimoniales pour une grande partie de l'Europe entre 1400 et 1650»[3]. Si tel fut le cas, on ne relève guère les signes d'un tel changement en Angleterre, où les premiers registres paroissiaux datant de 1538 montrent que les hommes et les femmes se mariaient généralement entre vingt-cinq et trente ans. L'âge auquel les gens se marient indique de manière quasi infaillible s'il s'agit de mariages de convenance ou non. Les mariages de raison sont souvent associés à un âge de mariage très précoce, le plus souvent vers la quinzième année. Lawrence Stone affirme catégoriquement qu'à l'inverse des classes élevées qui se mariaient relativement tôt à l'époque élisabéthaine:

> Pour la plèbe, l'âge au mariage suivait un schéma notablement différent. Il est maintenant formellement établi que dans presque toute l'Europe du Nord-Ouest, en dépit de certaines exceptions régionales inexpliquées, les membres des classes bourgeoises et inférieures des deux sexes se mariaient extrêmement tard, et cela certainement depuis le 15ᵉ siècle. Cette coutume répond à un schéma qui était «caractéristique de toutes les grandes populations pour lesquelles on possède des références ou pour lesquelles des conjectures raisonnables sont permises». Une très grande quantité de sources pour la France, et des témoignages un peu moins abondants pour l'Italie ou pour l'Angleterre et l'Amérique prouvent que parmi les petits propriétaires et les ouvriers, l'âge médian au premier mariage était très élevé au 16ᵉ siècle et a encore augmenté au 17ᵉ et au début du 18ᵉ siècle, passant de vingt-sept à vingt-huit ans pour les hommes et de vingt-cinq à vingt-sept ans pour les femmes[4].

Ce point de vue fut d'abord publié dans l'ouvrage de Peter Laslett,

The World We Have Lost (1965). Pour le Dr. Laslett, l'origine de nos illusions remonte à *Roméo et Juliette* :

> Ma fille est encore étrangère à la société;
> elle n'a pas franchi le cap de ses quatorze ans;
> laissons encore deux autres étés consumer leur gloire
> avant de la considérer mûre pour le mariage.

Ainsi s'exprime Capulet dans la deuxième scène de la pièce. Mais quoiqu'il ait dit ou pensé, sa fille Juliette a bel et bien pris Roméo pour mari à son quatorzième printemps. La mère de Juliette ne laisse aucun doute quant à son opinion :

> Eh bien! Il est temps d'y songer; de plus jeunes que toi,
> ici même à Vérone, des dames de très bon rang,
> sont déjà mères; si je calcule bien,
> je t'ai eue sensiblement à l'âge
> où tu es encore fille.

Elle-même s'était donc mariée à douze ans à peine, et toutes ces dames de Vérone également. Dans la *Tempête*, Miranda se marie à quinze ans. Tout cela semble clair et cohérent. Les femmes dans les pièces de Shakespeare, et vraisemblablement les Anglaises de son époque, pouvaient se marier vers leur douzième année, ou même plus tôt; et c'est ce qui se faisait le plus souvent[5].

Et pourtant, Laslett prétend le contraire. «Nous avons examiné toutes les archives possibles pour vérifier ces faits : toutes révèlent que dans l'Angleterre d'Elisabeth et des Stuart, il était rare de se marier si tôt, et qu'il était moins fréquent que de nos jours de le faire avant d'avoir atteint sa majorité. A douze ans, le mariage, au sens où nous l'entendons, était virtuellement inconnu»[6].

Ce qui rejoint entièrement l'argument tout à fait logique du professeur Stone pour qui «étant donné que la fonction du système des mariages de convenance était l'échange de propriété, il s'ensuit théoriquement que les enfants issus des degrés inférieurs de l'échelle économique devaient jouir d'une plus grande liberté de choix»[7]. Sans aucun doute les parents de la bourgeoisie qui avaient une petite propriété à octroyer ont-ils dû chercher à singer les coutumes des classes plus élevées et diriger le choix de leurs enfants. Mais il est très difficile d'affirmer qu'il s'agit d'un phénomène nouveau. Nous savons seulement qu'au 16e siècle, l'époque la plus reculée pour laquelle nous disposions de références sûres, les mariages de convenance étaient l'exception plutôt que la règle parmi les classes bourgeoises, et d'autant plus parmi les classes inférieures. Et le mariage sans amour, dicté uniquement par des considérations économiques, était déjà considéré comme choquant — du moins en dehors des classes supérieures.

Thomas Becon écrivait ceci en 1562 sur les causes du discrédit qui entourait le mariage : « D'abord en ce qui concerne les hommes de la noblesse, notre expérience nous montre quotidiennement qu'ils marient pour la plupart leurs enfants à leur gré quant ceux-ci sont encore jeunes, à ceux qui leur en donneront le plus d'argent, comme on a coutume de vendre un bœuf, un mouton ou n'importe quel bestiau. Celui qui offre le plus est le premier choisi »[8].

Un siècle plus tôt on ne retrouve aucun signe d'un changement quelconque des conceptions populaires. *The Book of Good Manners*, traduit du français par Caxton et réédité quatre fois dès 1487, déclare catégoriquement que le mariage a été institué pour « s'aimer l'un l'autre », cite l'exemple d'amours conjugales de l'Antiquité, et décrie « la grande abomination de constater si peu d'amour et de fidélité dans le mariage d'aujourd'hui. Mais je crois que l'une des raisons parmi les autres est que le mariage ne se conclut que pour l'argent ou d'autres funestes raisons ».

Dans *La Nef des Fous*, un best-seller européen de 1494, Sébastien Brant écrivait :

> Qui n'a d'autre raison
> pour choisir un parti
> qu'un gros magot à prendre
> accumule misères, disputes et chagrins.

Le déroulement normal de ces mariages aberrants est le suivant :

> A force de ne voir
> que le magot à prendre
> en jetant au rebut
> l'honneur et la piété,
> on ne prépare guère
> de lendemains qui chantent.
> Sans la paix et l'entente
> l'avenir est bien sombre :
> mieux vaut vivre au désert
> qu'avec une mégère
> qui asséchera vite
> l'élan de son époux[10].

Brant, qui n'est pas un écrivain satirique particulièrement original ou remarquable, décrit comme familier le type du « soupirant qui vend sa jeunesse au plus offrant ». Pour que soit possible le contraste entre misère spirituelle et richesse matérielle, il est à présumer que la sagesse consiste à ne *pas* se marier pour l'argent. Remontons un siècle plus tôt, aux années 1370, et à cet obscur clerc laïque du Shropshire, William Langland, auteur de *Piers Plowman*; pour Langland également, marié et père d'une fille, le mariage véritable se faisait «par amour et pas pour l'argent». Il faut garder à l'esprit cette réprobation populaire à l'égard des mariages d'argent lorsque nous lisons les documents de l'époque les plus fréquemment cités, comme la correspondance des Paston au 15e siècle. Dans *The Pastons and their England*, Stanley Bennett, historien consciencieux, remarque que «de nombreux lecteurs se sentiront écœurés ou rebutés devant l'insistance faite à la fois par des hommes et par des femmes sur les aspects financiers et matériels lorsqu'ils discutent des propositions de mariage»[11]. Cependant, Bennett lui-même formule quelques restrictions importantes: ce n'est que parmi la noblesse et les classes terriennes que ces mariages de convenance constituaient la règle; et les Paston formaient une famille particulièrement ambitieuse pour ne pas dire cupide de propriétaires terriens du Norfolk, qui se sont frayé un chemin vers l'anoblissement en 250 ans environ. Ces lettres datent de l'époque de la Guerre des Roses, alors que la vie et les titres de propriété étaient aussi peu sûrs l'un que l'autre. Une mésalliance pouvait s'avérer fatale.

Cependant, même entre les Paston, un autre thème est souvent repris, de façon discordante, au cours des discussions de douaires, de dots, de rentes et de pensions. Ces préoccupations sont plus clairement et plus directement exprimées dans une lettre de 1473 de Sir John Paston à son frère qui s'appelait également John: «Je te supplie de prendre grande attention à ma sœur Anne, de crainte que l'ancienne passion entre elle et Pampyng ne renaisse»[12]. Pas plus de trois jours auparavant, il avait adressé le même appel à son frère dans des termes très semblables — ce qui montre son état de panique. Il y avait un parti décent et lucratif pour Anne — William Yelverton. Tout échouerait si on laissait son «béguin» pour Pampyng suivre son cours.

Mais les parents *étaient* heureux lorsqu'un mariage de convenance devenait également un mariage d'amour. Sir John Paston écrit à sa mère exprimant le vœu que les négociations compliquées en vue du mariage de son frère John et de Margery Brews aboutissent rapidement à une heureuse conclusion, «dont je serais heureux comme nul autre; et je suis plus satisfait à présent qu'il va l'avoir elle, plutôt que toute autre qu'il aurait pu avoir jusqu'ici, considération faite de sa personne, de sa jeunesse, et du lignage dont elle est issue, de leur amour réciproque et de la tendre ferveur dont elle jouit auprès de ses père et mère...»[13].

Margery, effectivement, était amoureuse. Elle écrivit à John en signant sa « très dévouée et bien-aimée Valentine » et promit que s'il était satisfait de la modeste dot que son père pourrait débourser, et de « sa pauvre personne », elle serait « la jeune fille la plus heureuse du monde »[14]. Après leur mariage en 1477, elle écrivit : « Je vous conjure de porter l'anneau avec l'image de sainte Margaret que je vous envoie en souvenir et en attendant votre retour; vous m'avez laissé un tel souvenir que je pense à vous et le jour et la nuit, quand je devrais dormir »[15]. Et dans une autre lettre : « Sir, je vous en prie, si vous vous attardez à Londres, envoyez me chercher, car le temps me semble long depuis que je n'ai plus reposé entre vos bras »[16].

De tels éclats de tendresse sont statistiquement peu fréquents dans les lettres des Paston ou dans les quelques rares recueils de missives médiévales qui sont arrivées jusqu'à nous. Mais il n'y a rien de surprenant à cela. La plus grande partie de cette correspondance s'échangeait entre les nobles et leurs hommes d'affaires et non entre jeunes mariés et elle concernait principalement la gigantesque quantité de querelles d'héritages, de territoires, de fermages, de titres de propriété, de religion, de dispositions militaires, de dettes et de fourniture de vêtements et de nourriture. Ces lettres sont naturellement quelque peu prosaïques. De plus, quand on se rappelle que la correspondance était souvent dictée à des clercs, parce que les nobles et les gentilshommes n'avaient pas le temps ou étaient incapables de le faire (bien qu'ils sussent lire) et devait être portée par des messagers à qui l'on pouvait difficilement épargner d'autres tâches, il n'est pas surprenant que la majorité de ces missives soient très terre à terre.

Il est surtout intéressant de constater que là où on s'attend à trouver l'expression d'une certaine intimité et affection, on la trouve effectivement. Les fameuses *Lisle Letters* reprennent la correspondance échangée entre Arthur Lisle, Lord Député à Calais sous Henri VIII et sa femme Honor pendant les deux brèves périodes au cours desquelles ils furent séparés, dans les années 1530. C'était un militaire et un diplomate assez âgé, probablement la soixantaine; elle avait quarante ans; chacun avait été marié auparavant. Pourtant leurs lettres témoignent d'un amour intense. Il commence ainsi : « Mon tendre amour » ou « Mon tendre amour à moi seul », ou encore « Le cœur de mon cœur et la toute bien-aimée compagne de mes nuits ». Il lui dit : « Je vous appelle comme l'enfant sa nourrice » et « Je pense tant à vous que je ne puis dormir la nuit »[17].

Elle non plus ne peut pas dormir. Lady Lisle termine l'une de ses lettres pour Calais (son mari est de retour en Angleterre et plaide sa cause auprès de Thomas Cromwell et du Roi) : « Une fois encore, mon tendre amour, elle vous dit adieu celle qui connaît l'insomnie comme nulle autre femme au monde et qui ne dormira tant que vous ne serez de retour »[18].

Elle ressent la contrainte d'une correspondance livrée aux clercs et souhaite que son mari lui écrive de sa propre main :

... ne vous demande pas de prendre tant de peine que pour m'écrire de votre main propre pour toutes les affaires qui vous occupent ou toutes les questions nécessaires, mais seulement quand cela vous sera agréable pour toutes les choses secrètes dont il vous plaira de m'entretenir et, chaque fois qu'il siéra à votre désir, pour me découvrir un peu de votre tendre cœur, ce qui m'apportera la plus grande joie et le plus grand réconfort[19].

Pourtant les Lisles n'étaient pas exceptionnellement intimes et enclins à exprimer leur amour, comme le montre une lettre écrite de Calais par un de ces clercs embarrassants, Thomas Rogers, à sa propre épouse, Alice, en Angleterre. Lui aussi commense ainsi : « Mon tendre amour à moi seul et la toute bien-aimée compagne de mes nuits » et il continue de palabrer sur ce qui serait le moment opportun de quitter Calais, se demandant s'il pourra vendre sa charge à Calais et obtenir une autre en Angleterre et s'il ne ferait pas mieux d'attendre la fin de l'hiver, et, oh, il lui fait parvenir son cure-dents par Robert Coke, et ainsi de suite « de la part de votre mari qui vous aime corps et âme, Thomas Roger » — ajoutant ce post-scriptum : « Mon compagnon Will Terry m'a quitté »[20].

Cinquante ans plus tôt, Elisabeth Stonor écrit à son second mari, William, un an après leur mariage :

« En toute sincérité, le temps ne m'a jamais paru si long depuis que je ne vous ai vu, car en vérité j'espérais bien que vos chevaux arriveraient ici cette nuit... car sincèrement je n'ai pas eu le cœur heureux toute cette semaine ». Quelques semaines plus tard elle écrit de nouveau toute une série de messages domestiques, y ajoutant : « Votre absence m'afflige tant »[21].

Ces mariages heureux étaient également satisfaisants au plan financier. Mais il serait évidemment absurde de prétendre que ces harmonieux arrangements tant du point de vue de l'affection que de celui des biens matériels étaient des cas classiques. Pour nous faire une idée de l'importance relative de ces deux facteurs et de leur éventuel antagonisme, nous devons nous pencher sur d'autres cas encore, non seulement des cas de mariages d'amour sans argent (ou mésalliances) et de mariages de convenance sans amour, dont la mémoire populaire regorge, mais encore sur les cas innombrables de mariages qui se sont brisés soit parce que les amants n'étaient pas suffisamment déterminés à se marier sans le consentement de leurs parents, soit parce que les parents ou les tuteurs — ou les amis comme on les appelait alors — de chaque côté ne pouvaient se mettre d'accord sur les questions financières, soit parce que les époux refusaient de maintenir leurs engagements parce qu'ils ne s'aimaient pas suffisamment en dépit de conditions financières satisfaisantes.

Ce qui nous surprend aujourd'hui à la lecture de correspondances médiévales, c'est l'extrême difficulté que représentait le fait de se marier en soi. Même les projets d'alliances conçus par des parents ambitieux et intraitables pour les adolescents des classes supérieures alors qu'ils atteignaient tout juste l'âge de consentement — âge auquel ils n'étaient encore guère susceptibles d'opposer une résistance — tombaient fréquemment à l'eau parce que l'un ou l'autre des futurs partenaires résistait malgré tout.

La correspondance de l'ascensionnelle famille Paston est farcie de projets de mariage sans suite; les lettres des Lisle, plus concernées par la politique que par la promotion familiale le sont déjà moins. Toutefois, les deux séries de documents contiennent plusieurs exemples de mariages d'amour, de même que des exemples de mariage de raison qui étaient aussi des mariages d'amour et de mariages d'amour qui étaient aussi des mariages de raison et pour lesquels l'opinion des partenaires ne nous est pas donnée.

Thomas Leygh, un marchand anglais très jovial, écrit à sa cousine Lady Lisle, lui disant qu'il n'a pas écrit plus tôt pour lui annoncer son mariage, parce que cette alliance était d'une « si maigre valeur » et « si je n'avais pas aimé ma femme plus que les avantages qu'elle m'apportait, je vous assure que je serais revenu encore une fois célibataire à Calais »[22].

D'un ton quelque peu plus romantique nous apparaît la mésalliance entre le jeune architecte Richard Lee, fils d'un simple tailleur de pierres, et Margaret, fille de Sir Richard Grenville, ce dernier s'opposant violemment à ce mariage. Une lettre à Lady Lisle écrite par John Husee, le chargé d'affaire des Lisle commente ainsi le mariage de Margaret: « Je ne peux que penser qu'elle a bien fait de se hâter, car je sais très bien que le Garde du Petit Sceau (Cromwell) pensait qu'il était digne d'un aussi bon parti »[23].

Ce qui s'est passé ici, c'est que le couple a pris lui-même sa destinée en main, et a conclu lui-même son mariage. Après cela, ni Sir Richard ni personne ne pouvait annuler leur acte. Dans ce dernier cas, Lee était un homme plein d'avenir au point que Cromwell lui-même le considérait comme digne de Margaret. Finalement Grenville s'adoucit à l'égard de son gendre, et Lee écrivit à Cromwell pour le remercier d'avoir joué le rôle de médiateur entre son beau-père et lui-même, ajoutant: «Je le trouve à présent très avenant à mon égard et de plus en plus chaque jour»[24].

En 1537 encore, les jeunes couples détenaient l'arme suprême — le pouvoir de se marier sans l'approbation des parents ou la bénédiction du clergé. Ce n'était pas seulement une arme juridique mais une arme morale car, bien qu'elle contrevienne à la fois aux recommandations de l'époque des Tudor concernant l'obéissance filiale et à l'insistance croissante de l'Eglise pour que les gens se marient dans le respect des règles ecclésiastiques, elle découlait du droit canon aux termes duquel le mariage authentique dépendait du libre consentement et ne pouvait par conséquent être dénué de tout sentiment d'affection.

Cette arme suprême, le droit imprescriptible qu'avaient les jeunes femmes les plus tyrannisées de donner ou de refuser leur consentement à leur gré n'a cessé de jeter une ombre sur les ambitions de certaines familles comme celle des Paston. Chaque génération a eu sa part de revers.

Pendant dix ans, de 1449 à 1459, des négociations eurent lieu pour trouver un mari à la tante de John Paston, Elisabeth. La famille essaya d'abord de la marier à un homme riche du nom de Scrope, un veuf approchant la cinquantaine qui, ainsi l'écrivait-il lui-même, avait «souffert d'une maladie qui m'affecta treize ou quatorze années durant et qui me laissa défiguré dans ma personne, pour aussi longtemps que je vivrai»[25]. Elisabeth refusa. Sa mère Agnès la fit taire brutalement, lui interdit de parler à quiconque, la battant cruellement «jusqu'à deux fois par jour et sa tête fut entaillée en trois endroits»[26]. Pour finir, Elisabeth se résigna mais le projet échoua pour quelque raison inconnue.

Pire encore fut le cas de la sœur de John, une autre Margery, qui n'avait fait ni une ni deux et avait épousé l'intendant des Paston, Richard Calle. Tous les Paston étaient furieux. Ils tentèrent de faire annuler les vœux et portèrent l'affaire devant l'Evêque de Norwich qui s'entretint séparément avec Richard et Margery et fit répéter à cette dernière les mots qu'elle avait prononcés pour se lier à Richard afin de vérifier s'ils étaient suffisants et contraignants. Margery répéta ses paroles et elle ajouta: «Si ces paroles ne suffisaient pas à l'établir (le mariage) elle déclara froidement qu'elle l'établirait, car elle pensait en toute conscience s'être engagée quels que soient les mots prononcés »[27].

Calle lui-même dans l'une de ses lettres avait parlé du « grand vœu de mariage qui est fait entre nous et aussi du grand amour qui a existé et qui, j'en suis sûr, existe toujours entre nous et qui, de mon côté, ne pourrait être plus grand »[28]. Il resta perplexe devant le fait que les parents de Margery ne comprenaient pas qu'ils étaient effectivement mariés. « C'est une vie pénible que nous menons. Je suppose qu'ils croient que nous ne sommes pas mariés ensemble et si telle est leur pensée, je m'étonne car ils ne sont alors pas bien avisés, me rappelant la clarté avec laquelle j'ai annoncé (la chose) à ma maîtresse, et je suppose par vos soins également si vous avez fait ce qui était votre devoir même »[29].

C'est là le cœur du problème. Chaque plan soigneusement conçu par les parents pour promouvoir la fortune familiale était à la merci de deux jeunes gens qui décidaient simplement de *se* marier en échangeant leurs vœux. L'Angleterre entière était un vaste Gretna Green, les tribunaux ecclésiastiques tentant désespérément de régir, d'enregistrer et de rendre indissolubles ces « mariages privés ».

Et c'est peut-être grâce aux archives des tribunaux de l'Eglise que nous pouvons nous rendre compte de la nature sentimentale du mariage médiéval *en dehors* des classes les plus élevées et avoir un aperçu de ce que les gens comme Richard Calle pensaient du mariage.

Certaines pages remarquables de ce volume gigantesque d'archives officielles inexplorées sont reprises dans l'ouvrage de R.H. Helmholz, *Marriage Litigation in England*. Le professeur Helmholz étudie les archives des tribunaux ecclésiastiques où sont décrites, souvent dans le détail, les querelles matrimoniales qu'ils ont eu à trancher et montrent au fil des ans les tentatives toujours plus fructueuses de l'Eglise pour faire du mariage un contrat public, soumis à la ratification des autorités et ne pouvant être dissout. Ces documents sont naturellement rédigés en latin — barrière linguistique qui semble souvent égarer les exégètes modernes qui tendent à rechercher les preuves de l'existence de sentiments intimes dans les fragments de texte épars écrits en langue vulgaire. Effectivement, la plupart des poèmes d'amour les plus passionnés, les anecdotes les plus scabreuses et presque tous les détails intimes des biographies et autobiographies de princes, de saints et d'érudits ont été écrits en latin jusqu'à une époque très avancée de la Renaissance.

Nous devons également faire fi de l'idée que les discussions dans ces tribunaux étaient de caractère abstrus et théologique. Les enquêtes y étaient menées de manière méthodique et prosaïque; elles étaient souvent crûment terre à terre et comparables à cet égard aux investigations des juridictions victoriennes responsables des divorces qui n'épargnaient aucun détail déplaisant pour établir s'il y avait eu collusion entre les accusés. A l'époque médiévale, la procédure la plus surprenante était la manière dont les tribunaux de l'Eglise à York et Canterbury tentaient d'établir si l'impuissance invoquée par le mari pour demander le divorce était réelle.

La cour envoyait une délégation d'«honnêtes femmes» habituellement au nombre de sept, pour exciter les désirs sexuels du demandeur. A Canterbury en 1443, par exemple:

> Le même témoin montra ses seins nus, et de ses mains réchauffées devant le dit feu elle tint et frotta le pénis et les testicules dudit John. Et elle serra dans ses bras et embrassa à maintes reprises ledit John et elle l'excita autant qu'elle le put pour démontrer sa virilité et sa puissance sexuelle, l'exortant contre toute honte à prouver sur-le-champ qu'il était un homme. Examinée et diligemment questionnée, elle déclara que tout le temps susdit, ledit pénis avait à peine atteint trois pouces de long... sans augmenter ou diminuer un tant soit peu [30].

La femme se mit alors à maudire le pauvre type pour avoir eu l'audace d'épouser une jeune femme qu'il ne pouvait satisfaire.

Dans un seul des cas étudiés par le professeur Helmholz, l'examiné «réussit» le test. Cela se passait en 1432; l'une des estimables matronnes certifia que «le pénis dudit William était plus grand en largeur et en longueur que l'avait jamais été celui de son propre mari» [31].

On trouve peu de traces ici de la femme modeste, effacée et asexuée que la phallocratie de l'Eglise, ou que l'Eglise elle-même en tant qu'organisme détaché de toutes les contingences de la réalité, étaient supposés avoir engendrée. Il semble clair que les tribunaux de l'Eglise doivent être considérés comme un bras important de la bureaucratie s'efforçant de contrôler et de freiner les coutumes romanesques des laïques.

Mais les tentatives de l'Eglise se sont constamment heurtées aux conceptions traditionnelles pour lesquelles le mariage était une affaire privée qui pouvait être menée sans la bénédiction à l'Eglise paroissiale. Les archives des tribunaux nous parlent de mariages contractés entre 1292 et 1489 sous un frêne, dans un lit, un jardin, un petit magasin, dans un champ sous l'aubépine, dans la forge d'un maréchal-ferrant, près d'une haie, dans une cuisine, sous un chêne — et même sur les grands chemins.

Helmholz cite un exemple peu banal de mariage «privé» dans le diocèse de York en 1372:

Le témoin déclare qu'«il y a un an, lors de la fête des apôtres Philippe et Jacques, qui vient d'être célébrée, il était présent à la maison de William Burton, tanneur de York, aux environs de la troisième heure après none, au moment et à l'endroit où John Beke, sellier, assis sur un banc de la demeure, 'sidebynke' en anglais, appela ladite Marjory et lui dit: 'Assieds-toi auprès de moi'. Acquiesçant, elle s'assit. John lui dit: 'Majory, veux-tu être ma femme?' Et elle répondit: 'Je le veux si tu veux'. Et prenant soudain la main droite de ladite Marjory, John dit: «Marjory, ici je te prends pour femme, pour le meilleur et pour le pire, et je te garderai jusqu'à la fin de ma vie; et de cela je te donne ma promesse'. Ladite Marjory lui répondit: 'Ici John, je te prends pour mari et je te garderai jusqu'à la fin de ma vie; et de cela je te donne ma promesse'. Alors ledit John embrassa ladite Marjory à travers une couronne de fleurs, en anglais 'garland'[32].

D'après ce récit, aucune référence ne fut faite à l'autorité divine, que ce soit pour bénir, présider ou instituer cette union. John et Marjory, comme d'autres couples cités dans ces exemples, avaient, semble-t-il, estimé superflu d'invoquer le Tout-Puissant à ce moment même — ainsi qu'un an plus tard lorsqu'ils comparurent devant la cour épiscopale, ce qui semble prouver que les autorités ecclésiastiques elles-mêmes n'attendaient pas une telle manifestation de piété.

L'objection de l'Eglise, qui n'était pas totalement injustifiée, avait trait au caractère incertain de ces mariages. Car à part le Tout-puissant, il y avait un autre grand absent à ces mariages privés et c'est la foule des médiévaux. On nous dit qu'au Moyen Age, la vie se déroulait dans une foule tumultueuse de parents et de voisins. Chaque acte était public; la morale villageoise et les commérages étaient omniprésents et pratiquement tout-puissants. Toutefois les archives des tribunaux indiquent que non seulement la plupart des mariages n'étaient pas enregistrés à l'Eglise, mais encore qu'il se concluaient sans témoin à part le couple lui-même, la présence prétendument autoritariste des parents n'étant même pas exigée; s'il y avait un témoin cela pouvait être indifféremment un frère, un ami, un autre couple, voire un étranger.

Le danger résidait dans l'instabilité de ces mariages qu'il était particulièrement facile de renier pour l'époux qui convoitait un autre parti. A tel point que la grande majorité des poursuites engagées devant les tribunaux ecclésiastiques avaient pour objet de faire respecter un contrat de mariage. Pour prouver qu'un mariage valide avait été conclu, il fallait établir que des paroles semblables à celles de John et Marjory avaient été effectivement prononcées.

Pour l'Eglise, c'est cet échange de mots qui comptait, quel que soit l'endroit où il avait été prononcé, à l'église ou en dehors. Et ces paroles devaient être *verba de praesenti* et non *verba de futuro*. C'est-à-dire : « Je te prends pour épouse maintenant » et non « Je te promets de t'épouser un jour prochain ». Toutefois, en accord avec le droit canon, ce dernier type de promesse devenait engagement définitif du fait des relations sexuelles du couple.

Naturellement, il était souvent difficile de prouver à quel temps s'étaient conjugués les verbes. Mais la complication véritable venait du fait que les gens considéraient souvent leur engagement, même les *verba de praesenti*, comme une simple promesse de mariage, comme un consentement au mariage, et non comme un mariage en soi. Les couples ainsi unis se présentaient comme nous le faisons aujourd'hui, comme des partenaires engagés l'un envers l'autre, ayant prêté serment, tenus par une promesse de mariage, mais pas mariés.

Prenons le cas de John Aslott et Agnes Louth, porté devant la cour de York en 1422[33]. Ils avaient été amoureux pendant deux ans et avaient eu l'intention de se marier. Il dut partir à l'étranger pour ses affaires. Elle le pressa de l'épouser avant de partir parce que son père lui-même l'y avait poussée. Il accepta et l'épousa en prononçant les paroles de consentement au présent devant témoins. Hélas, John perdit une grande part de sa fortune pendant le voyage. A son retour Agnes avait décidé de rompre ce qu'elle considérait comme une simple promesse. John engagea des poursuites pour faire appliquer ce qu'il considérait comme un contrat de mariage. Le verdict n'a pas été conservé.

Les gens pensaient donc avoir le droit de changer d'avis tant que le mariage n'était pas consommé et célébré dans les formes. A Ely en 1377, un couple à qui l'on demandait s'il voyait une raison pour que le tribunal ne les déclare pas mariés, répondit naïvement que « ils ne voyaient aucun argument dont ils pourraient se prévaloir, si ce n'est qu'ils avaient changé d'avis, pensant qu'ils ne s'aimaient pas vraiment, étant donné la résistance opposée par la susdite Johanna »[34].

Dans leurs dépositions, les couples et les témoins semblent considérer l'amour comme le critère essentiel pour établir le consentement au mariage. Les déclarations d'amour étaient fréquemment citées. Une affaire débattue à Canterbury en 1456 : « Elle lui dit, 'Il y a une chose que j'aimerais dire si elle n'est pas déplaisante'. Et l'homme répondit : 'Parle'. Alors elle lui dit : 'Il n'y a aucun homme au monde que j'aime plus'. Et il répondit : 'Je t'en suis reconnaissant et je t'aime' »[35]. « Amour » ici, comme il est courant en latin médiéval, a le sens de « diligo », ou parfois d'« adamo » — désigne l'amour passionnel et non simplement l'affection ou l'estime.

Même si elles l'avaient voulu, les juridictions ecclésiastiques n'auraient pu écarter ce genre de preuves puisqu'aux termes du droit canon, c'est le consentement qui déterminait la validité du mariage. Dans le cas de ces mariages d'enfants, qui ont acquis une telle notoriété par la suite, le droit canon laissait à l'enfant qui avait contracté le mariage le droit de ratifier ou d'annuler le contrat original une fois atteint l'âge de la puberté. L'approbation était signifiée par le fait de vivre ensemble ou de consommer l'union. L'opposition au contrat s'exprimait par une déclaration publique — devant l'évêque, ou la cour, ou même un groupe de voisins.

Ici aussi, il y eut naturellement des cas qui se situaient entre l'opposition et l'approbation. Des années s'écoulaient parfois sans qu'une des parties ne fassent un pas en avant ou en arrière. Les cas de ce genre étaient susceptibles de finir devant un tribunal ecclésiastique, lorsqu'une des parties souhaitait que le mariage soit annulé et que l'autre refusait. Quels que fussent les termes du droit canon, il semble que les adolescents se considéraient souvent comme simplement fiancés, et non mariés, même s'ils n'avaient pris aucune mesure effective pour désavouer le contrat.

William Aunger avait été marié à Johanna Malcake à l'âge de huit ans. A l'âge de quatorze ans, à la demande pressante des parents de Johanna, il fut amené à passer une semaine avec elle. D'après un témoin, on le persuada même une nuit de rentrer dans le lit de Johanna et de dormir «dans le même lit, un garçon et une fille seuls, un garçon dévêtu et une fille dévêtue». Mais deux jours plus tard, William se rendit chez ce témoin à Swynflete Village et lui dit: «Je regrette le jour où j'ai rencontré Johanna parce qu'elle ne m'aime pas d'un amour durable. Et pour cette raison je ne voudrais jamais consentir à ce qu'elle soit ma femme et que je vive avec elle». Le consentement de William était strictement lié à l'affection. Le fait de vivre ensemble, même de coucher ensemble ne signifiaient pas le consentement. Son désaveu convainquit la cour de York en 1357-58 et il fut déclaré libre d'épouser une autre femme [36].

Il est indéniable que tout au long du Moyen Age, des gens furent mariés contre leur gré et forcés de le rester. Parmi les plus nantis, il arrivait que les héritières soient données en mariage par le seigneur du fief. Quant aux pauvres, la plupart d'entre eux ne pouvaient sans aucun doute se permettre de recourir aux tribunaux, puisque les frais de justice atteignaient parfois la somme considérable de quarante shillings et plus (bien qu'une forme d'assistance judiciaire leur fût parfois offerte). Beaucoup d'autres encore on dû se plier silencieusement à la volonté de leurs parents, négligeant de désavouer au moment voulu le mariage qui avait été conclu en leur nom.

Quoi qu'il en soit, les dossiers des tribunaux indiquent — et il est indubitable que la recherche à venir éclairera davantage ces témoignages — que la tradition populaire accordait une grande importance à l'existence ou à l'absence de sentiments d'affection et que le critère du consentement dans le droit canon montre combien l'amour était considéré comme un facteur déterminant.

De plus, même dans les classes privilégiées, dont les conceptions mercantiles du mariage semblaient et semblent toujours si peu sympathiques, on accordait quelque respect, assez furtif il est vrai, à la notion d'amour comme l'accompagnement souhaitable d'un bon mariage. En 1476, Thomas Betson dans une lettre à sa fiancée âgée de treize ans, Katheryne Ryche, non seulement lui recommande de bien manger et s'excuse en termes facétieux pour son habituel manque de ponctualité, mais il lui exprime surtout son « amour fidèle et sincère » et, avec des trésors d'effusions maladroites, espère qu'elle se souvient de lui « très fémininement et comme une amante »[37]. Cette lettre est trop charmante pour avoir été dictée, mais ce qui nous intéresse surtout, c'est de constater que les sentiments qui s'y manifestent bénéficient de toute évidence autant du consentement des jeunes mariés que de l'approbation de leurs parents. Même les jeunes épouses exigeaient qu'on leur fît la cour.

Les hommes et les femmes qui paraissaient devant les tribunaux ecclésiastiques étaient généralement moins bien nantis que Thomas Betson et Katheryne Ryche. La plupart d'entre eux se consacraient à des occupations étonnamment humbles en regard des frais de justice substantiels qu'ils avaient à supporter pour prouver qu'ils étaient ou non mariés. Mais quels que fussent les termes du droit canon, ils n'étaient ni trop impressionnés pour exprimer leurs sentiments ni trop humbles pour considérer ces sentiments comme un critère secondaire ou négligeable de la validité d'un mariage.

Pour trouver une expression totale de ces sentiments nous ne pouvons nous tourner que vers notre meilleure source littéraire de la fin du Moyen Age, Geoffrey Chaucer, non seulement parce qu'il fut le plus grand écrivain de langue anglaise qui ait précédé Shakespeare, mais surtout parce qu'il est le plus réaliste, le plus terre à terre et le plus populaire. Ces adjectifs évoquent immédiatement les *Contes de Canterbury*, mais pour la question qui nous préoccupe, *Troïle et Chrysède* revêt un intérêt plus grand encore.

Cela peut paraître étonnant puisque Troilus est certainement un poème épique d'amour courtois. Pendant des strophes entières, le héros se languit d'amour pour sa belle et elle pour lui ; même lorsque les vers atteignent les sommets de l'intensité passionnelle et une grande beauté, nous restons conscients du caractère artificiel de ces conventions. Pourquoi ne font-ils pas l'amour, puisque dans cette version Chrysède n'a pas de mari en vie qui leur fasse obstacle ?

Cet écart par rapport aux conventions supposées de l'amour courtois peut éveiller notre attention ; l'élément adultère, illicite, est absent ; le tragique est donné par la faiblesse de Chrysède succombant aux avances de Diomède après avoir été emmenée de Troie au camp grec à la demande de son père. Bien que les traditions courtoises soient observées, il s'agit plus, semble-t-il, d'une histoire d'amour que d'un drame passionnel et adultère — une intrigue plus « anglaise » que « française ».

Plus important est le fait que Chaucer insiste constamment sur le caractère étranger de l'histoire ; il se pose comme simple traducteur et s'excuse de la nature exotique de l'intrigue dans un remarquable préambule au livre II :

> En un millier d'années, le langage évolue et si les mots d'amour subissent l'outrage des ans, il faut songer qu'ils eurent, prononcés par les amants d'autrefois, le même pouvoir que ceux dont on use aujourd'hui. La manière de courtiser varie pareillement selon l'époque et le lieu. Trouverait-on même deux amants dont les paroles et la conduite soient parfaitement semblables ? Et dès lors, s'il arrivait par hasard que l'un de vous, amoureux qui écoutez le récit que je fais des obstacles que rencontra Troilus pour se faire entendre de sa belle, pense « Je ne paierais jamais si cher mon amour », ou s'étonne de tel tour de phrase ou de tel embarras, que sais-je, pour moi, cependant, il n'y a rien de surprenant. Ceux qui arrivent à Rome n'ont pas tous pris le même chemin, ni revêtu le même accoutrement, et dans certaines contrées on trouverait grand déshonneur à agir en amour comme nous-mêmes le faisons, avec des façons directes, des regards éloquents, des rendez-vous, des cérémoniaux et des usages langagiers ; à chaque pays sa manière [38].

Chaucer attribue ironiquement la différence de langage et de conduite au millénaire qui s'est écoulé depuis la guerre de Troie. Mais les attitudes qu'il « traduit » sont de toute évidence celles de l'amour courtois en vogue à son époque. Pour les lecteurs des classes populaires, les usages courtois des classes supérieures semblaient aussi étranges et lointains que ceux des anciens Grecs.

Qu'entendait-il par « agir en amour comme nous le faisons ici ? » Quelle était exactement cette manière de faire la cour opposée par dérision aux coutumes fantaisistes de l'étranger ? Nous devons ici nous tourner vers les *Contes de Canterbury*, et plus particulièrement « Le

Conte du Meunier », et observer les tactiques de l'infortuné Absalon courtisant Alison :

> Aussitôt se lève ce pimpant amoureux Absalon,
> il se fait beau et se met en galant équipage
> mais il mâche d'abord cardamone et réglisse,
> pour fleurer bon, avant de peigner ses cheveux.
> Sous sa langue il avait mis une herbe à Paris,
> car il pensait par là se rendre aimable.
> Il s'en va au logis du charpentier,
> et s'arrête sous la fenêtre ;
> — elle lui venait à la poitrine, tant elle était basse, —
> et doucement il tousse, à demi-voix :
> « Que faites-vous, rayon de miel, douce Alison ?
> O mon bel oiseau, ma suave cannelle,
> éveillez-vous, m'amie, et parlez-moi !
> Vous pensez bien peu à ma peine,
> quand pour l'amour de vous je tressue où que j'aille ;
> ce n'est merveille si je languis et sue ;
> je suis dolent comme l'agneau qui demande la mamelle.
> Certes, m'amie, j'ai tel désir d'amour
> que ma douleur est comme celle de la tourterelle fidèle ;
> je ne puis manger plus que ne le fait une pucelle »[39].

Absalon se fait beau, s'assure que son haleine fleure bon et lisse ses cheveux avant d'aller faire sa cour à Alison, avec les accents des chansons courtoises populaires à cette époque. Tout cela ne semble guère avoir changé, mais même si le style des déclarations d'amour rustiques ont une sonorité particulière, cela ne signifie pas pour autant que Chaucer partageait nos conceptions du 20e siècle sur le mariage et les enfants. Certaines hypothèses ont été émises au fil du temps, quant à ce que Chaucer pensait en réalité — la plupart par des critiques et des biographes oublieux du fait que les pèlerins ne sont pas les porte-parole de l'auteur mais bien des personnages fictifs parlant pour leur propre compte. John Masefield, par exemple, déclara que le mariage du poète était « une abomination absolue et des plus frappantes ». D'après les critiques contemporains, il n'existe pas une ombre de preuve à ce sujet. Les attaques les plus féroces contre les femmes et le mariage viennent du Marchand, qui est un homme de l'espèce avide et arrogante ; le fait qu'il ait épousé une mégère, ou du moins qu'il s'en plaigne, n'est évidemment qu'un passage de fiction opportun et non un détail autobiographique.

Toutefois, on retrouve un thème particulier du mariage tout au long des *Contes* et des spécialistes de Chaucer comme G.L. Kittredge (1915) et W.W. Lawrence (1969) ont convenu d'une interprétation qui semble raisonnable: ce thème est lié au débat populaire qui animait cette époque, à savoir auquel des deux époux devait revenir l'autorité conjugale — thème symbolisé dans les chansons et les récits, par un homme et une femme se disputant pour une paire de hauts-de-chausse. Dans les *Contes de Canterbury*, l'Hôte lui-même souffre de voir sa femme porter la culotte et c'était probablement le cas des cinq maris de la Femme de Bath qui se vante de les avoir tous tenus bien en main, excepté le dernier qui la bat:

> Mais au lit il était si vaillant, si gaillard,
> puis encore il savait si bien me cajoler,
> alors qu'il convoitait d'avoir ma *belle chose*
> que quand sur tous les os le traître m'eût battue
> il aurait tout soudain reconquis mon amour.
> Je crois que je l'aimais surtout parce que lui
> était de son amour avare à mon endroit.
> Nous, femmes, nous avons, s'il ne vous faut mentir,
> en semblable matière étrange fantaisie.
> Tout cela qu'il ne nous est point aisé d'avoir,
> à grands cris tout le jour nous le réclamerons[40].

Alors que ce mari violent passe son temps à lire des histoires sur l'horrible traîtrise des femmes, la Femme de Bath lui prend le livre, en arrache trois pages, et le frappe si fort qu'il tombe dans le feu ouvert; il lui rend ses coups avec une telle force qu'elle tombe évanouie; il est affolé:

> Et lui de s'approcher et de s'agenouiller
> et de dire: «Alison, chère sœur Alison,
> Dieu m'est témoin, jamais je ne te frapperai.
> De ce que j'ai fait là la faute est à toi-même.
> Pardonne-le moi donc, pardonne, je t'en prie!»
> Et moi incontinent je le frappe à la joue
> et dis: «Vilain larron, d'autant suis-je vengée.
> Or veux-je trépasser, je ne puis plus parler»[41].

Ils se réconcilièrent alors et il lui concéda la direction de la maison et du domaine et depuis ce jour il n'y eut plus de disputes. La femme de Bath est l'un des personnages de fiction les plus vivants. Ni ce conte ni aucun autre du recueil de Canterbury ne laisse supposer un seul instant que les femmes étaient incapables de prendre la parole pour se défendre ou de faire valoir leurs droits à la propriété, la gestion du ménage ou de concéder ou refuser leurs faveurs sexuelles. En fait, notre première impression est tout le contraire: il nous semble que, dans la plupart des ménages, le rôle de la femme est ressenti comme trop puissant.

Mais il serait tout aussi absurde de penser que Chaucer se place du côté de l'avide Marchand ou de l'Hôte mené à la baguette par sa femme. Si l'auteur nous proposait son opinion, ce serait sans doute à travers le personnage doux, généreux et pratique du Frankelin, qui conclut toute cette discussion.

Conformément au système de l'amour courtois, le mariage était considéré comme incompatible avec l'amour véritable, parce que le mariage implique inévitablement la suprématie du mari et que la suprématie exclut l'amour.

Le Frankelin rejette catégoriquement cette théorie. Dans un mariage véritable, aucun des deux époux ne peut affirmer sa supériorité. L'amour dépend de l'égalité et de la tolérance, et le mariage dépend de l'amour.

Ceux qui continuent de prétendre que Chaucer souscrivait inconditionnellement aux règles de l'amour courtois et qu'il ne croyait pas à la possibilité de l'amour-dans-le-mariage devraient prendre en compte les vers du Frankelin. Et ceux qui persistent à croire que la notion d'amour-dans-le-mariage était étrangère au Moyen-Age devraient se retirer discrètement du débat.

... des amis doivent s'obéir l'un à l'autre s'ils veulent longtemps aller de compagnie. L'amour ne peut pas être contraint par seigneurie; quand seigneurie vient, le dieu d'amour, tout de suite, bat des ailes, et adieu! Il est loin. L'amour est chose libre comme un esprit; les femmes, par nature, désirent la liberté, et de n'être pas contraintes, comme est un serf; et aussi les hommes, s'il faut dire la vérité. Regardez qui est le plus patient en amour; celui-là est à son avantage, au-dessus de tous les autres. La patience est une haute vertu, certes, car elle triomphe, comme disent les clercs, où la rigueur n'obtiendrait jamais rien. Pour chaque mot, on ne doit pas gronder ou se plaindre. Apprenez à supporter, ou bien, sur ma vie! vous l'apprendrez, que vous le vouliez ou non;[42]...

Reprenons le conte du couple marié et fidèle, Averagus et Dorigen, où le Frankelin répond explicitement à la théorie de l'amour courtois, pour laquelle l'amour consiste à servir sa maîtresse et empêche d'aimer sa femme:

Ainsi a-t-elle pris son serviteur et son seigneur, serviteur en amour, seigneur en mariage; ainsi était-il lui-même à la fois en seigneurie et en servage. Servage? non mais en seigneurie suprême puisqu'elle est à la fois sa dame et son amour; sa dame, certes, et sa femme aussi, chose que la loi d'amour accorde ensemble. Et lorsqu'il eut gagné cette félicité, il s'en alla avec sa femme chez lui, dans son pays, non loin de Penmark, là où était sa maison, et où il vit dans le bonheur et la joie.

Qui pourrait dire, s'il n'avait été marié, la joie, l'aise, la félicité qu'il y a entre un mari et sa femme[43]?

Pouvons-nous encore douter de la véritable pensée de Chaucer? Et pouvons-nous encore douter que les lecteurs l'aient comprise? On prétend parfois que les écrivains les plus illustres comme Chaucer présentent une image plus relevée et plus romancée de la réalité, qui était beaucoup plus brutale et mercantile. On trouve pourtant peu de romanesque dans les aventures la Femme de Bath, entre autres. Chaucer ne prétend certainement pas que tous les mariages ou la majorité d'entre eux sont des unions heureuses destinées à durer éternellement.

Aux siècles passés, le divorce au sens actuel du terme n'était peut-être pas permis, mais les hommes de pauvre condition divorçaient simplement en quittant leur foyer.

On trouve une indication de la fréquence avec laquelle se défaisaient les mariages, à tous les échelons de la société, dans un récit unique et précieux de la vie de village à la fin du 17e siècle, l'ouvrage de Richard Gough, *History of Myddle*. Myddle était un village du Shropshire, qui existe d'ailleurs toujours, à proximité du Pays de Galles. A l'époque, la population y était de six cents habitants, ce qui représente à peine une centaine de familles, et les bancs d'église qui, dans les églises anglicanes, étaient réservés à chaque famille, témoignent de leur histoire.

Le plus surprenant est la manière dont Gough décrit souvent le *caractère émotionnel* de certains mariages; bien sûr, il s'enquiert de qui étaient les parents d'un tel ou d'une telle et d'où ils provenaient, si les terres du couple étaient amenées par elle ou par lui; mais il s'intéresse autant à la manière dont ils se sont rencontrés. Voyons ce passage à propos de la propre sœur de Gough, Mrs. Bradoke:

A la mort de Mr. Bradoke, ma sœur (malgré la désapprobation des amis) épousa Mr. Richard Glover de Measbury. Elle lui donna un fils du nom de Richard (qui a tout un temps occupé le poste de mandataire et est célibataire) et une fille du nom de Dorothy. Cette dernière a épousé Mr. John Vaughan de Lluin y Groise. Ces deux derniers étaient très jeunes quand ils se sont mariés mais allant à l'école ensemble, ils tombèrent amoureux et se marièrent donc. Ils vivent amoureusement ensemble et ont de nombreux enfants[44].

«Les amis» désignent ici la famille, et en particulier les membres à qui, dans cette société traditionnelle, on reconnaissait le droit de décider qui la veuve Mrs. Bradoke devait épouser. Dans ce cas précis, leur opinion ne prévalut pas; le mariage précoce de sa fille avec John Vaughan était également tout sauf un mariage de convenance.

Parallèlement, Gough nous cite une dizaine d'exemples tirés de cette seule paroisse, non seulement de mariages malheureux mais également de désertions du foyer conjugal et de séparations. Prenons le cas de Richard Cleaton, dont la famille, à l'église, occupait le second banc du côté nord de la nef latérale nord.

> ... un personnage obstiné. Il épousa Anne, la fille de William Tyler, une femme aussi infâme que lui-même. Les parents des deux côtés étaient mécontents de ce mariage (ou du moins le paraissaient) et par conséquent n'allouèrent aucune rente aux nouveaux mariés. Richard Cleaton s'éloigna rapidement de sa femme et la quitta grosse d'un enfant. Elle eut une fille qui fut élevée par Allen Challoner (le maréchal-ferrant) car sa femme était une parente de William Tyler[45].

Les hauts et les bas de la vie conjugale et les causes de querelles au sein des familles sont illustrés dans l'histoire malheureuse des femmes de Rowland Muckleston:

> C'était une femme silencieuse, de peu d'entrain, et qui laissait son mari s'occuper de toutes choses dans le ménage et en dehors, de sorte que leur économie ménagère était peu louable. Elle mourut, laissant derrière elle un fils du nom d'Edward et deux filles.
>
> Il épousa ensuite (en secondes noces) la fille de M. Cuthbert Hesketh de Kenwicke, communément appelé Darter Hesketh; ce fut un mariage hâtif et une maigre dot, mais c'était une dame très belle, d'un courage digne d'un homme et qui n'aurait pas supporté qu'il s'immisce dans les affaires du ménage et elle entreprit de bien garder sa maison, mais pour cette raison ils eurent un foyer agité et plusieurs rivalités naquirent entre eux qui ne se terminaient pas sans éclats. Je pense qu'elle ne s'est jamais vantée de sa victoire parce qu'elle avait perdu un œil dans la bataille. Après avoir vécu ainsi quelques années avec lui, elle mourut sans laisser d'enfant.
>
> La troisième épouse était la veuve de Maddox d'Ashley. (Son fils épousa lui-même la fille aînée de Rowland Muckleston). Cette femme vit toujours et je ne pense pas qu'elle risque de se quereller avec son mari car si elle perd un œil, elle n'en aura plus. Ils vivent toujours tous les deux mais pas ensemble, lui vivant avec son fils à Meriton et elle, avec le sien à Ashley[46].

L'échec d'un mariage avait des conséquences extrêmement pénibles pour la femme et pour ses enfants, lorsqu'elle n'avait pas de famille pour l'accueillir. Au 16e et au 17e siècles, et même antérieurement et postérieurement à cette époque, les enfants et les femmes abandonnées formaient un pourcentage élevé des indigents. A Norwich en 1570, un pauvre sur douze était une épouse abandonnée.

A Londres, nous dit John Howes, une étude de tous les hospices de la Cité au début des années 1550 révéla un total de 2.160 personnes en besoin d'assistance, parmi lesquelles 300 «enfants sans père» et 350 «malheureux hommes ne pouvant supporter la charge de leurs trop nombreux enfants». A Norwich quelques années plus tard, un recensement montra que 2.000 personnes, hors d'une population totale de 15.000 habitants, nécessitaient une assistance et parmi elles, près de 1.000 enfants, bien qu'un nombre surprenant d'entre eux aient été repris comme fréquentant les classes[47].

Aucune de ces statistiques ne corrobore les vues conventionnelles des historiens pour qui le mariage était jadis un contrat indissoluble, quoique de caractère affectif très modéré, ayant pour objectif la procréation et la transmission de la propriété. Au contraire, l'intensité émotionnelle et les risques que comportait un éventuel échec ne laissent subsister aucun doute. Le mariage représentait une expérience unique dans la vie de chaque être humain et le terme de cette union — soit pour cause de décès ou d'abandon — constituait probablement un événement très affligeant.

En 1371, le Chevalier de la Tour Landry, un Français de la noblesse provinciale, écrivit un recueil de contes instructifs de grand succès à l'intention de ses filles. Ce livre fut traduit en allemand et cent ans plus tard en anglais par Caxton.

L'an mil trois cens soixante et onze, en un jardin estoye sous l'ombre, comme à l'issue d'avril, tout morne et tout pensiz: mais un pou me resjouy du son et du chant que je ouy de ces oysillons sauvaiges qui chantoyent en leurz langaiges, le merle, la mauvis et la mésange, qui au printemps rendoient louanges, qui estoient gaiz et envoisiez. Ce doulz chant me fit envoisier et mon cuer sy esjoir que lors il me va souvenir du temps passé de ma jeunesse, comment amours en grant destresce m'avoient en ycellui temps tenu en son service, où je fu mainte heure liez et autre dolant, si comme elle fait à maint amant. Mès tous mes maulx me guerredonna pour ce que belle et bonne me donna, qui de honneur et de tout bien sçavoit et de bel maintien et de bonnes moeurs, et des bonnes estoit la meillour, se me sembloit, et la fleur. En elle tout me délitoye; car en cellui temps je faisoye chançons, laiz et rondeaux, balades et virelayz, et chants nouveaux, le mieulx que je savoye. Mais la mort qui tous guerroye, la prist, dont mainte douleur en ay receu et mainte tristour. Si a plus de XX ans que j'en ay esté triste et doulent. Car le vrai cuer de loyal amour, jamais à nul temps ne à nul jour, bonne amour ne oubliera et tous diz lui en souviendra.

Pour le 17ᵉ siècle, au plus tard, et les époques qui suivirent, nous disposons de témoignages aussi directs, grâce aux lettres et aux journaux dans lesquels les gens des classes bourgeoises exprimaient, en anglais, leurs sentiments à l'égard de leur conjoint.

Le Révérend Ralph Josselin, fils d'un petit fermier et prêtre dans le comté d'Essex, décrivit le cas classique du coup de foudre, lors de son premier sermon en 1639: «le premier jour du Seigneur, un six octobre, le regard fixé avec amour sur une jeune fille et son regard fixé sur moi, cette jeune fille qui plus tard serait ma femme». Le *Journal* de Josselin relate la vie d'un pasteur dévoué et d'un petit fermier, mais c'est également le journal d'un homme de famille attentionné jusqu'à l'obsession. Presque à chaque page, il commente anxieusement la santé de sa femme et de ses enfants (qui choisirent tous leur propre conjoint).

Le Révérend Oliver Heywood, fils d'un franc-tenancier et ministre du culte non conformiste, écrivit au sujet de sa femme un mémoire émouvant et très pieux après la mort de celle-ci en 1642 :

> C'était une épouse aimante comme il n'en eut jamais dans le cœur d'un homme, si jamais elle m'offensait c'était par un excès d'affection, le Seigneur nous avait unis et conserva notre union dans l'abondance de sa miséricorde pour laquelle je lui remis grâce chaque fois qu'il y a lieu; les circonstances de notre rapprochement sont remarquables; son penchant pour moi au premier regard, une interruption de plusieurs années, ou l'interdiction de tout premier pas, ou, au contraire, mes déceptions, son refus d'aller plus loin, sa fidélité à mon égard, le bonheur grandissant que je trouvais chaque jour auprès d'elle; le souvenir de ces épisodes et d'autres encore est à la fois source de plaisir et de satisfaction, car ils recèlent la volonté du Seigneur, et les fruits ont réalisés toutes les promesses, car aucun couple jamais n'a connu tant de paix et si peu de déconvenues que nous pendant les six années où nous sommes restés ensemble[48].

Ces textes du 17e siècle sont précieux dans la mesure où ils antidatent la prétendue révolution sentimentale du 18e siècle, époque où il était de mise de parler et d'écrire, en des termes affectés ou excessivement démonstratifs, de sa famille et de ses enfants.

Mais possédons-nous des sources aussi directes quant aux attitudes des classes laborieuses de cette époque? Il existe au moins un document à ce sujet et il s'agit d'un témoignage remarquable.

Le *Journal* de Roger Lowe de Ashton-in-Makerfield, est le journal d'un jeune apprenti, tenu entre 1663 et 1674. C'est un merveilleux document, sincère et direct, écrit sur un ton provincial et modeste. Il n'y est guère fait allusion à des personnages célèbres ou à des événements connus. Roger savait lire et écrire, mais au contraire de Pepys, cela ne le conduisit pas très loin, à sa mort on le décrivit comme un «laboureur» — à savoir un homme de moindre rang qu'un franc-tenancier. En réalité, il n'était probablement qu'un petit marchand. Le récit de sa vie amoureuse est unique et il suffit d'en citer quelques passages :

> Mardi 19 janvier — Je suis allé à Goleborne chez James afin d'obtenir quelque argent. De là, je suis allé chez Anne Barrowe mais j'ai supposé qu'elle

se cachait. Je me suis finalement éloigné de la maison et elle m'a rejoint mais je suis rentré chez moi mal à l'aise bien que tout à fait satisfait; car je m'étais rendu là-bas pour reprendre ma liberté et n'avoir plus affaire avec elle.

17 — Je devais aller à Wiggin avec Thomas Smith; Ales Lealand m'avait promis de répondre alors à mes souhaits pour ou contre un engagement définitif envers Thomas. A ce moment Mary Maylor et moi nous étions solennellement promis fidélité.

Lundi 8 — Je suis allé chez Roger Naylor et Mary s'est mise à pleurer devant moi, disant qu'elle ne voulait plus avoir affaire avec moi, qu'elle était extrêmement fâchée contre moi; mais finalement elle était très contente, voulait que je l'accompagne le lendemain à Banfor longe où elle se serait rendue la première; et pour me faire savoir qu'elle était déjà arrivée, elle poserait à tel endroit une branche sur mon chemin, ce qu'elle ne manqua de faire, et que je découvris.

Mercredi 8 — J'étais de triste humeur car Roger Naylor n'était pas chez lui et Mary refusait que je me rende là-bas, mais j'y suis allé néanmoins et cela lui donnait quelque contrariété. Elle alla donner à boire aux veaux; je la suivis et nous avons alors causé ce qui nous a plu à tous deux, et quelques jours plus tard elle vint au magasin et fut très heureuse de me voir. «Ne suis-je point sage fille pour me fiancer avec toi?» dit-elle. A cette époque je lui portais passionnément affection, de sorte que je n'étais en paix de tout le jour qu'après l'avoir vue et mon affection pour elle se devait à ses vertus et ses qualités de femme.

Lundi 1er — Roger Naylor était parti pour Chester et je descendis voir Mary et engageai la conversation et causai deux heures durant pour le moins, et elle se mit à pleurer, paraissant très triste et la raison de ses larmes était la crainte de ses amis, qu'ils ne la respectassent point; aussi voulait-elle qu'on se séparât. J'étais indifférent dans un si triste trouble, mais avant que nous nous séparions elle devint plus gaie parce qu'elle avait libéré sa conscience. Aussi nous séparâmes-nous mais plus résolus encore à une affection fidèle et constante[49].

Ales ou Elice Lealand était morte deux ans auparavant et Roger écrivit un poème à sa mémoire. Sa liaison avec Mary connaissait des hauts et des bas. Mais le voilà bientôt reparti avec Emm Potter qui devient finalement son épouse en 1668, après de nouvelles fiançailles tourmentées:

Lundi 8 août 1664 — Me trouvant à Ashton Wakes en ces temps-là je conçus une ardente affection pour Emm Potter, et elle était chez Tankerfield en compagnie de Henry Kenion, ce qui me peinait beaucoup. Henry Low me rejoignit et m'invita à l'accompagner chez Tankerfield pour deux jours, aussi nous allâmes occuper la chambre voisine de la leur. Ils se joignirent enfin à nous et je pressai Emm de rester boire avec moi, mais elle ne voulait pas rester avec moi ni là ni ailleurs, ne voulait pas m'accompagner bien qu'elle avait promis de le faire; et je me trouvai dans un état de grande tristesse et affliction, et rien qu'à cause d'elle.

14 — Le jour du Seigneur. J'allai à Neawtowne à l'appel de M. Balkeburne, et il invita le vieux William Hasleden et moi-même à aller chez Rothwell, ce que nous fîmes et nous prîmes deux pintes de vin qu'il voulut payer pour nous, mais je ne l'aurais supporté. De retour à la maison j'allai voir Elizebeth Rosbothom et je lui fis part de mes pensées concernant Emm, ce que je ne pus faire sans verser de larmes et elle s'apitoya sur mon sort. J'étais dans une grande détresse.

Lundi 15 — Le soleil se remit à briller car Elizabeth Rosbothom avait fait part à Ellin de ma peine et elle s'apitoya tant sur mon sort qu'elle résolut de ne plus jamais me faire de mal. J'allai chez John Rosbothom et Ellin et Emm descendirent toutes deux, et Ellin alla à ses occupations et Emm et moi-même allâmes dans la chambre et là nous nous avouâmes notre amour réciproque; je me sentis pleinement satisfait en moi-même et je promis d'aller la voir dans sa chambre la nuit même. Dieu apparaîtra et aura pitié de son serviteur affligé.

16 — Le vieux M. Wood est venu en ville et est resté toute la nuit chez William Hasleden et ils me convièrent à souper mais M. Wood m'invita à l'accompagner. Je passai l'après-midi avec William Chadocke et Thomas Heyes à établir leurs comptes et après en avoir terminé avec eux je revins au magasin, le fermai, et me rendis chez William Hasleden. Ils étaient en train de dire la prière. Après la prière M. Wood parla des guerres et des émeutes que le vieux William et lui-même avaient connues ensemble, de sorte que ce ne fut que très tard que je repris mon chemin et arrivai à la fenêtre de la chambre d'Emm Potter, et j'aurais été heureux d'y entrer mais elle n'osa pas m'ouvrir; mais elle ouvrit la fenêtre et nous nous embrassâmes, puis je m'en fus au lit.

3 juillet 1666 — Mardi. Emm Potter m'avait appris qu'on lui avait dit que ma mère m'avait mis au monde bâtard.

16 août — J'ai été pensif et triste tout le jour en raison de ce que j'avais entendu parler de l'infidélité d'Emm, et cela m'a causé grande douleur[50].

Quelle raison y aurait-il de supposer que les attitudes de Roger étaient inhabituelles pour son époque. Quelle raison y aurait-il de supposer qu'il s'agissait de comportements nouveaux?

Durant les cinq années qui ont précédé son mariage il a eu des relations amoureuses avec au moins quatre jeunes femmes — Ann Barrow, Ales Lealand, Mary Maylor, Emm Potter. Pourtant Roger n'était pas un libertin; au contraire, il semble avoir été un jeune homme régulier, assez sérieux. Par moment il s'agissait de flirts légers; à d'autres moments ces relations causaient à Roger une douleur intense. Il semble libre de faire la cour à toutes les filles qu'il rencontre sur son chemin; et ces filles sont tout aussi libres d'accepter ou de refuser ses avances. L'avis des parents et les obstacles financiers doivent être tenus en ligne de compte, mais ils ne semblent en rien décisifs dans l'issue de ses relations. Quelle différence y a-t-il entre les amours des classes petites bourgeoises de l'Angleterre de 1660, ou même de

1360, si nous pensons à la manière dont l'Absalon de Chaucer faisait la cour à Alison?

NOTES

[1] Shakespeare, *The Merry Wives of Windsor*, III, iv.
[2] *Ibid.*, V, v.
[3] Cit. in Alan McFarlane, *The Origin of English Individualism*, Oxford, 1978, p. 156.
[4] Lawrence Stone, *The Family, Sex and Marriage in England 1500-1800*, Ed. Pelican, 1979, p. 42.
[5] Peter Laslett, *The World We Have Lost*, Londres, 1965, p. 84.
[6] *Ibid.*
[7] Stone, *Family, Sex and Marriage*, p. 134.
[8] Cit. in C.L. Powell, *English Domestic Relations 1487-1653*, New York, 1917, p. 15.
[9] Cit. in *ibid.*, p. 105.
[10] Sebastian Brant, *The Ship of Fools*, Trad. W. Gillis, Londres, Ed. Folio Society, 1971, p. 129.
[11] Stanley Bennett, *The Pastons and their England*, Cambridge, 1922, p. 28.
[12] *The Paston Letters*, Ed. John Warrington, Londres, Ed. Everyman, 1 & 75, II, p. 160.
[13] *Ibid.*, II, p. 199.
[14] *Ibid.*, II, p. 189.
[15] *Ibid.*, II, p. 207.
[16] Cit. in Bennett, *Pastons and their England*, p. 60.
[17] *Lisle Letters*, éd. Muriel St Clare Byrne, Chicago, 1981, 6 vol.
[18] *Ibid.*, V, p. 655.
[19] *Ibid.*, V, p. 652.
[20] *Ibid.*, II, p. 352.
[21] *Stonor Letters and Papers*, Ed. C.L. Kingsford, 1919, n° 169 et 173.
[22] *Lisle Leters*, III, p. 294.
[23] *Ibid.*, IV, p. 361.
[24] *Ibid.*, IV, p. 387.
[25] Cit. in Bennett, *Pastons and their England*, p.' 29.
[26] *Paston Letters*, I, p. 28.
[27] *Ibid*, II, p. 76.
[28] *Ibid.*, II, p. 67.
[29] Cit. in Bennett, *Pastons and their England*, p. 44.
[30] Cit. in R.H. Helmholz, *Marriage Litigation in Medical England*, Cambridge 1974, p. 89.
[31] Cit. in *ibid.*
[32] Cit. in *ibid.*, pp. 28-29.
[33] *Ibid.*, pp. 32-33.

[34] *Cit. in ibid.*, p. 33.
[35] *Cit. in ibid.*, p. 7.
[36] *Ibid.*, pp. 199-201.
[37] *Stonor Letters*, Ed. Kingsford, n° 166.
[38] Chaucer, Troilus et Criseyde, Ed. Penguin, Trad. Nevill Coghill, 1971, pp. 45-6ß.
[39] Chaucer, *Canterbury Tales*, Ed. Penguin, Trad. Nevill Coghill, 1951, p. 118.
[40] *Ibid.*, p. 290.
[41] *Ibid.*, p. 298.
[42] *Ibid.*, p. 428.
[43] *Ibid.*, pp. 428-29.
[44] Richard Gough, *The History of Myddle*, éd. Peter Razzell, Firle, Sussex, 1979, p. 96.
[45] *Ibid.*, p. 35.
[46] *Ibid.*, p. 122.
[47] Ivy Pinchbeck et Margaret Hewitt, *Childhood in English Society*, Vol. I, *From Tudor Times to the Nineteenth Century*, Londres, 1969, p. 126.
[48] Oliver Heywood, *The Autobiography of Oliver Heywood*, éd. J.H. Turner, Brighouse, Yorks, 1882, Vol. I, p. 62.
[49] Roger Lowe, *The Diary of Roger Lowe*, éd. W.L. Sachse, Londres, 1948, pp. 14, 20, 21, 23-24, 28.
[50] *Ibid.*, pp. 68-69, 105, 106.

Chapitre 6
Le mythe du troubadour

Au cours de notre incursion dans le passé, nous avons rencontré à plusieurs reprises un fait historique qui passe pour être essentiel. D'aucuns prétendent même qu'il marque un des grands tournants de l'histoire. Si l'on en croit le mythe, l'amour romantique aurait été inventé un beau jour du 11ᵉ ou peut-être du 12ᵉ siècle.

Depuis près d'un siècle, la pensée littéraire et la vulgarisation historique sont dominées par une théorie unique, hautement spécifique et tout à fait extraordinaire, sur l'origine de l'amour. Selon certains spécialistes, l'idée trouverait son origine dans un opuscule de Gaston Paris, paru en 1883. Ce qui est sûr, c'est que l'année suivante, Engels l'avait reprise à son compte et la brandissait haut et fort dans *L'Origine de la famille, de la propriété privée et de l'Etat*. Mais c'est peut-être Stendhal qui, dans son *Essai sur l'amour* (1822), attribua le premier la paternité de l'amour romantique aux troubadours provençaux.

Dans le monde anglo-saxon, C.S. Lewis est sans doute le défenseur le plus célèbre de la théorie de l'amour courtois. Dans *The Allegory of Love* (1936), il détermine de façon péremptoire la date et l'unicité du phénomène :

Chacun a entendu parler de l'amour courtois et chacun sait qu'il est soudainement apparu à la fin du 11ᵉ siècle dans le Languedoc... Au 11ᵉ siècle, des poètes français ont découvert, inventé ou exprimé pour la première fois, ce type de passion romantique dont les poètes anglais traitaient encore au 19ᵉ siècle... Comparée à cette révolution, la Renaissance n'est qu'une vaguelette sur la surface de la littérature.

L'explication reste à trouver. L'amour romantique est apparu tout à fait inopinément. Il s'est abattu sur la race humaine avec la soudaineté de l'éclair.

Je ne prétends pas expliquer le phénomène en soi. Si les vrais changements dans les sentiments humains sont très rares — on n'en connaît jusqu'à présent que trois ou quatre exemples tout au long de l'histoire —, je crois néanmoins qu'ils se produisent vraiment et que l'amour courtois est l'un d'entre eux[1].

L'ouvrage de Denis de Rougemont, *L'Amour et l'Occident* (1939) a eu presque autant d'impact que celui de Lewis. Depuis la guerre, ce sont d'ailleurs ces deux ouvrages qui sont recommandés dans les universités britanniques à tout étudiant qui s'initie à la littérature courtoise. En Grande-Bretagne, l'ouvrage de Denis de Rougemont est paru sous le titre de *Passion and Society*, alors qu'aux Etats-Unis, il est connu sous le titre de *Love in the Western World*; ces deux titres très explicites annoncent d'emblée l'ambition de l'auteur: prouver que la passion adultère est à la fois l'élément moteur et la force destructrice de la vie affective dans le monde occidental. Tout comme Lewis, de Rougemont est formel quant à la date et à l'origine de l'amour courtois : « il ne fait aucun doute que toute la poésie européenne est issue de la poésie des troubadours du 12e siècle ».

Ces poètes, nous dit-on, célébraient avant tout *l'adultère*. C.S. Lewis dégage quatre caractéristiques de cette conception extrêmement raffinée de l'amour : l'humilité, la courtoisie, l'adultère et le culte de l'amour. Mais c'est à l'adultère — la seule de ces caractéristiques qui soit d'ordre social plutôt qu'affectif — que s'intéressent Lewis et de Rougemont; nous suivrons leur exemple. L'amant chevaleresque faisait sa cour à une dame mariée: qu'il arrive à conquérir le cœur de sa dame ou qu'il soupire en vain, son amour était fondamentalement et essentiellement *illicite*. La condition de femme mariée de la dame constituait à la fois l'obstacle à l'amour et le ressort principal de toute la machinerie poétique; sans la prémisse de l'adultère, il ne pouvait y avoir ni tension ni passion.

Engels non plus n'a jamais douté de l'importance de l'adultère dans l'amour courtois:

Et la première forme qui apparaisse historiquement de l'amour sexuel en tant que passion donnée en apanage à tout être humain (au moins des classes dirigeantes), en tant que forme supérieure de l'instinct sexuel — ce qui constitue précisément son caractère spécifique — cette première forme, l'amour chevaleresque du Moyen Age, ne fut pas du tout un amour conjugal. Bien au contraire. Dans sa physionomie classique, chez les Provençaux, elle vogue à pleines voiles vers l'adultère et c'est lui qu'exaltent les poètes...

Avant le Moyen Age, il ne peut être question d'amour sexuel individuel...

Le point même où l'Antiquité s'est arrêtée dans ses tendances à l'amour sexuel est celui d'où le Moyen Age repart: l'adultère. Nous avons déjà dépeint l'amour chevaleresque qui inventa les aubades. De ce genre d'amour qui tend à détruire le mariage, à celui qui doit le fonder, il y a encore bien du chemin, que la chevalerie n'a jamais parcouru en entier[2].

Rien n'est plus évident.

Mais rien n'est plus controversé à l'heure actuelle. La plupart des médiévistes ne croient pas un mot de toutes ces balivernes. Au cours des trente dernières années, une série d'ouvrages et de pamphlets publiés dans les milieux académiques n'ont cessé de fustiger C.S. Lewis et de Rougemont à propos de ce qu'on appelle désormais «le mythe de l'amour courtois»[3]. Le professeur D.N. Robertson de Princeton est catégorique: «Je n'ai jamais cru à l'existence de ce qu'on appelle généralement l'amour courtois médiéval»[4]. Au cours du même colloque sur le Moyen Age et le début de la Renaissance, le professeur John F. Benton fut encore plus catégorique:

A mon sens, le terme d'«amour courtois» est tout à fait inapproprié pour la compréhension tant théorique que pratique du sentiment amoureux dans l'Europe médiévale. Ce n'est pas un terme technique médiéval: il n'a aucun contenu spécifique. La référence aux «règles de l'amour courtois» provient presque certainement de l'ouvrage d'Andréas, *De Amore*, qui est, à mon avis, délibérément ambigu et humoristique. L'étude de l'amour au Moyen Age serait bien plus aisée, si elle n'était pas gênée par un terme qui sème la confusion dans l'esprit des chercheurs. Tel qu'il est employé actuellement, le terme d'«amour courtois» ne recouvre aucun concept précis et il serait vain de tenter de le redéfinir. C'est pourquoi je propose que ce terme soit à jamais banni de tout débat sur ce thème[5].

Pourquoi tous ces médiévistes rejettent-ils aussi violemment les théories qui avaient cours dans les milieux académiques quand ils étaient étudiants — et qui l'ont encore parmi les profanes?

D'abord, ils sont convaincus, à juste titre, que la poésie médiévale célèbre autant, si pas davantage, l'amour *conjugal* que l'amour illicite. Le professeur D.S. Brewer affirme que «Chaucer ne glorifie jamais l'amour adultère», et que dans ses histoires d'amour sérieuses — par opposition à ses farces, fables et soties —, «il y a toujours un lien explicite entre amour et mariage». Même chez le licencieux Boccace, nombreuses sont les histoires d'amour qui finissent par le mariage. Un autre médiéviste, H.A. Kelly, affirme: «La remontrance de Fiammetta aux hommes qui convoitent la femme d'autrui 'la maritata in niun modo è da desiderare' (4.52.1), semble être la règle quasi générale.

Ou alors, si un homme convoite une femme mariée, il se heurte généralement à un refus, au nom de l'amour qu'elle porte à son mari, ou du moins, au nom de la loyauté qu'elle lui doit»⁶.

Même Chrétien de Troyes, l'auteur du *Roman de Lancelot et Guenièvre*, un classique de l'amour adultère, a écrit cinq autres romans d'où l'adultère est pratiquement absent.

Un médiéviste allemand va jusqu'à affirmer :

On ne trouve jamais dans les romans courtois de poète épris de sa dame. Les romans reflètent chaque aspect de la vie de l'époque; pourtant, ils ne nous dépeignent jamais de troubadour du genre décrit par Fauriel et Wechssler... Le culte que le troubadour voue à sa dame, au sens chevaleresque du terme, est une légende. Les médiévaux aimaient et chérissaient les femmes d'une manière qui n'est pas très différente de la nôtre. Les formes d'expression poétique, elles, étaient différentes : c'est cela qui est important et c'est dans cette direction qu'il faut orienter les recherches. Il faut cesser d'expliquer les caractéristiques de la poésie lyrique par le contexte social des poètes... il est inutile d'invoquer le système féodal pour expliquer l'esprit de cette poésie... c'est un problème d'histoire *littéraire*⁷.

A mon sens, c'est parce qu'ils refusent de faire la distinction entre histoire sociale et histoire littéraire que quelques spécialistes se raccrochent encore au mythe de l'amour courtois. Dans *Love and Marriage : Literature and Its Social Context*, Lawrence Lerner prend la défense de C.S. Lewis et de l'amour courtois, en affirmant catégoriquement que « la littérature de l'amour et du mariage est imprégnée d'idéologie » et que « en fin de compte, la littérature est le fidèle reflet de nos véritables idéaux »⁸.

Il choisit Tristan et Iseut, Lancelot et Guenièvre et, tout spécialement pour les lecteurs anglais, Troïle et Chriseyde comme « représentants de l'amour courtois : un sentiment qui remonte aux troubadours, où la passion est furtive et illégitime »⁹. Cette définition est exacte dans le cas de Tristan et de Lancelot, mais l'histoire de Troïle et Chriseyde — dont il existe plusieurs versions dans la littérature anglaise de Chaucer à Shakespeare — est toute différente.

Dans la première version médiévale de l'histoire, *Le Roman de Troie* (environ 1160) de Benoît de Sainte-Maure, Chriseyde n'est pas mariée. Dans le *Filostrato* de Boccace et dans le *Troïle et Chriseyde* de Chaucer, écrit 50 ans après la version de Boccace et qui s'en inspire largement, elle est veuve et donc libre d'aimer à nouveau. Dans ces trois versions, aucun obstacle réel ne s'oppose à la liaison entre Troïle et Chriseyde. Chez Boccace et chez Chaucer, la cour tout à fait légitime que Troïle fait à Chriseyde occupe la presque totalité de l'ouvrage.

Lorsque Chriseyde succombe à la cour de Diomède, elle trahit le premier et véritable amour qu'elle vouait à Troïle, mais cette trahison peut s'expliquer, voire s'excuser, si l'on tient compte de sa condition de captive. Nous voyons donc que, même dans un contexte préchrétien et partant, libre des interdits religieux, ces poèmes, loin de célébrer l'amour adultère, affirment que l'amour sincère est moral, honorable et qu'il repose sur le respect de la parole donnée.

De même, l'équation: amour sincère = adultère ne peut être sauvée par l'argument qu'invoque Lerner dans *Love and Marriage*[10], selon lequel, même s'il n'y a pas de mari pour empêcher l'amour, les histoires d'amour contées dans les romans médiévaux sont généralement clandestines, donc équivalentes à l'adultère et hostiles à l'esprit du mariage, cérémonie publique par excellence.

L'idée que l'amour est une affaire privée, un secret partagé, est bien antérieure aux troubadours et on la retrouve dans différents pays, comme en témoignent les poèmes d'amour de l'Egypte et de la Grèce antiques. De plus, comme nous l'avons vu à propos des tribunaux ecclésiastiques médiévaux, même l'église reconnaissait le caractère privé du mariage, insistant toutefois sur l'obligation d'enregistrer le contrat devant témoin, d'en assumer les conséquences sociales et de recevoir la bénédiction d'un prêtre. Les hommes d'Eglise autant que les couples mariés auraient été horrifiés d'entendre que le comportement modeste et digne qui sied aux jeunes amoureux ne diffère pas du commerce furtif entretenu par les amants adultères. L'*Aidos*, ou pudeur vertueuse, est l'une des vertus les plus anciennes commune aux traditions éthiques chrétienne et classique.

Le fait que Chriseyde soit une veuve respectable au moment où Troïle la courtise risque de diminuer la tension dramatique chère au lecteur moderne, mais on imagine que Chaucer ne partageait pas cet avis et qu'il connaissait bien son public. Ceci laisse penser que, dans l'Angleterre du 14e siècle du moins, on ne considérait pas l'adultère comme un ressort dramatique indispensable.

Il ne fait aucun doute que l'histoire de Lancelot et celle de Tristan étaient populaires au Moyen Age, si l'on en juge par le nombre des versions et des traductions. Mais ce qui échappe aux critiques littéraires modernes, c'est que d'autres romans, tout aussi populaires, ne traitaient pas d'adultère: les uns étaient drôles, les autres sérieux; certains finissaient par la séparation ou la mort tragique des amants, d'autres s'achevaient sur des *happy ends* d'un goût plus bourgeois, comme les retrouvailles d'époux séparés.

Le succès quasi obsessionnel rencontré par les histoires d'amour illégitime, que décrit Lerner, est beaucoup plus tardif. C'est surtout l'époque victorienne qui s'est entichée des romans adultères du Moyen Age. Si l'on devait tracer une courbe de l'obsession de l'adultère, elle partirait probablement d'un niveau très bas au Moyen Age, pour s'élever régulièrement tout au long du 17e et 18e siècle, et atteindre son point culminant au 19e siècle. Je tenterai d'expliquer le profil de cette courbe au chapitre 8, dans la partie «Comment on a brouillé les pistes».

Pour l'instant, contentons-nous d'en finir avec l'idée que dans les romans médiévaux on tenait l'adultère pour le seul idéal digne d'être romancé et qu'on le haussait au rang de la seule expression véritable de l'amour charnel. Cette vision est fausse. On représentait l'amour aussi bien sous les traits de la chasteté, de la farce ou de la morale, que sous ceux de la passion adultère.

La littérature n'est évidemment pas un guide bien fiable pour comprendre la vie. Rien ne nous permet de penser que la fréquence de l'adultère dans les romans du 14e siècle correspond au nombre réel d'adultères de ce siècle. Le mythe des troubadours se fonde sur le contenu des textes médiévaux qui sont parvenus jusqu'à nous, mais il peut et doit être réfuté à partir de ces mêmes textes.

D'autre part, les documents que Lewis et d'autres ont utilisés pour prouver que toute véritable passion devait être adultère proviennent pour une grande part d'auteurs tels qu'Andréas Capellanus et Chrétien de Troyes, qui recouraient volontiers à l'*ironie*. Leur intention était d'amuser et de provoquer, non d'exposer des vues savantes sur l'incompatibilité de l'amour et du mariage. Comme si l'homme moderne se fiait aux plaisanteries des humoristes sur les belles-mères pour définir son comportement vis-à-vis de sa propre belle-mère.

Indiscutablement, plus on creuse la question, plus on s'aperçoit que la théorie de l'invention de l'amour romantique au 12e siècle ne tient pas. Dans *Medieval Latin and the Rise of European Love-Lyric*, Peter Droncke affirme:

1. L'*amour courtois*, ce «sentiment nouveau», remonte au moins à l'Ancienne Egypte, deux mille ans avant notre ère et on en trouve des traces à n'importe quelle époque et sous n'importe quelle latitude; il s'agit, comme l'avait pressenti le professeur Marrou, «d'un secteur du cœur, un des aspects éternels de l'homme»;

2. Le sentiment d'*amour courtois* ne se limite pas à la société courtoise et chevaleresque, car on le retrouve dans les premiers vers populaires recensés

en Europoe (qui eux-mêmes reposaient sans aucun doute sur une longue tradition orale)...[11].

Pour ceux qui ne seraient pas convaincus, Droncke énumère une longue liste de poèmes de l'Ancienne Egypte, de la Byzance médiévale, du Caucase, du monde arabe du 7e et 8e siècle, de l'Islande du 10e siècle et de quantité d'autres cultures antérieures aux troubadours de plusieurs siècles ou trop lointaines pour avoir connu leurs poèmes.

Pour joindre l'utile à l'agréable, je citerai quelques fragments des exemples recensés par Droncke :

> Je me coucherai
> et feindrai la maladie
> Ainsi, mes voisins viendront me visiter
> et ma bien-aimée sera parmi eux
> Alors, plus besoin de docteur
> Car elle connaît mon mal
> (Egypte, environ 1300 avant J.C.)[12].

> Ah, que ne suis-je cette fille noire
> Qui est sa compagne
> Car je pourrais l'apercevoir
> Dans toute sa nudité
> (inscription sur un fragment de
> poterie au Musée du Caire)[13].

> Douce mère, je ne peux plus
> Travailler au métier, car
> La svelte Aphrodite m'a frappée
> D'une langueur d'amour pour un garçon
> (Sappho, 6e siècle avant J.C.)[14].

Le poème suivant, l'un des plus beaux, est de Heindrich von Moringen, un des grands poètes allemands de la fin du 12e siècle :

> Hélas, son corps ne déversera-t-il
> plus sa lumière sur ma nuit?
> Corps plus blanc que neige
> aux formes si parfaites;
> il trompa mes yeux :
> je crus y voir le vif
> éclat de la lune
> puis, vint le jour[15].

Droncke achève son énumération par une sélection de graffiti que des passants anonymes ont gribouillés sur les murs de Pompéi, voici presque deux mille ans.

Bon nombre de ces inscriptions sont crues, comme on pouvait s'y attendre; pourtant, certaines trahissent la tendresse, le respect, la vénération:

> Cestilia, reine de tout Pompéi
> Doux esprit, adieu!

> Puisses-tu être bénie, petite âme,
> Que la Vénus de Pompéi te protège.

> Que celui qui n'a pas vu la Vénus d'Appelles
> regarde mon aimée, car son éclat est pareil

> Quiconque n'a pas aimé dans sa jeunesse
> Ne peut prétendre à la beauté.

> Que celui qui blâme l'amoureux
> Essaie plutôt de dompter les vents
> Ou d'arrêter le cours de l'eau!

> Qu'il soit béni, celui qui aime
> Qu'il périsse, celui que ne sait pas aimer et
> Qu'il meure deux fois, celui qui interdit d'aimer [16].

On retrouve les mêmes thèmes chez Shakespeare, chez Burnes et dans mille et une chansons et rengaines, de l'époque victorienne à l'âge du rock.

Cette célébration de l'amour ne se limite pas au monde méditerranéen. Les chantres de la civilisation celtique et anglo-saxonne ont souvent prétendu le contraire — que c'est dans les brumes nordiques que l'amour fut d'abord élevé au rang d'émotion noble, alors que les vains méditerranéens se complaisaient encore dans les plaisirs sensuels. Quelles sornettes!

Mais il est irréfutable que la passion sexuelle et l'amour conjugal figurent dans la poésie élégiaque de l'ère anglo-saxonne, deux ou trois siècles avant la conquête normande, une poésie d'une inspiration, d'une verve qui aurait fait pâlir d'envie bien des troubadours provençaux. Parmi les rares fragments qui ont survécu, on trouve dans le *Exeter Book* trois poèmes illustrant ce genre: «Le Message du Mari», «La complainte de l'Epouse» et «Wulf».

L'existence de ces poèmes oppose un démenti irréfutable à l'idée d'un amour sexuel ou conjugal lié d'une quelconque façon à l'émergence du monde moderne et au déclin de la féodalité ou de la Renaissance. Car ces textes remontent à «l'Age des Ténèbres», au 8e-9e siècle, et figurent dans un recueil de lais épiques, de sagas relatant des guerres sanglantes.

Le meilleur d'entre eux, « La Complainte de l'Epouse » décrit une femme séparée de son époux, condamnée à l'exil à cause des manigances de sa belle-famille, « ils conçurent le dessein de nous désunir l'un l'autre ». Vers après vers, elle nous fait part de la détresse où l'a plongée la séparation et évoque les premiers temps de leur amour :

> Combien de fois, respirant le bonheur,
> Ne nous étions-nous pas promis l'un l'autre
> De ne jamais être désunis que par la mort seule,
> Rien d'autre.
> Tout cela est bien changé et se trouve maintenant
> Comme si cela ne fut jamais — notre mutuelle tendresse.

Désormais, elle connaît le tourment par « mon mari bien-aimé », exilée dans une grotte au milieu des bois :

> Bien souvent ai-je ressenti ici cruellement
> Ressenti l'éloignement du maître.
> Il existe sur terre des couples qui vivent
> En s'aimant et couchent dans un lit,
> Alors que dès l'aube je marche solitaire,
> Sous la ramure des chênes, autour de ma caverne.
> Là il me faut, assise, passer le jour aussi long qu'un été
> Là il m'est loisible de pleurer sur mon sort d'exilée
> Sur mes malheurs sans nombre, car je ne pourrai jamais
> Trouver de repos au chagrin de mon cœur.

Elle pense également aux souffrances de son époux, relégué dans une contrée lointaine, à la merci des tempêtes, dans la désolation et le dénuement :

> Alors mon aimé, assis au pied de la falaise,
> sentira tomber sur lui le givre et la tempête ;
> mon protecteur, mon aimé éprouvera peine profonde
> au cœur, l'obsédera l'image de plus heureux séjour[17].

Mais on ne peut pas prétendre non plus que la poésie anglo-saxonne ait été unique en son genre. Dès les premiers écrits, la littérature irlandaise a célébré l'amour sexuel avec beaucoup de lyrisme. Les quelques manuscrits que nous avons conservés, parmi lesquels « La Cour d'Etaïn » et « La Fugue de Grainne avec Diarmait », datent du 9e siècle au plus tard. Il subsiste très peu de la littérature galloise de cette époque, mais dès le 12e siècle, le roman est à l'honneur dans la poésie galloise. Le ton en est frais et populaire ; apparemment, rien ne le rattache au style courtois de Provence. Il est difficile d'imaginer que seuls les peuples des Iles Britanniques ont chanté les amours conjugales et préconjugales, tout en partageant l'intérêt universel pour l'adultère.

En présence de ce courant ininterrompu de chansons d'amour, comment peut-on s'en tenir à l'idée — que l'on nous a inculquée à l'école — selon laquelle nos ancêtres voyaient dans la passion charnelle soit une affection morbide, soit un simple apaisement des sens? Cette tendance existait peut-être parmi les hommes d'Etat, les philosophes et les intellectuels, mais pas dans le peuple. Même dans les hautes sphères de l'art, les poèmes lyriques de Sappho et d'Ovide exaltent l'amour, cadeau le plus précieux dont la vie nous fait don.

Une version plus nuancée du mythe affirme que si le Moyen Age n'a pas inventé l'amour charnel, jamais avant cette époque on ne l'a célébré dans la littérature avec tant de constance, de verve et d'inspiration et qu'un tel bouleversement des conventions littéraires ne peut que refléter une révolution concomitante des attitudes populaires.

Malheureusement, on ne trouve aucune trace d'un changement radical, tant au niveau quantitatif qu'au niveau qualitatif, dans la poésie d'amour. Bien au contraire, ce sont toujours les mêmes images, les mêmes concetti littéraires, les mêmes thèmes qui reviennent sans cesse, qui sont ressassés dans toutes les poésies du monde, bien avant et bien après l'époque des troubadours:

Celle que j'aime est sans pareille. C'est une reine. Je donnerais le paradis pour un moment passé avec elle. J'irais volontiers jusqu'en enfer pour la retrouver. Elle est comme l'astre éclairant le monde. Elle éclipse le soleil. C'est un ange, une déesse. Elle est le remède de tous mes maux, mon baume, ma drogue. Elle est mon salut. Elle est la rose parmi les roses. Je voudrais être l'anneau à son doigt, la ceinture à sa taille ou le grain de beauté sur sa joue. Je souffre mille tortures quand elle n'est pas là; son absence est pire que la mort. Je suis son vassal, son esclave. Pour elle, je mourrais, je traverserais les flammes. Sans elle, je ne peux plus vivre. L'amour est beau. Il est l'œuvre de Dieu. L'amour humain est le reflet de l'amour divin.

Ces idées sont répétées à l'infini — *ad nauseam* — tant dans les œuvres courtoises que dans les chansons populaires. En fait, comme le souligne Peter Droncke, on ne cesse de trouver les métaphores les plus complexes et les plus raffinées dans les chansons populaires et les images les plus simples dans l'œuvre des grands poètes.

Mon amour est comme une rose écarlate. Elle est mon tournesol, ma petite fleur, la fleur de mon cœur. Il nous faut nous aimer ou mourir. La seule chose dont on ne peut se passer, c'est l'amour. Burns, Sinatra, Auden, les Beatles. «Je t'aimerai jusqu'à ce que l'océan soit sec». Burns, oui, mais on trouve les mêmes mots dans une obscure chanson calabraise du haut Moyen Age, qui remonte peut-être au 10ᵉ siècle. Elle est écrite dans un dialecte gréco-italien, sur un manuscrit qui n'a été publié qu'un siècle après la mort de Burns[18].

Les récriminations contre la fadeur, la mièvrerie, la sensiblerie et la pernicieuse immoralité de ces refrains reviennent avec une régularité égale. On commettrait une grave erreur historique en voyant dans la réprobation officielle rencontrée par les chansons actuelles un phénomène moderne, qui ne daterait que de l'époque de Cromwell.

Saint Valère, qui vécut en Espagne entre 630 et 695, vilipende un prêtre éthiopien nommé Iustus, qui devait sa renommée — et aussi son infamie — à ses chansons d'amours qu'il accompagnait au luth. Du 6ᵉ au 9ᵉ siècle, les hommes d'Eglise et les conciles n'ont cessé de s'élever contre le flux apparemment irrépressible des «chansons honteuses et dissolues», des «chansons sur les filles», des «chansons corruptrices et des amusements impies» qui sévissaient dans toute l'Europe. Comme nous allons le voir, c'est de ce chœur de lamentations que nous allons tirer une partie des documents relatifs à l'histoire secrète du sentiment amoureux.

NOTES

[1] C.S. Lewis, *The Allegory of Love*, Oxford, 1936, pp. 2, 4, 11.
[2] Friedrich Engels, *The Origin of the Family, Private Property and the State*, Londres, 1972, pp. 133, 139-41.
[3] E.T. Donaldson, *Speaking of Chaucer*, Londres, 1970, chapitre II.
[4] D.N. Robertson, 'The Concept of Courtly Love as an Impediment to the Understanding of Mediaeval Texts', *in* D.N. Robertson (ed.), *The Meaning of Courtly Love*, New York, 1968, p. 1.
[5] John F. Benton, 'Clio and Venus: An Historical View of Medieval Love', *in* Robertson (ed.), *Meaning of Courtly Love*, pp. 36-37.
[6] H.A. Kelly, *Love and Marriage in the Age of Chaucer*, Cornell, 1975, p. 52.
[7] D. Scheludko, 'Uber den Frauenkult der Troubadours', *Neuphil. Mitt.*, XXXV, 1934, cité *in* Peter Dronke, *Medieval Latin and the Rise of European Love-lyric*, Oxford, 1965, p. 55n.
[8] Laurence Lerner, *Love and Marriage: Literature and Its Social Context*, Londres, 1979, pp. xiii, xiv.

[9] *Ibid.*, p. 13.
[10] *Ibid.*, pp. 13-14.
[11] Dronke, *Medieval Latin*, p. xvii.
[12] *Ibid.*, p. 10.
[13] *Ibid.*
[14] *Ibid.*, p. 8.
[15] *Ibid.*, p. 136.
[16] *Ibid.*, p. 171.
[17] 'The Wife's Lament', *in A Choice of Anglo-Saxon Verse*, choisis et traduits par Richard Hamer, Londres, 1970, pp. 73-75.
[18] Dronke, *Medieval Latin*, p. 45.

Chapitre 7
Le mythe de la mère indifférente

Nous arrivons maintenant au plus étrange des mythes, celui qui prévaut à propos des relations entre parents et enfants dans les sociétés traditionnelles. En soi, ce mythe est déjà fascinant, mais les causes de son apparition sont peut-être plus cruciales.

Présentons d'abord le mythe sous sa forme la plus excessive. C'est évidemment dans l'ouvrage du Professeur Shorter, *Naissance de la Famille moderne*, que nous la trouvons : « Les bonnes mères sont une invention de la modernisation. Dans la société traditionnelle, les mères étaient indifférentes au développement et au bonheur de leurs enfants de moins de deux ans. Dans la société moderne, elles placent le bien-être de leurs bébés au-dessus de tout »[1].

A première vue, concède-t-il, ces affirmations ont de quoi nous étonner :

« La poignée d'universitaires et de chercheurs qui depuis un certain temps maintenant soutient que dans la société traditionnelle, les mères n'aimaient pas beaucoup leurs enfants, se heurte à une incrédulité d'acier trempé. Des mères qui ne seraient pas attachées à leur bébé ? Indifférentes à son bien-être et résignées à l'entendre brailler au milieu des 'convulsions' ou des 'fièvres' si souvent fatales ? Allons donc ! déclare l'homme du 20e siècle. Et pourtant, parmi le peuple, il en allait ainsi »[2].

Shorter trouve une confirmation à ses affirmations dans le remarquable ouvrage de Philippe Ariès, *L'Enfant et la vie familiale sous l'Ancien*

Régime, publié en 1960 et paru en anglais sous le titre : *Centuries of Childhood : A social History of Family Life* :

«Philippe Ariès, pionnier de l'histoire sociale, a été le premier à soutenir que la société traditionnelle se caractérisait pas l'indifférence de la mère à l'égard du nourrisson. S'appuyant à la fois sur des témoignages picturaux et sur les livres de biographies et de raisons des familles, il est parvenu à la conclusion qu'au Moyen Age, les petits enfants passaient pour des créatures différentes. Possesseurs d'une âme hypothétique, ils venaient à la volonté de Dieu, s'en allaient de même et ne méritaient guère, pendant leur bref séjour terrestre, la compassion ou la pitié des adultes»[3].

Ces phrases ne sont pas tout à fait fidèles au texte d'Ariès, mais elles rejoignent une opinion, aujourd'hui très répandue, sur les mœurs médiévales. Qu'est-ce qui justifie cette opinion et quelles preuves peut-on légitimement invoquer pour la défendre ?

Le Professeur Shorter déduit l'indifférence maternelle du «*comportement* de ces mères à l'égard de leurs enfants». Ses principaux critères, qui trahissent peut-être certains préjugés américains, sont essentiellement d'ordre *hygiénique*. Dans les sociétés traditionnelles, les mères n'arrêtaient pas de faire ce qu'il ne fallait pas : elles laissaient leurs bébés aux nourrices; elles les emmaillotaient au lieu de les laisser gigoter librement; elles ignoraient l'importance de l'allaitement maternel et n'avaient aucune notion de l'hygiène la plus élémentaire.

Cette kyrielle d'accusations est pour le moins hétéroclite et contradictoire. On pensait, par exemple, qu'il était *bon* d'emmailloter les enfants, ainsi que de les bercer dans leur lit — autre pratique condamnée par Shorter. D'ailleurs, d'autres historiens ne partagent pas du tout son point de vue concernant les nourrices : Ariès lui-même estime que, le lait de vache n'étant pas hygiéniquement sûr, mettre les enfants en nourrice à la campagne,

«peut être interprété ... comme une mesure de protection, je n'oserais dire encore d'hygiène, qui serait à rapprocher des autres phénomènes où nous avons reconnu une attention particulière à l'égard des enfants. En effet, malgré la propagande des philosophes, les milieux aisés, nobles et bourgeois, ne cessèrent pas de mettre leurs enfants en nourrice jusqu'à la fin du 19e siècle, c'est-à-dire jusqu'au moment où les progrès de l'hygiène et de l'asepsie permettront d'utiliser sans risque le lait animal»[4].

Que ces mesures aient été appropriées ou non, on ne peut en aucune façon en déduire, comme le fait Shorter, que «ces mères ne se souciaient pas de leurs enfants et c'est pourquoi leur progéniture était sacrifiée dans ce terrible massacre des Innocents qu'était alors l'éducation des enfants». Bien au contraire, ces mères s'efforçaient d'appliquer les recommandations des médecins de l'époque.

De même, on ne peut pas conclure à l'indifférence maternelle en évoquant les milliers d'enfants abandonnés dans des orphelinats : quand il faut choisir entre la famine à la maison et une chance — bien mince — de survie à l'orphelinat, qui peut dire quel est le bon choix ?

Mais les principales sources du mythe de l'indifférence parentale — du moins celles avancées par Philippe Ariès — ne se trouvent pas dans les taux élevés de mortalité ou d'abandon, mais plutôt dans les livres et dans les tableaux. C'est à partir de données artistiques et littéraires qu'il déduit que les parents ne voulaient ni ne pouvaient s'attacher trop passionnément à des enfants qui risquaient fort de mourir pendant les premières années de leur vie :

> Cela explique des mots qui étonnent notre sensibilité contemporaine, tel celui de Montaigne : «J'ai perdu deux ou trois enfants en nourrice, non sans regrets, mais sans fascherie» ou celui de Molière, à propos de la Louison du *Malade Imaginaire* : «La petite ne compte pas». L'opinion commune devait, comme Montaigne, «ne leur reconnaître ni mouvement en l'âme, ni forme reconnaissable au corps». Madame de Sévigné (1671) rapporte sans surprise un mot semblable de Madame de Coetquen, quand celle-ci s'évanouit à la nouvelle de la mort de sa petite fille : «Elle est très affligée et dit que jamais elle n'en aura une si jolie.»
>
> On ne pensait pas que cet enfant contenait déjà toute une personne d'homme, comme nous le croyons communément aujourd'hui. Il en mourait trop : «Ils me meurent tous en nourrice», disait encore Montaigne. Cette indifférence était une conséquence directe et inévitable de la démographie de l'époque[5].

Mais alors, se demande-t-on, *pourquoi Madame Coetquen s'est-elle évanouie ?* Si elle était si peu affectée par la mort de son enfant et qu'elle envisageait sereinement d'en avoir d'autres, pourquoi donc réagit-elle si violemment à la nouvelle ?

Quant au passage de Montaigne, il mérite qu'on s'y attarde un instant. Signalons d'abord que ce passage tiré des *Essais* est intitulé «De l'affection des parents aux enfants». Il est dédié à Madame d'Estignac que Montaigne loue pour la manière admirable dont elle a élevé ses enfants, après avoir perdu son mari à un très jeune âge. Montaigne écrit : «Nous n'avons point d'exemple d'affection maternelle en notre temps plus exprès que le vôtre.»

Ce n'est pas exactement ce qu'on s'attendrait à trouver dans un essai sur l'indifférence parentale. De plus, le passage cité par Ariès, une fois replacé dans son contexte, révèle une intention tout à fait différente. Il mérite d'être cité *in extenso* :

> «J'ai, de ma part, le goût étrangement mousse à ces propensions qui sont

produites en nous sans l'ordonnance et l'entremise de notre jugement. Comme, sur ce sujet de quoi je parle, je ne puis recevoir cette passion de quoi on embrasse les enfants à peine encore nés, n'ayant ni mouvement en l'âme, ni forme reconnaissable au corps, par où ils se puissent rendre aimables. Et je ne les ai pas soufferts volontiers, nourris près de moi.

Une vraie affection et bien réglée devrait naître et s'augmenter avec la connaissance qu'ils nous donnent d'eux; et lors, s'ils le valent, la propension naturelle marchant quant et la raison, les chérir d'une amitié vraiment paternelle; et en juger de même, s'ils sont autres, nous rendant toujours à la raison, nonobstant la force naturelle. Il en va souvent au rebours; et le plus communément nous nous sentons plus émus des trépignements, jeux et niaiseries puériles de nos enfants, que nous ne faisons, après, de leurs actions toutes formées, comme si nous les avions aimés pour notre passe-temps, comme des guenons, non comme des hommes »[6].

Montaigne nous dit plusieurs choses : beaucoup de gens aiment caresser les bébés, mais ce n'est pas son cas. Il commence par adopter le point de vue guindé de l'humaniste, puis, par une charmante volte-face dont il a le secret, se contredisant à demi, il avoue ne pouvoir s'empêcher d'être amusé par la cocasserie des enfants, même s'il reste indifférent à celle des nouveau-nés.

En termes plus modernes, on pourrait dire que Montaigne était un peu « refoulé », voire phallocrate, dans sa répugnance à l'égard des nourrissons et de l'allaitement, mais on ne peut certes pas l'accuser d'indifférence envers les enfants, surtout quand ils sont un peu plus âgés — préférence que partagent bien des hommes d'aujourd'hui.

Ce n'est pas non plus l'indifférence qui caractérise le ton qu'il adopte lorsqu'il parle de ses propres enfants. Arguant que les enfants ne doivent pas être élevés dans la violence, mais dans la raison et le tact, il écrit :

On m'a ainsi élevé. Ils disent qu'en mon tout premier âge, je n'ai tâté des verges qu'à deux reprises, et bien mollement. J'ai dû la pareille aux enfants que j'ai eus, ils me meurent tous en nourrice; mais Léonor, une seule fille qui est échappée à cette infortune a atteint six ans et plus sans qu'on ait employé à sa conduite et pour le châtiment de ses fautes puériles, l'indulgence de sa mère s'y appliquant aisément, autre chose que parole et bien douces[7].

De plus, Montaigne s'intéresse beaucoup à la nature du lien affectif qui unit les parents aux enfants. Il écrit par exemple :

Feu Monsieur de Monluc, ayant perdu son fils qui mourut en l'île de Madère brave gentilhomme à la vérité et de grande espérance, me faisait fort valoir, entre ses autres regrets, le déplaisir et crève-cœur, qu'il sentait de ne s'être jamais communiqué à lui; et, sur cette humeur d'une gravité et grimace paternelle, avoir perdu la commodité de goûter et bien connaître son fils, et aussi de lui déclarer l'extrême amitié qu'il lui portait et le digne jugement qu'il faisait de sa vertu. Et ce pauvre garçon, disait-il, n'a rien vu de moi qu'une contenance renfrognée et pleine de mépris et a emporté cette créance que je n'ai su ni l'aimer, ni l'estimer selon son mérite. A qui gardai-je à découvrir cette singulière affection que je lui portai dans mon âme? N'était-ce pas qui en devait avoir tout le plaisir et toute l'obligation? Je me suis contraint et geiné pour maintenir ce vain masque; et y ai perdu le plaisir de sa conversation, et sa volonté quant et quant, qu'il ne peut avoir portée autre que bien froide, n'ayant jamais reçu de moi que rudesse, ni senti qu'une façon tyrannique[8].

Il se situe loin de l'indifférence qu'il est permis à un écrivain, sans tomber dans les effusions sentimentales du 18e siècle. Pour étrange qu'il y paraisse, c'est dans le 18e siècle que le Professeur Shorter puise ses exemples d'indifférence parentale:

Des mères abandonnaient leurs bébés mourants «dans les ruisseaux ou sur les tas d'ordures de Londres, où ils restaient à pourrir», vision qui a horrifié Thomas Coram, fondateur d'un hospice pour les enfants trouvés. On nous parle aussi de Mrs. Thrale (Dr Johnson) qui «avait supporté avec la plus grande équanimité la mort de plusieurs de ses filles à l'école». Et encore de Sir John Verney qui «ayant perdu deux de ses enfants, faisait remarquer joyeusement qu'il lui en restait encore encore treize à la douzaine»[9].

Par contre, le Professeur Stone, dans son ouvrage *The Family, Sex and Marriage*, fait remonter au 18e siècle «l'évolution vers un type d'éducation plus affectueux et plus tolérant». En 1732, Richard Costeker déplorait que «des milliers d'enfants soient gâtés précisément par la sollicitude maternelle». Locke et Rousseau devenaient les nouveaux maîtres à penser pour les questions relatives à l'éducation des enfants. «C'est à l'amour maternel plutôt qu'à l'amour paternel que se réfèrent les documents du 18e siècle; les maternités et les portraits familiaux de Reynolds et Zoffary correspondent bien à la réalité de l'époque»[10]. Le Professeur Stone nous apprend que, loin d'être une mère indifférente, Mrs. Thrale était «une femme qui concentrait toute son ambition sur ses enfants, parce qu'elle ne recevait ni soutien réel, ni marque d'intérêt de la part de son mari». Elle attendait beaucoup trop de ses enfants et fut cruellement déçue par ceux qui survécurent; ils n'étaient pas des génies et n'aimaient guère leur mère. Mrs. Thrale écrit que pendant les douze années qu'elle a passées à mettre au monde et à élever ses enfants, «j'eus un enfant tous les ans, j'en perdis quelques-uns et m'inquiétai tellement pour les autres que je ne m'occupai bientôt plus que d'eux et d'elle» («elle» étant sa propre mère qu'elle voyait presque tous les jours, pendant plusieurs heures)[11].

Il y a, à mon sens, plusieurs erreurs dans l'*interprétation* que l'on donne habituellement à ces anecdotes du passé, qui semblent indiquer une indifférence apparente devant la mort des nouveau-nés. Premièrement, une situation trop fréquente finit par affaiblir la réaction verbale de ceux qui la vivent. Ce qui ne signifie pas que l'on soit insensible au spectacle de la souffrance. Car, à la longue, il devient difficile d'exprimer des émotions intenses avec la même véhémence. Les clochards de Bowery affalés dans les rues et les affamés des villes indiennes en sont deux exemples modernes évidents : celui qui visite New York ou Calcutta est hanté par le spectacle d'une telle misère; les autochtones ne bronchent pas.

Deuxièmement, il ne faut pas perdre de vue que le simple fait de relater ces remarques apparemment insensibles, suggère qu'elles ont frappé le narrateur par leur incongruité. En fait ces remarques indiquent plutôt que la réaction normale à la mort d'un enfant, c'était un profond chagrin.

Troisièmement — et c'est peut-être l'argument le plus difficile à aborder —, il existe dans toute société un certain esprit pratique de calcul biologique. Il est sans doute extrêmement malvenu de consoler une mère qui vient de perdre son enfant en lui disant que, de toute façon, il lui en reste d'autres. Mais aujourd'hui encore, à propos de ce type de deuil, la plupart des gens établiraient une *certaine* distinction entre la mère qui a perdu son unique enfant, alors qu'elle ne peut plus en avoir, celle qui a d'autres enfants et celle qui, plus jeune, peut encore en concevoir.

Quatrièmement — nous en avons tous fait l'expérience —, les grandes douleurs sont souvent muettes. Le chagrin revêt parfois l'habit, intentionnel ou non, de l'indifférence. L'incapacité ou la réticence à manifester des sentiments extrêmes sont souvent trompeuses.

En supposant même qu'il y a eu, à un moment donné, une révolution dans les attitudes à l'égard des enfants, à quelle époque de l'histoire allons-nous la situer ? Après tout, les orphelinats, les homes, les écoles et les institutions destinées aux enfants démunis existent depuis toujours, tant en Angleterre que dans les autres pays d'Europe. L'auteur du présent ouvrage a lui-même fréquenté une école fondée au milieu du 15e siècle au bénéfice des étudiants pauvres; il passe tous les jours devant un orphelinat construit en 1740; si besoin est, il conduit ses enfants aux consultations d'un hôpital qui date de 1120, quand il ne les mène pas chez un généraliste pour y recevoir les soins gratuits du N.H.S. (Santé Publique), créé dans les années quarante. La création du *Coram's London Foundlings Hospital*, en 1740, fait-elle plus du 18e siècle un «siècle de l'enfant» que la fondation, en 1421, de l'Hôpital des Innocents de Florence ne le fait du 15e siècle ? Le terme «Innocents» invoquerait-il de l'indifférence ou de la désapprobation à l'égard des enfants illégitimes abandonnés?

Un des témoignages directs les plus dignes de foi nous vient de Montaillou, village des Pyrénées françaises. Entre 1318 et 1325, Jacques Fournier, évêque de Pamiers et futur pape en Avignon sous le nom de Benoît XII, mena une inquisition dans le village pour en extirper l'hérésie cathare. Son Registre recensait et illustrait la vie des villageois dans ses moindres détails — le mariage et l'amour autant que la religion et le travail aux champs. La fameuse étude d'Emmanuel Le Roy Ladurie sur ce même village (*Montaillou*, 1978) conclut, en se fondant sur le Registre de Fournier «qu'il n'y a pas d'énorme fossé, comme on l'a parfois dit, entre notre attitude à l'égard des enfants et celle de villageois de la Haute Arriège, au 14e siècle»[12].

Alicia et Séréna étaient seigneuresses de Châteauverdun. L'une de ces dames avait un enfant au berceau et elle voulut le voir avant de s'en aller (elle partait, en effet, pour rejoindre les hérétiques); le voyant, elle l'embrassa; alors, l'enfant se mit à rire; comme elle avait commencé à sortir un petit peu de la pièce où était couché l'enfant, elle revint de nouveau vers lui; l'enfant recommença à rire; et ainsi de suite, à plusieurs reprises. De sorte qu'elle ne pouvait parvenir à se séparer de l'enfant. Ce que voyant, elle dit à sa servante: «Emmène-le hors de la maison»[13].

A Montaillou aussi, les femmes pleuraient la mort de leurs enfants:

«Bartholomette d'Urs (épouse d'Armand d'Urs, originaire de Vicdesos) ... avait un jeune fils, qu'elle couchait dans son propre lit. Un matin, au réveil, elle l'avait trouvé mort à son côté. Du coup, elle pleurait et se lamentait.

«Ne pleure pas», lui dis-je, «Dieu donnera l'âme de ton fils mort au prochain enfant, mâle ou femelle, que tu concevras, ou bien, cette âme ira ailleurs au bon séjour»[14].

Condoléances maladroites, sans doute, mais il est tellement difficile de trouver les mots justes. Quand Guillemette Benet perdit une de ses filles et qu'elle était en larmes, Alazis Azema tenta de la réconforter par ces mots: «Consolez-vous, vous avez encore des filles et, de toute manière, vous ne pourrez pas récupérer celle qui est morte.»

Hors contexte, ces phrases pourraient sembler dures; dans leur contexte, elles font indiscutablement preuve de compassion. Guillemette répondit: «Je me lamenterais encore plus que je ne le fais pour le décès de ma fille; mais, Deo gratia, j'ai eu la consolation de la voir hérétiquée à la veille de sa mort par Guillaume Authier, accouru la nuit, en pleine tempête de neige»[15].

Le parfait cathare, Prades Tavernier, avait recommandé à une autre mère de Montaillou de ne donner ni lait ni viande à son bébé malade. Mais «Quand mon mari et Prades Tavernier eurent quitté la maison, je n'y pus tenir. Je ne pouvais admettre que ma fille mourût sous mes yeux. Je l'allaitai donc»[16].

Donc, même parmi les paysans français d'autrefois — qui, nous dit-on, étaient extrêmement insensibles —, l'amour maternel semble avoir été un sentiment très fort. Comment expliquer cette contradiction? Les arguments avancés par Shorter, par exemple, proviennent pour la plupart de sources datant des 18e et 19e siècles et consistent principalement en rapports de spécialistes — médecins, hommes de loi, folkloristes — qui décrivent les comportements qu'ils ont observés dans le monde paysan. Cinq siècles plus tôt, l'Inquisiteur de Montaillou recueillait les propos de la bouche des paysans. Pour le village de Montaillou, les documents rapportent les sentiments des paysans eux-mêmes; ils n'en sont pas une interprétation de lettrés, basée sur un comportement traditionnellement taciturne et inexpressif en public.

Cette hypothèse se confirme davantage, quand on rassemble les allusions au mariage du Registre de l'Inquisiteur. De l'extérieur — c'est-à-dire d'après les rapports officiels ou les observations de visiteurs bourgeois —, les mariages paysans pouvaient sembler n'être qu'un transfert de biens. Une femme était donnée en mariage à un homme par un autre homme (son père) ou par un groupe de parents mâles. On discutait de la dot et du douaire; on rédigeait des documents officiels. Pourtant, toutes ces dispositions n'excluaient pas forcément l'amour. Le Roy Ladurie cite la conclusion de Pierre Bourdieu qui a étudié, pour les années 1900-1960, un village du Béarn, Lesquire, où les limitations au choix du conjoint étaient aussi drastiques qu'à Montaillou: «l'amour heureux, c'est-à-dire l'amour socialement approuvé, donc prédisposé à la réussite, n'est autre chose que cette sorte 'd'amor fati', cet amour de son propre destin social, qui réunit les partenaires socialement prédestinés par les voies apparemment hasardeuses et arbitraires de l'élection libre»[17].

A Montaillou aussi, les mariages arrangés ou, du moins, socialement approuvés étaient souvent des mariages d'amour. *Adamare* et *diligere*, les deux verbes utilisés dans le Registre pour désigner l'amour passion, sont souvent appliqués aux couples avant et après le mariage. Jean Maury, un hérétique qui s'était réfugié dans un autre village, s'éprit (*adamat*) d'une fille de l'endroit, Marie. Le mariage fut une grande réussite. La mère de Jean déclara: «Marie représente pour notre famille une bru selon notre cœur. Tout ce que nous voulons, Marie le veut et, aussi le fait »[18].

Bernard Clergue, riche bayle du village, tomba passionnément amoureux de sa future femme — Raymonde Belot — et son amour était partagé. Son frère Pierre, un prêtre irrémédiablement facétieux, se moqua de lui. Des années plus tard, Bernard se rappelait :

« Il y a plus de vingt ans, pendant l'été, j'étais follement amoureux de Raymonde qui est maintenant ma femme : je voulais aller chez les Belot... Mais je remarquai, près de la barrière de chez nous, mon frère Pierre, le prêtre. Voyant cela, je n'allai pas chez les Belot, car mon frère se moquait de moi car j'étais amoureux de Raymonde 'Belote' »[19].

La passion érotique, aussi bien dans la relation conjugale qu'extra-conjugale, était donc chose naturelle, comme d'ailleurs l'amour maternel. C'est à dessein que je rapproche ces deux sortes d'amour, pour souligner combien ce village du 14e siècle était, d'après le témoignage de ses propres habitants, saturé d'amour et d'affection.

Même à une époque antérieure, les écrivains n'ont jamais considéré que leur public pourrait être peu familiarisé avec l'amour parental ou le chagrin ressenti à la mort d'un enfant. La plainte du Roi Lear tenant Cordélia, morte, entre ses bras et l'annonce faite à Macduff du meurtre de sa femme figurent parmi les passages les plus émouvants de toute la littérature. La description de Griselda, dans le Conte du Clerc, lorsqu'on lui annonce que ses enfants ne sont pas morts, n'est pas moins éloquente :

> Ce qu'entendant, elle tombe en défaillance
> sous le coup de cette joie douloureuse, puis, reprenant ses sens,
> elle appelle ses deux enfants vers elle,
> et dans ses bras, pleurant à faire pitié,
> elle les serre, et, les baisant tendrement
> et maternellement, de ses larmes amères
> elle baigne et leur visage et leurs cheveux.
>
> Oh, qu'il faisait pitié de la voir
> s'évanouir, et d'entendre son humble voix !
> « Grand merci, mon seigneur, je vous sais gré (disait-elle)
> de m'avoir conservé mes enfants chéris !
> Maintenant, peu m'importe de mourir ici même ;
> puisque vous me gardez votre amour et votre grâce,
> je n'ai cure de mourir, vienne l'heure de rendre l'esprit !
>
> Ô mes tendres, mes chers, mes jeunes enfants aimés,
> votre mère affligée était trop persuadée
> que des chiens cruels ou une hideuse vermine
> vous avaient dévorés ; mais Dieu, dans sa merci,
> et votre bienveillant père, tendrement

> vous ont fait garder» et au même instant,
> tout soudain, elle chût à terre, évanouie[20].

Quand, en 1528, sa fille Elisabeth mourut à l'âge de dix mois, Luther, qui passe pourtant pour avoir été un père strict et exigeant, écrivit à un ami : «Je n'aurais jamais pu imaginer que sa mort me laisserait avec un cœur si chagrin, presque un cœur de femme, que je me sentirais si lourd de peine. Je n'aurais jamais pu penser que le cœur d'un père pût être si tendre à l'égard de ses enfants»[21].

Quelques années auparavant, en 1502, Arthur, fils aîné d'Henri VII, mourait au château de Ludlow. On annonça la triste nouvelle au Roi, qui séjournait à Greenwich :

> Lorsque Sa Grâce apprit cette triste et pénible nouvelle, il manda la reine, disant que lui et sa reine affronteraient ensemble leur chagrin. Elle arriva et vit le roi, son seigneur, accablé d'une lourde et juste peine; d'après ce qu'on m'a rapporté, par des paroles très nobles et vraiment réconfortantes, elle conjura Sa Grâce de penser avant tout, comme le fait Dieu, au bien de sa propre noble personne, réconfort de son royaume et d'elle-même. Elle lui dit que Madame sa mère n'avait d'autres enfants que lui, et que Dieu, dans Sa grande bonté, l'avait toujours protégé et l'avait amené là où il était. En outre, elle lui rappela que Dieu lui avait laissé un beau prince et deux belles princesses, que Dieu ne l'abandonnait pas et «nous sommes jeunes encore». Et que le bon sens et la sagesse de Sa Grâce rejaillissaient sur toute la chrétienté, et qu'il plaise à Sa Grâce de supporter cette épreuve en conséquence. Alors, le roi la remercia du réconfort qu'elle lui avait prodigué. Ensuite, elle prit congé et se rendit dans sa propre chambre; là, le souvenir maternel et naturel de sa grande perte envahit si cruellement son cœur que ses suivants firent quérir le roi pour qu'il la réconfortât. Alors, Sa Grâce, plein d'amour fidèle et de sollicitude se hâta à son chevet et l'apaisa; il l'assura de la sagesse des conseils qu'elle lui avait donnés et lui dit que, pour sa part, il remerciait Dieu pour son fils et qu'elle devrait en faire autant»[22].

On ne connaît pas la source exacte de cette anecdote, qui fut publiée pour la première fois en 1715. Mais ceux qui douteraient qu'un homme à la réputation d'intransigeance et de ladrerie tel que Henri VII ait pu montrer autant de tendresse ne doivent pas négliger la lettre émouvante qu'il a écrite de sa propre main à sa vieille mère, la remerciant pour «l'immense amour maternel et l'affection unique qu'il vous a toujours plu de me porter».

Les journaux intimes et les autobiographies, de plus en plus nombreux à partir du 17e siècle, indiquent clairement qu'il n'était ni vulgaire ni efféminé de manifester son chagrin à la mort d'un enfant ou d'une épouse. Sir Henry Slingsby, qui allait être décapité en 1658 pour ses convictions royalistes, tint un journal de 1638 à 1648; à propos de la mort de sa femme, on y lit: «Je n'étais pas encore retourné chez moi, n'osant retrouver des lieux qui me rappelaient ma chère épouse et où chaque pièce faisait resurgir les souvenirs et ravivait mon chagrin. C'est pourquoi je restai chez ma sœur à Alme dans la maison de Bethell, le temps que ma peine s'apaise»[23].

Quand, en 1657, son fils Richard mourut à l'âge de cinq ans, John Evelyn écrivit: «Ici s'éteint la joie de mes jours et mon chagrin ne s'apaisera que dans la tombe.» La mort de sa fille Mary, fauchée par la variole à l'âge de dix-neuf ans, lui paru plus amère encore: «Jamais je ne dirai assez ma peine, ma chérie, mon enfant chérie, toi dont le souvenir m'est infiniment précieux»[24].

Que les critiques ne viennent pas nous parler de sentiments de convention, reflets d'un goût nouveau pour le lyrisme en littérature. D'abord, ces sentiments n'ont pas l'air conventionnels; ensuite, si convention il y avait, elle n'était certainement pas une innovation de l'époque. Les gens cultivés d'alors connaissaient certainement la *Consolation à sa Femme* de Plutarque, écrite au moment où leur fille mourut en bas âge. Cette lettre contient certains passages formalistes et didactiques sur la nécessité de supporter son chagin avec dignité et modération; mais que faut-il penser de ce passage?

«... toi avec qui j'ai partagé l'éducation de tant d'enfants, tous élevés par nos soins dans notre maison; je sais également quelle joie extraordinaire cela avait été, pour toi, d'avoir une fille, que tu désirais après la naissance de quatre garçons, et pour moi, d'avoir l'occasion de lui donner ton nom. Un charme tout particulier s'attache, en outre, à l'amour que l'on porte aux enfants d'un âge si tendre: la joie qu'ils nous donnent est si pure et si libre de tout reproche! La nature avait donné à notre fille une amabilité et une douceur merveilleuses; sa manière de répondre à notre tendresse et son empressement à faire plaisir nous ravissaient tout à la fois et nous révélaient la bonté de son caractère; ainsi elle demandait à sa nourrice de présenter et de donner le sein non seulement aux autres enfants, mais encore aux objets personnels et aux jouets qu'elle aimait»[25].

Ce passage est très loin d'exprimer des sentiments formels et Plutarque est bien conscient de la difficulté d'écrire une lettre de condoléances:

«Mais, comme cette enfant fut pour nous durant sa vie l'être, de tous, que nous aimions le plus à choyer, à contempler et à entendre, de même son souvenir doit habiter en nous, nous accompagner dans la vie, en nous donnant de la joie, bien plus, et je dirai même cent fois plus, que de la peine, si les discours que nous avons tenus souvent aux autres doivent, comme il est naturel, nous servir à nous-mêmes dans l'occasion»[26].

Cette petite fille de deux ans n'était pas le premier enfant qu'ils perdaient. Plutarque rappelle le temps où «tu as perdu l'aîné de nos fils et une seconde fois encore lorsque Chaeron, cet aimable enfant, nous quitta». Pourtant, le chagrin n'en devenait pas plus facile à supporter, même au premier siècle de notre ère.

Si l'on reprend les propres sources d'Ariès, comment faut-il interpréter le Chapiteau du Mariage d'une des colonnes qui soutiennent le Palais des Doges à Venise? Ces sculptures, qui datent du début du 15ᵉ siècle et sont également connues sous le nom de «Chapiteau de l'Amour humain», représentent les fiançailles, la cérémonie du mariage, le couple nu dans un lit, la naissance d'un enfant et, enfin, un portrait de famille, où les parents tiennent l'enfant par la main. Ensuite, continue Ariès, «... le drame éclate: la famille est dans l'épreuve, l'enfant est mort; il est étendu sur son lit, les mains jointes. La mère essuie ses larmes d'une main et pose l'autre sur un bras de l'enfant; le père prie»[27]. Indifférence?

Remarquons que cette histoire met en scène une panoplie complète d'attitudes prétendument modernes à l'égard du mariage et de la famille, car ce qu'Ariès décrit froidement comme «les fiançailles» — mot qui laisserait entendre un engagement arrangé — d'autres auteurs le nomment, avec plus de chaleur, «la cour» ou même «le coup de foudre». Ainsi se trouvent rassemblés tous les éléments — amour préconjugal, passion sexuelle conjugale, solidarité de la famille nucléaire, amour maternel —, dès le début du 15ᵉ siècle, peut-être même, selon certains spécialistes, dès la fin du 14ᵉ, ce qui d'après Ariès, «est plus surprenant à cause de la précocité du sujet»[28].

Mais nous n'y voyons rien de surprenant; nous nous rappelons Chaucer et certains poèmes anglo-saxons tels que «la Complainte de l'Epouse» et nous savons que le sujet n'est ni précoce ni tardif. Ce thème est tout simplement intemporel et universel. Je ne peux résister à l'envie de citer ce cher vieux E.V. Lucas dans *A Wanderer in Venice*: «il y a bien longtemps, un capitaine de cargo me montra cette colonne, qui était selon lui ce qu'il y avait de plus intéressant à Venise. Il n'est pas seul de cet avis»[29].

La colonne dont il est question est plus épaisse que ses voisines (elle supporte le mur mitoyen de la Salle du Conseil) et elle occupe une position centrale. Au-dessus de cette colonne, on peut voir l'écusson de la Reine de l'Adriatique. Elle est encadrée par des chapiteaux illustrant d'autres aspects de la vie terrestre — les mois de l'année, les fruits de la terre, les nations du monde, le soleil et les planètes, les métiers, les animaux, les signes du zodiaque. Et au beau milieu...

le Mariage et la Famille.

La datation a sans doute son importance, mais certainement pas celle que lui attribue Ariès. Le Palais des Doges, un des premiers grands palais municipaux, est un édifice séculier et partant, il n'était soumis à aucune obligation de célébrer les sacrements religieux. La décoration ne fut pas commandée par des évêques ou des abbés, mais par des doges. Et lorsque ce pouvoir séculier commande un ensemble sculptural destiné à célébrer la terre et les créatures qui la peuplent, quel thème central choisit-il? Le Mariage et la Famille. Ce choix est une manière de proclamer la fin de la dictature de l'Eglise médiévale. C'est le retour de l'Homme, de sa vie, dans ce qu'elle a de plus charnel, de plus terrestre.

C'est peut-être d'un ouvrage récent, destiné à conforter la thèse de l'indifférence maternelle, que provient le démenti le plus percutant — parce qu'involontaire — opposé à ce mythe. L'auteur de cet ouvrage, le professeur Lloyd de Mause, est un historien américain de l'école progressiste, spécialiste de l'approche psychanalytique. Son *History of Childhood* constitue, nous dit-il, la première analyse sérieuse de l'histoire de l'enfance en Occident. Cet ouvrage s'applique à démontrer que «l'évolution des relations parents/enfants est une source indépendante de changements historiques». Comme en psychanalyse, les générations successives de parents «régressent» progressivement jusqu'à l'âge psychique infantile et en viennent, au cours des siècles, à mieux comprendre leurs enfants et à les traiter avec plus de gentillesse et de respect.

Pour étayer sa thèse, de Mause énumère une horrible série de sévices subis par les enfants d'autrefois: le meurtre, la torture, les coups, la négligence, les agressions sexuelles, la vente, l'esclavage, l'emmaillotement et le manque d'hygiène (ce dernier point est plus accentué encore dans *Naissance de la Famille moderne* du professeur Shorter). A partir de cette énumération, de Mause dégage une tendance historique au progrès, un passage de la brutalité à la douceur; du «Mode de l'infanticide» de l'Antiquité, au «Mode de l'Abandon» du Moyen Age, puis, au «Mode de la Socialisation» du 19ᵉ siècle et du début du 20ᵉ, pour arriver au «Mode de l'Assistance» actuel, qui engendrerait «des enfants doux, sincères, volontaires, jamais déprimés, ne se laissant pas mener par le groupe, ni intimider par l'autorité»[30].

Voici un tableau idyllique de progrès psychique. Malheureusement, il comporte certaines failles. D'abord, les preuves avancées par de Mause recouvrent différents types de comportement parental. Il n'établit aucune distinction entre des pratiques pourtant très diverses: l'emmaillotement et les punitions corporelles appliquées «pour le bien de l'enfant», l'abandon et le placement à l'orphelinat, dernier recours de parents indigents et désespérés, et enfin, la brutalité gratuite et les sévices sexuels, que l'on a toujours, ou presque, considérés comme des actes condamnables et criminels.

Quels sont, par exemple, les comportements représentatifs des attitudes parentales au 19ᵉ siècle? Les nouveaux modèles de vie familiale, l'intérêt bienveillant porté à l'éducation des enfants, l'amélioration de la santé publique et de la puériculture? Ou le travail des enfants en usine, la prostitution enfantine, le dénuement et l'insalubrité des taudis, la dureté des *pater familias* victoriens? Si l'on accepte le discours de de Mause sur le progrès philanthropique du 19ᵉ siècle, logiquement, on doit aussi évoquer les efforts philanthropiques des siècles antérieurs, y compris ceux de l'Antiquité, époque du «Mode infanticide». Aristote, Galien, et nombre d'autres sages de l'Antiquité classique ont rédigé des traités sur la pédiatrie, la nutrition, la discipline et la pédagogie. Juvénal réprouvait l'avortement et l'infanticide. Les Pères de l'Eglise condamnèrent sans relâche l'infanticide. Cette attitude s'est maintenue tout au long du Moyen Age. Il est tout simplement impossible de dater le début de l'intérêt porté aux enfants et à leur éducation.

Pour autant que je sache, il est tout aussi impossible d'avancer une date qui marquerait le début de la prétendue «révolution de la tendresse» dans l'éducation et l'instruction des enfants. A-t-elle commencé avec Rousseau? Locke? Coménius? Ou peut-être, saint Anselme au 11ᵉ siècle? Anselme était loué de tous pour la sensibilité et la compassion dont il faisait montre à l'égard des petits. Il répétait à qui voulait l'entendre qu'il avait toujours tâché de manifester aux autres la même douceur et la même compréhension que sa mère lui avait témoignées.

Il était encore très jeune lorsque sa mère mourut et il lui sembla alors que «le bateau de son cœur avait perdu son ancre et qu'il allait désormais à la dérive, au gré des vagues du monde»[31].

Un abbé qui se plaignait à lui de la turbulence des enfants qui lui étaient confiés et s'étonnait de ce que «leur comportement devienne toujours plus insupportable, alors que nous ne cessons de les battre jour et nuit», s'attira la réponse suivante:

«Comme ils ne reçoivent de vous ni amour, ni compassion, ni tendresse, ni sollicitude, ils ne croient pas à votre bonté, mais ils sont au contraire persuadés que vos actions reflètent la haine, et le dégoût qu'ils vous inspirent; ils n'ont jamais connu de réelle charité, alors ils se méfient de tous... Ne sont-ils pas des êtres humains? Ne sont-ils pas, eux aussi, faits de chair et de sang? Auriez-vous apprécié que l'on vous traitât comme vous les traitez? Si cela avait été le cas, nul doute que vous seriez devenu comme eux»[32].

Anselme n'était ni le seul, ni le premier à exprimer un tel point de vue dans l'Eglise médiévale. Deux siècles avant lui, à l'époque de Charlemagne, des érudits tels qu'Alcuin prônaient d'allier la patience et l'affection maternelle à la discipline dans l'éducation des enfants.

Pierre le Vénérable, Abbé de Cluny au 12e siècle, adorait lui aussi sa mère. Pour lui, c'était une sainte : compatissante, heureuse, gaie et si soucieuse du bien-être de ses enfants que, lorsqu'à la mort de son mari elle prit le voile au Prieuré de Cluniac, les autres nonnes jugaient excessif l'amour qu'elle portait à ses enfants. Lorsque Pierre apprit sa mort, à son retour d'Italie, il eut l'impression «que le ciel lui tombait sur la tête»[33].

On raconte que saint Hugues de Lincoln et son père étaient entrés dans la même communauté religieuse. Selon les hagiographies de l'enfant-saint, celui-ci répétait souvent le bonheur qu'il avait pris à «guider son père et le soutenir, l'habiller et le déshabiller, faire sa toilette et son lit, et lorsque les forces du vieillard vinrent à manquer, préparer ses repas et le nourrir»[34].

Ces biographies et autobiographies médiévales indiquent assez la puissance qui unissait — ou était censée unir — les parents et les enfants. Cette impression se trouve confirmée par la poésie et la littérature dévotionnelles de l'époque, et même d'une époque antérieure. Dans *Concerning the Excellence of the most Glorious ... Mother of God* (environ 1115), Eadner de Canterbury écrit:

«Frères, essayons de comprendre l'affection de cette bonne Mère... la tendresse avec laquelle elle garde l'Enfant dans ses bras, voyez-le s'accrocher à sa poitrine, écoutez-le pleurer comme le font tous les enfants quand ils souffrent et qu'ils cherchent un refuge contre tout le mal qui pourrait leur arriver...»[35].

De même, le moine qui écrivit la vie de l'Archevêque Anno de Cologne vers 1100 n'hésita pas à lui attribuer des vertus maternelles:

Parfois, quand il voyait sur son chemin un de ces enfants famélique et à demi nu qui, fatigué d'avoir attendu si longtemps, s'était endormi, plein d'amour, il se tournait vers l'enfant qu'un autre n'aurait pas daigné remarquer et se mettait à l'embrasser avec la tendresse d'une mère. Une ou deux femmes sans enfants avaient même pris dans leurs bras des enfants qui n'étaient pas les leurs, sachant bien qu'Anno aurait pitié d'elles, s'il les voyait chargées de ces tendres petits fardeaux[36].

Cette tendresse n'est d'ailleurs pas spécifique au Moyen Age. On peut remonter six siècles en arrière, jusqu'à saint Augustin:

> Ce n'est pas parce que la mère aime nourrir son petit qu'elle ne souhaite pas le voir grandir. Elle le prend dans son giron, le cajole de ses mains, le console de ses caresses, le nourrit de son lait, l'entoure de tous les soins; mais elle veut qu'il grandisse, pour ne pas devoir en prendre soin toute sa vie (saint Augustin, Sermon XXIII, 4e-5e siècle après J.C.)[37].

et même jusqu'à Lucrèce, au premier siècle de notre ère:

> Tu ne rentreras plus à la maison
> Heureux de retrouver une femme dévouée et un enfant chéri
> Qui court vers tes baisers pendant que ton cœur
> Se remplit d'une douce et muette gratitude.
> (Un homme contemplant sa propre mort)[38].

Aussi étrange qu'il y paraisse, tous ces passages sont cités par de Mause et consorts pour démontrer la «nouveauté» de ces attitudes à leur époque et leur «contribution» à l'apparition des attitudes «modernes» à l'égard des enfants. Parfois, les textes sont tellement lyriques, tellement forts, que les historiens prennent peut et tentent de les affaiblir en invoquant leur caractère «idéalisé et conventionnel» et en les accusant de ne pas être le reflet exact des pratiques de leur temps. Mais ces idéaux constituent justement la substance de l'histoire que nous tentons de découvrir. Toutes les époques, classique ou chrétienne, antique ou moderne, ont laissé des témoignages aussi fervents qu'explicites (et souvent très beaux) d'amour parental et filial. Devant une telle profusion de textes, qui pourrait encore prétendre que parents et enfants ne s'aimaient pas ou qu'ils étaient pas censés s'aimer?

Il existe un hiatus étonnant entre ce que les textes d'époque nous révèlent sur les liens familiaux et ce que les historiens veulent leur faire dire. Dans la même optique «psycho-historique» que celle du professeur de Mause, James Bruce Ross pose ce qu'il appelle lui-même «une question historique essentielle»: «Comment ces enfants mal aimés et négligés de la bourgeoisie ont-ils pu devenir les architectes d'une ère aussi active, aussi vigoureuse et aussi créative que la Renaissance?»[39].

En même temps, il accumule une telle profusion de preuves qui infirment sa prémisse du «manque affectif» dont auraient souffert les enfants dans l'Italie de la Renaissance, que l'on en reste pantois. M. Ross signe son propre arrêt de mort en citant un passage des *Mémoires* de Giovanni Morelli (1398-1421):

> «Je garde un souvenir très précis du lieu, du jour et du moment où je l'ai conçu et de l'immense bonheur que sa conception nous a valu à sa mère et à

moi; quand bientôt il se mit à bouger, je posais avec douceur la main sur le ventre de sa mère, pour sentir ses mouvements. J'attendais sa naissance avec beaucoup d'impatience; et, quand il est né, un beau garçon bien proportionné, quel bonheur, quelle joie je ressentis. Et quand il grandit, quelle satisfaction nous tirions de ses mots d'enfant; aimable avec tous, affectueux avec moi, son père, et avec sa mère, tellement précoce pour son âge»[40].

Nous avons ici un portrait fidèle du père moderne: attentif, empressé, il partage l'expérience de sa femme; l'attention obsédante qu'il porte à la conception, à la grossesse et à la naissance est poignante, parfois même comique. Contre des marques d'intérêt aussi flagrantes et aussi nombreuses pour l'enfance, Ross invoque l'habitude de mettre les enfants en nourrice. Et, en effet, pour l'historien de l'enfance américain, freudien ou quasi freudien, la mise en nourrice constitue l'événement suprême de la petite enfance, qui dépasse largement en horreur le pensionnat ou la gouvernante. On nous dit que, même là où les risques de négligence et de mauvais traitements étaient relativement faibles — comme l'Italie de la Renaissance — les dommages psychiques subis par l'enfant séparé de sa mère ne peuvent qu'avoir été énormes et irréparables.

On revient ainsi à la question controversée de savoir si un enfant peut, sans dommage, transférer son affection d'un de ses parents à une tierce personne, et la retransférer plus tard dans l'autre sens et, dans le cas contraire, si ce dommage peut être surmonté par la suite. C'est sans doute un aspect de l'histoire de l'enfance sur lequel il est difficile de se prononcer.

Mais ce n'est pas parce que la question est difficile qu'il faut abandonner toute logique et toute imagination historiques. Deux remarques s'imposent. Premièrement, le nombre même des traités et des recommandations sur le choix d'une nourrice et sur les instructions qu'il convient de lui donner indiquent que les parents ne péchaient certainement pas par manque d'intérêt. Deuxièmement, seule une minorité — à vrai dire, la plupart des gens instruits — pouvait s'offrir le concours d'une nourrice.

C'était une coutume des classes aisées, noblesse et bourgeoisie, tout comme le sont aujourd'hui les pensionnats huppés en Grande-Bretagne. Cette coutume suscitait le même degré d'anxiété chez les parents — anxiété qui trahissait sans doute un certain refoulement de sentiments. Mais ce n'est pas le refoulement que des historiens tels que Ariès et de Mause reprochent aux parents de jadis. Ce qu'ils décèlent, ou croient déceler, ce n'est pas tant un manque de gentillesse qu'un manque d'intérêt. «La densité de la société ne laissait aucune place à la famille. Non pas que la famille n'existât comme réalité vécue, il serait paradoxal de la contester. Mais elle n'existait pas comme sentiment ou comme valeur »[41].

De temps en temps, Ariès se contredit magistralement et il concède que «nous pouvons conclure que ces pauvres gens démunis et mal logés ressentaient communément de l'amour pour leurs jeunes enfants — cette forme élémentaire du concept de l'enfance —, mais qu'ils ignoraient les formes plus complexes et plus modernes du concept de la famille »[42].

Ce concept de la famille, quel est-il exactement ? Selon quel processus imprègne-t-il la sensibilité humaine ? De quels éléments de preuve disposons-nous pour évaluer la profondeur de l'imprégnation ? Si le concept de la famille diffère, dans une certaine mesure au moins, de l'amour que nous portons naturellement à nos enfants, comment se manifeste-t-il ? Nous touchons là au cœur du processus de mythification.

NOTES

[1] Edward Shorter, The Making of the Modern Family, Ed. Fontana , 1977, p. 170.
[2] Ibid.
[3] Ibid., p. 171.
[4] Philippe Ariès, *Centuries of Childhood: A Social History of Family Life*, Ed. Peregrine, 1979, p. 362.
[5] Ibid., p. 37.
[6] Montaigne, *Essays*, Ed. Penguin, 1958, pp. 139-40.
[7] Ibid., p. 142.
[8] Ibid., pp. 149-50.
[9] Shorter, *Making of the Modern Family,* pp. 1783-74.
[10] Lawrence Stone, *The Family, Sex and Marriage in England 1500-1800,* Ed. Pelican, 1979, pp. 287,288.
[11] Ibid., pp. 289-92.
[12] Emmanuel Le Roy Ladurie, *Montaillou: Cathars and Catholics in a French village,* Londres, 1978, p. 212.
[13] Ibid., p. 210.
[14] Ibid.
[15] Ibid., p. 211.

[16] *Ibid.*, p. 212.
[17] *Ibid.*, p. 186.
[18] *Ibid.*, p. 187.
[19] *Ibid.*, pp. 187-88.
[20] Chaucer, *Canterbury Tales*, trad. de Nevill Caghill, Ed. Penguin, 1951, pp. 369-70.
[21] *Cit. in* Barbara Beuys, *Familienleben in Deutschland*, Hambourg, 1980, p. 225.
[22] *Cit. in* Christopher Falkus (ed.), *Private Lives of the Tudor Monarchs*, Londres, 1974, pp. 12-13.
[23] *Cit. in* Arthur Ponsonby (ed.), *English Diaries*, Londres, 1923, p. 79.
[24] *Cit. in* ibid., pp. 104-05.
[25] Plutarque, *Moral Essays*, trad. de Rex Warner, Ed. Penguin, 1971, p. 177.
[26] *Ibid.*, p. 178.
[27] Ariès, *Centuries of Childhood*, p. 332.
[28] Ibid.
[29] E.V. Lucas, *A Wanderer in Venice*, Londres, 1914, p. 70.
[30] Lloyd de Mause (ed.), *The History of Childhood*, Londres, 1976, p. 54.
[31] *Cit. in ibid.*, p. 127.
[32] *Cit. in ibid.*, p. 131.
[33] *Cit. in ibid.*, p. 168.
[34] *Cit. in ibid.*, p. 128.
[35] *Cit. in ibid.*, p 124.
[36] *Cit. in* Beuys, *Familienleben in Deutschland*, p. 166.
[37] *Cit. in* de Mause (ed.), *History of Childhood*, p. 89.
[38] *Cité in ibid.*, p. 81.
[39] James Bruce Ross, 'The Middle-class Child in Urban Italy, 14th to early 16th century' *ibid.*, pp. 183-228.
[40] *Cit. in ibid.*, p. 183.
[41] Ariès, *Centuries of Childhood*, p. 393.
[42] *Ibid.*, p. 379.
[43] *Ibid.*, p. 395.

Chapitre 8
Où les historiens se sont-ils fourvoyés ?

S'il est exact que presque toutes les théories émises sur la famille doivent être remises en question ou rejetées, on ne peut que se demander : comment est-il possible que tant d'érudits — souvent éminents et dont l'intégrité ne peut être mise en doute — se soient fourvoyés, fourvoyant par la même occasion le public ? Quelles ont été leurs erreurs et comment les expliquer ? Comment des mythes aussi extravagants ont-ils jamais pu gagner tant de crédit ?

Aucun historien — je ne suis pas moi-même historien de formation — ne peut prétendre disséquer et analyser correctement une telle masse de savoir établi. Cette entreprise occuperait facilement toute une vie, sans compter qu'elle manquerait de la modestie la plus élémentaire.

Nous nous bornerons donc à relever quelques-unes des erreurs les plus courantes, qui ressurgissent chaque fois que les historiens s'attachent à revoir les travaux de leurs prédécesseurs dans une optique économique, sociale ou littéraire.

Le Conte du Censeur

A la fin des *Contes de Canterbury*, Chaucer se rétracte. Il s'excuse pour ses œuvres séculières, dont les Contes de Canterbury, ceux qui incitent au péché ... et maints lais et chansons grivoises; que le Christ dans sa grande bonté me pardonne mon péché... Mais la traduction du *De Consolatione* de Boethius, et autres livres sur la légende des Saints, des homélies et des œuvres de morale et de dévotion, pour ceux-là, je remercie notre Seigneur Jésus-Christ et Sa Mère pleine de grâces, et tous les Saints du Paradis[1].

Les critiques en sont encore à se demander si le repentir de Chaucer est sincère, s'il n'est qu'un désaveu opportuniste destiné à éviter les ennuis ou s'il procède d'une position plus ambiguë. Quelle que soit la vérité, l'épisode montre bien la force du pouvoir psychologique et institutionnel exercé par l'Eglise, même sur un humaniste aussi connu et aussi réputé que Chaucer. Bon gré, mal gré, il dut lâcher du lest face aux règles ecclésiastiques qui prohibaient l'exaltation de l'amour physique et l'intérêt excessif porté aux choses de ce monde.

Le dernier des *Contes de Canterbury* est le « Conte du Censeur ». Et en effet, une grande part de l'information disponible à propos de la vie médiévale provient des rapports et des décrets de censure.

Les décrets ecclésiastiques *interdisant* les danses et les chansons constituent la meilleure preuve de l'existence de ces chansons en Europe bien avant la conquête normande. En ce qui concerne la Grande-Bretagne entre le 12e et le 14e siècle, on possède des bribes de preuves *a contrario* suggérant une tradition de poésies populaires dont il ne reste guère de traces aujourd'hui.

Dans l'introduction de *Medieval English Lyrics*, R.T. Davies rapporte l'histoire racontée au 12e siècle par Geraldus Cambrensis au sujet d'un curé de paroisse qui, ayant entendu toute la nuit les danseurs chanter le refrain «*Swete lemman, thin are*» (Chérie, ne sois pas cruelle), l'avait introduit par erreur dans son sermon du lendemain.

Entre 1317 et 1360, l'évêque d'Ossory en Irlande composa, à l'intention du bas clergé qui chantait des couplets qu'il jugeait honteux, une soixantaine de psaumes en latin à chanter sur les mêmes airs populaires. Ces fragments sont les seuls vestiges de ce qui dut être une florissante tradition de poésies d'amour.

> Las, pourquoi chanterais-je
> Je n'en ai plus le goût.
> Pourquoi dois-je vivre avec ce vieillard
> et perdre mon ami
> si cher, si doux?[3]

A partir du 14e siècle, on commence à trouver des ballades et des poèmes qui attestent cette tradition populaire. Par exemple, la traduction en français moderne d'un passage d'«Alison» donne à peu près ceci :

«De toutes les femmes, c'est Alison qui éveille et embrase mon amour. Blonde est sa chevelure, bruns, ses sourcils et noirs, ses yeux; elle tourna son joli visage vers moi et me sourit, plutôt menue et bien faite... la nuit je me retourne, je ne peux pas dormir et mes joues ont la pâleur de la cire: je me languis de ton amour, ma dame. Aucun homme sage ne pourrait dire sa splendeur, son cou est plus blanc que le cygne...»[4].

Cette charmante chanson d'amour date de 1300 environ et rien ne laisse supposer qu'il n'en existait pas beaucoup d'autres au cours des siècles précédents.

La censure que l'Eglise a imposée à ce genre de chansons — et à d'autres bien plus grivoises — s'est révélée plus efficace au cours des siècles suivants qu'à l'époque même où elles ont été écrites. Car, avant l'imprimerie, les scribes étant généralement des moines, l'Eglise exerçait un véritable monopole sur la production et la distribution de la chose écrite. Mais même plus tard, comme la majorité des imprimeries dépendaient de l'Eglise, la littérature populaire n'avait guère de chances de survivre, malgré son abondance. Ce n'est qu'à partir du 16e siècle qu'on dispose de fragments de pamphlets et de ballades qui donnent une idée du goût populaire de l'époque.

Le public du 16e siècle appréciait des contes tels que «Comment Howlegas plaça son hôtesse le cul nu sur les braises ardentes», imprimé en 1528. Nombre de ces textes étaient tirés de recueils de farces en vogue un peu plus d'un siècle avant en Europe continentale, comme le «*Liber Facetarium*» de Poggio Bracciolini (1340-1459). En 1484, Caxton publia un recueil de onze fables de «Poge le Florentin». Il est bien connu également que Chaucer s'inspira de Boccace pour l'intrigue de certains *Contes de Canterbury*. Les premières productions de l'imprimerie étaient principalement des contes populaires mettant en scène des moines dépravés, des maris cocus et des épouses infidèles.

En 1575, Robert Laneham, un drapier londonien, envoya à un ami la liste des livres en possession d'un certain Capitaine Cox, tailleur de pierres à Coventry, et dont Laneham disait «qu'il connaît bon nombre d'histoires». La liste comportait sept sortes d'ouvrages: des romans de chevalerie médiévaux, des contes de la Renaissance d'inspiration boccacienne, des saties et quelques farces, des almanachs et des prognostications, des ballades et une histoire de brigands et d'imposteurs[5].

Cette liste ressemble assez à ce que l'on pourrait trouver dans une petite librairie de village ou dans un kiosque de gare. Les documents qui nous sont parvenus semblent donner tort à ceux qui croient observer un changement, voire une dégradation, du goût populaire au cours des siècles. Ce qui s'est vraiment passé, c'est que ce goût a désormais acquis le pouvoir juridique et économique de se manifester. Tout au long du 16ᵉ siècle, les romans médiévaux passaient pour n'être que des «niaiseries enfantines». On ne tenait pas en haute estime les libellistes. Henry Chettle exprime dans ce passage l'opinion respectable de l'époque élisabéthaine:

une bande de jeunes oisifs, qui dédaignent le travail honnête et méprisent le commerce légal, s'adonnent à une vie d'errance et de vice, aux quatre coins du Royaume, chantant et vendant ballades et pamphlets vantant la débauche et toutes sortes de ribauderies...[6].

Un des pamphlétaires les plus célèbres, Thomas Deloney, s'attira les foudres de la justice à cause d'une de ses ballades qui déplorait la rareté du blé et qui mettait en scène la Reine «parlant à son peuple en un Dialogue profondément indécent».

Au moment où j'écris, Madame Mary Withehouse vient de porter plainte contre une émission télévisée où Alf Garnett imaginait la Reine (Elizabeth II) disant au Prince Philip: «T'es bourré». Encore une fois, rien ne nous permet de penser que les goûts populaires aient changé; ce qui a changé c'est la capacité de la bonne société à imposer ses préférences aux autres.

L'histoire des sports et des jeux offre un autre exemple de la diversité des activités et comportements interdits par l'Eglise ou l'Etat. Il n'y a guère de passe-temps qui n'ait, à un moment ou à un autre, été sévèrement réprouvé, voire strictement prohibé: le golf, le football, le tir à l'arc (lorsqu'il n'était pas apprécié pour des raisons militaires), le tennis. Les universités médiévales stigmatisaient les jeux de hasard pour leur immoralité, les jeux de société, le théâtre et la danse pour leur indécence, les sports pour leur brutalité — bien réelle d'ailleurs, car les matches dégénéraient souvent en bagarres. En 1379, à l'Université de Narbonne, les règlements stipulaient que «Nul ne jouera au tennis, au hockey ou à tout autre jeu dangereux, sous peine d'une amende de 6 deniers; nul ne jouera aux dés, ni à tout autre jeu d'argent ou de hasard, sous peine d'une amende de 10 sous»[7]. Les règlements interdisaient également aux pensionnaires d'inviter une femme, fût-elle respectable, à déjeuner ou à dîner dans l'école.

Ces règlements mettent clairement en lumière la lutte menée par l'Eglise pour s'assurer progressivement le contrôle de toutes les institutions éducationnelles et de leur imposer ses propres critères de discipline morale. Les écoles médiévales étaient généralement des lieux de désordre et de débauche: les cours se donnaient souvent dans la rue; la plupart du temps, il n'y avait qu'un seul local et qu'un seul professeur pour une ribambelle d'enfants, d'adolescents et de jeunes gens, qui n'étaient séparés ni selon leur âge, ni selon leur niveau de connaissances. Au 16ᵉ siècle, Etienne Pasquier nous a donné une description horrifiée de l'Université de Paris au siècle précédent: «Tout était chaotique... dans une aile du bâtiment, les chambres étaient louées aux étudiants; dans l'autre, à des prostituées, de telle sorte que l'école et le bordel coexistaient sous le même toit»[8].

Les étudiants étaient buveurs et violents, les duels, fréquents, les révoltes contre l'autorité, souvent terribles. En Grande-Bretagne particulièrement, les mutineries estudiantines existèrent jusqu'au 19ᵉ siècle.

Mais le fait est qu'en fin de compte, l'autorité religieuse et séculière parvint à imposer l'ordre et la discipline dans les écoles, tout comme les monarques absolus arrivèrent à faire régner leur ordre et leur discipline dans leur royaume, grâce à une armée et à une bureaucratie omniprésentes. On soumit et on ordonna le chaos médiéval; on sépara les étudiants selon l'âge et les connaissances; on convertit les logements mal famés en pensionnats respectables et, plus tard, en foyers annexés à des collèges, contrôlés par des surveillants.

Pourtant, cette évolution eut des conséquences paradoxales et amères, du moins pour l'Eglise. Le couronnement de six ou sept siècles d'efforts pour imposer la discipline dans les écoles coïncida avec la fin de l'hégémonie de l'Eglise sur les matières enseignées. La théologie, l'hébreu et même le latin furent peu à peu supplantés par les mathématiques, les sciences, l'histoire, les langues modernes et enfin, l'économie et la sociologie. Somme toute, la position de l'Eglise était peut-être plus enviable au Moyen Age, quand les universités, pour chaotiques et licencieuses qu'elles fussent, restaient néanmoins sous la férule des autorités religieuses, qui pouvaient écraser toute velléité d'enseigner des matières allant au-delà de *De octo partibus orationis* de Donat, le grammairien du 4ᵉ siècle.

Ce qui est surtout intéressant, c'est d'étudier les moyens mis en œuvre par l'Eglise pour dominer la pensée et les sentiments des individus. Au Moyen Age, son acharnement à contrôler des institutions sociales telles que le mariage ont rencontré une résistance irréductible — les débats sur le divorce ou le célibat des prêtres en témoignent. Au 17ᵉ siècle, sa puissance était à son apogée, avec les Jésuites et les Puritains, qui s'efforcèrent de dominer chaque instant de la vie des individus. Enfin, à partir du 18ᵉ siècle, s'amorça le déclin progressif de son pouvoir, dont les dernières manifestations sont l'interdiction des jeux le dimanche et l'hostilité du clergé gallois à l'égard du rugby.

De tout temps, l'Eglise (et bien souvent l'Etat) a découragé ou interdit tout lien, toute occupation ou tout divertissement susceptible de détourner les individus de leurs devoirs religieux et civiques. Le mariage, autant que le golf et le tennis, a toujours été un rival de l'Eglise ou de l'Etat dans la lutte pour la domination des cœurs et des esprits.

Voilà pourquoi, quand on trouve mention, dans les documents historiques, de l'amour — ou des jeux de hasard ou du rugby — on ne doit pas forcément en conclure que ces activités sont nouvelles, qu'elles viennent d'être inventées ou de gagner soudainement la faveur du public, mais plutôt que la censure de l'Eglise ou de l'Etat s'est affaiblie.

Pressions et Sentiments

La censure n'est pas la seule arme que l'Eglise ait utilisée contre la famille. De plus, l'Eglise n'est pas l'unique responsable des pressions exercées contre l'institution familiale.

Le gouvernement, par le biais des lois sur l'impôt et sur l'héritage, exerce une influence considérable sur la structure et les dimensions familiales et sur des décisions aussi cruciales que le mariage ou le célibat et la cohabitation des jeunes adultes avec leurs parents.

Les folkloristes nous ont décrit à maintes reprises la touchante tradition qui voulait que, dans certaines régions de France, beaucoup d'adultes continuent à vivre chez leurs parents. Actuellement, les historiens pensent plutôt qu'il ne s'agit pas d'une tradition paysanne, mais d'un mode de vie imposé aux serfs par leur seigneur. En vertu du droit de la mainmorte, le seigneur pouvait disposer des biens du serf si, au moment de son décès, celui-ci ne vivait pas sous le même toit que ses héritiers. Dans ces régions, la seule façon d'échapper à cette loi était de vivre dans la même maison que ses parents. D'ailleurs, on a constaté que lorsqu'au 13e siècle le servage fut partiellement aboli dans les régions d'Orléans et de Paris, les jeunes adultes commencèrent tout à coup à quitter leurs parents et la famille nucléaire devint la règle. Dans les provinces du centre, comme l'Auvergne et la Bourgogne, la mainmorte perdura jusqu'au 18e siècle et les grands ménages avec elle. Il s'agissait donc d'une contrainte artificielle qui empêchait les jeunes de voler de leurs propres ailes et qui n'avait rien à voir avec une *attitude* paysanne à l'égard des liens familiaux.

La difficulté provient du fait que les documents disponibles sont principalement des documents de contraintes : règles ecclésiastiques, édits de taxation, règlements internes d'hospices, chroniques des famines et de la pauvreté. Lorsqu'on confronte le passé au présent, ce sont souvent les forces relatives des pressions qui sont comparées, de sorte que ce qui apparaît comme une révolution sexuelle ou une grande transition historique n'est en fait qu'un changement ou un affaiblissement des pressions.

Les historiens, les sociologues, les moralistes et les journalistes sont tous tombés dans le même piège : ils ont confondu deux histoires bien distinctes, à savoir ce que les gens étaient forcés de faire ou censés faire et ce qu'ils aimaient et souhaitaient réellement faire. Leur véritable comportement correspondait à l'une des deux catégories, selon la force des pressions. Cette ereur s'aggrave encore, lorsque les historiens confondent l'histoire de l'art, de la littérature ou de l'Eglise avec celle de la famille. C'est comme si, dans cinq siècles, un historien se fiait exclusivement aux romans d'Agatha Christie pour se faire une idée du comportement de la bonne société anglaise du début du 20ᵉ siècle. Comme l'écrit Peter Laslett, on aboutirait à « une distorsion similaire si un historien du futur utilisait *Lolita* ou *West Side Story* pour se familiariser avec nos mœurs sexuelles, sans compléter sa vision par d'autres sources, non littéraires et statistiques »[9].

Dans un tel contexte, les ouvrages littéraires, comme tout autre témoignage, ne peuvent constituer que des preuves *a contrario*, pour réfuter des théories erronées sur le passé. Quand les historiens affirment que les mariages d'amour étaient mal vus, on peut leur rétorquer qu'à l'époque élisabéthaine, l'amour représentait souvent un motif moral et acceptable de mariage et que les mariages d'enfants ou les mariages de raison étaient par contre désapprouvés. Mais pour affirmer que les comédies de Shakespeare reflètent l'attitude normale de l'époque, il nous faut nous appuyer sur d'autres preuves solides, non littéraires. L'âge tardif du mariage — entre 25 et 30 ans pour les deux sexes — plaide certainement en faveur de notre thèse. Mais il ne faudrait pas tomber dans le travers opposé et proclamer que l'amour finissait toujours, ou presque, par triompher.

Tout ce que nous pouvons faire, c'est, dans un premier temps, rechercher dans les documents du dernier millénaire la fréquence et le degré d'approbation des idéaux d'affection mutuelle et de libre choix du conjoint et du type de vie familiale et ensuite, évaluer la force des pressions qui se sont opposées à la réalisation de ces idéaux.

L'obstacle principal rencontré par ces idéaux était bien sûr la *disette*. En Europe, dans les nombreuses régions où la grande majorité de la population se trouvait à la limite de la famine et où le spectre de l'hospice pour indigents ou même de la mort par inanition représentaient une menace quotidienne, le simple fait de rester en vie contraignait les gens à choisir leur conjoint avec une extrême prudence. Un mauvais mariage pouvait ruiner toute une vie; un bon mariage représentait un des rares moyens de s'en sortir.

La littérature nous a familiarisés avec la version bourgeoise du problème: le pasteur médiocre et veule épouse une jeune femme sans dot; ils ont rapidement une demi-douzaine d'enfants et, selon les critères bourgeois, ils sont condamnés à la pauvreté perpétuelle. Si l'on descend dans l'échelle sociale, le prix qu'il faut payer en cas d'erreur est beaucoup plus élevé: le lopin de terre qui pouvait nourrir une ou deux personnes ne suffit plus, lorsque deux bouches viennent s'ajouter; il faut alors se résoudre à abandonner les enfants ou les placer le plus vite possible. Déduire de ces tristes réalités d'une époque extrêmement difficile que les hommes et les femmes d'alors n'éprouvaient rien, ni pour leur conjoint, ni pour leurs enfants, serait commettre un acte de condescendance historique des plus impitoyables.

Les pressions de l'Eglise et de l'Etat s'ajoutaient souvent à celles de la disette: les effets conjugués de la réprobation morale, des poursuites judiciaires et d'un extrême dénuement ont souvent abouti à des résultats horribles. Un des phénomènes les plus tragiques et des plus récurrents des siècles passés était l'abandon de milliers d'enfants. Le Professeur Shorter estime qu'au 19e siècle, on abandonnait 33.000 enfants par an, rien qu'en France.

On a eu le tort de croire que la majorité de ces enfants étaient illégitimes. On pensait que la honte d'avoir un enfant naturel était la principale raison de ces abandons. Mais le Professeur Shorter nous suggère une tout autre raison:

«Qu'est-ce qui pouvait bien pousser les parents à ces abandons? Avant tout, la misère. Dès que le prix des céréales augmentait, au 18e siècle, le nombre des enfants trouvés suivait le mouvement — d'où l'on peut déduire que la hausse du coût de la vie contraignait de nombreux parents à alléger leur foyer d'un enfant ou deux. De plus, plus les prix montaient, plus l'âge des enfants abandonnés augmentait, ce qui indique que les parents ne se débarrassaient plus seulement des nouveaux-nés mais aussi de leurs plus âgés»[10].

De tout temps, il semble qu'un grand nombre d'enfants abandonnés aient été des enfants légitimes — du reste, les enfants naturels qui étaient abandonnés l'étaient autant parce que la mère n'avait pas de quoi les nourrir que parce qu'elle avait honte de sa situation.

La féroce réprobation sociale à l'égard de la bâtardise serait relativement récente et, à l'échelle des siècles, plutôt éphémère. Car, ici encore, l'Eglise n'est pas parvenue à imposer ses vues avant le 16e siècle :

> « Avant le 16e siècle, la bâtardise n'était pas considérée comme une grande honte. Les hommes s'occupaient de leurs bâtards, en étaient fiers et les ramenaient souvent chez leur épouse ou chez leur mère pour qu'elles les élèvent. Il n'était pas rare de voir des enfants nés en dehors des liens conjugaux vivre sous le toit de leur père, avec leurs demi-frères et sœurs, sans qu'eux-mêmes ou leurs parents naturels subissent la moindre opprobre »[11].

Il y avait bien sûr des discriminations et des barrières légales que l'enfant bâtard ne pouvait franchir que très difficilement. Mais, apparemment, les mères célibataires et leur enfant étaient traités avec une certaine charité. Dick Whittington donna à l'Hôpital St-Thomas de quoi construire « une nouvelle salle pourvue de huit lits à l'intention de jeunes femmes ayant fauté mais désireuses de s'amender. Il recommanda également que l'on gardât le secret sur tout ce qui se passerait dans cette chambre... pour que les jeunes femmes n'aient à subir aucune honte »[12].

Selon Pinchbeck et Hewitt, « peu d'éléments nous permettent de penser qu'avant le 16e siècle une naissance illégitime ait constitué un malheur irréparable pour la mère; au contraire, de nombreux éléments indiquent que l'enfant, s'il n'avait pas les mêmes droits au niveau légal, n'était pas rejeté par la société »[13]. En 1421, l'orphelinat de Florence fut baptisé « Hôpital des Innocents » et il fut décoré d'admirables céramiques de Della Robbia, représentant des *putti*.

L'ouvrage de Peter Laslett *et al.*, *Bastardy and Its Comparative History*, constitue l'étude récente la plus exhaustive sur le sujet. La plupart des auteurs confirment que la tolérance manifestée au bâtard n'a que graduellement disparu entre la Renaissance et le 19e siècle. Alan Mcfarlane conclut avec prudence :

> Un rapide survol des documents relatifs à l'Angleterre du 17e siècle laisse penser que la bâtardise, même si l'étiquette était injurieuse, n'était guère désapprouvée, du moment que l'on s'occupait de l'enfant. Un vicaire rapportait que la servante d'un de ses voisins enfanta quatre bâtards « mais, comme elle était dure à la tâche, il la garda malgré tout ». Gervase Holles rapporte avec plus d'indulgence que d'indignation ou d'horreur qu'un de ses oncles aimait beaucoup les femmes et qu'il avait conçu plusieurs enfants illégitimes. Il est fort probable que la compassion pour la mère et la tolérance générale

à l'égard de la bâtardise, considérée comme une faiblesse mais pas comme un péché, persista au moins jusqu'au 19e siècle. Et même au 19e siècle, on trouve certains indices témoignant de la même tolérance dans deux descriptions de la vie rurale, *Lark Rise to Candleford* et *Forty Years in a Moorland Parish*. La situation était sans doute comparable à celle qui prévalait dans d'autres sociétés: la première réaction était de crier au scandale pour ensuite redonner à l'enfant, à la mère et au père une place normale au sein de la société, sans que l'affaire fasse plus de remous [14].

En France, la position des bâtards était très comparable, bien que la réprobation sociale à l'égard des mères célibataires soit sans doute apparue plus tôt. Quoi qu'il en soit, selon Jean Meyer, dans la société médiévale,

Aucune flétrissure ne s'attachait au terme de «bâtard», au contraire, c'était un titre dont on se flattait. A la moitié du 16e siècle, le seigneur de Gomberville, gentilhomme du Cotentin, considérait comme tout naturel d'élever ses bâtards sous le même toit que ses enfants légitimes. La licence extra-conjugale ne se limitait certainement pas à la noblesse; elle sévissait dans toutes les couches de la société, bien qu'elle ait varié selon les classes, les régions ou les siècles. Le laxisme religieux du bas Moyen Age se reflétait dans un laxisme moral généralisé, mais avec la Réforme et la Contre-Réforme, vint une réaffirmation du caractère sacré du mariage, culminant dans l'austérité des Jansénistes et du *Catéchisme de Nantes* (1689) dont l'auteur, Mesnard, décréta que «la chasteté conjugale devait mettre un frein à la luxure et à la passion» [15].

Ce sont les Puritains et, sur le continent, leurs homologues catholiques qui ont condamné avec la plus grande férocité les irrégularités sexuelles et leurs fruits. Si la réprobation à l'égard des mères célibataires et des enfants naturels, qui n'a cessé de s'intensifier pendant les 17e et 18e siècles, pour atteindre son sommet au 19e siècle, s'est ensuite brusquement infléchie, c'est parce qu'elle ne correspond pas et n'a jamais correspondu au sentiment populaire. Mais ce n'est qu'à notre époque d'abondance matérielle qu'on a vu des orphelinats fermer leurs portes, faute de pensionnaires, et des agences d'adoption se retrouver à court de bébés.

Le centre d'adoption de l'Eglise d'Angleterre a récemment bloqué sa liste de parents adoptifs potentiels, en raison de la baisse brutale du nombre d'enfants adoptables. En 1980, ce centre a reçu 2.500 demandes, mais n'a pu en satisfaire que 156. Au cours des années 60, il plaçait encore quelque 700 bébés par an. D'après le directeur, ce changement est dû «à la volonté croissante des mères célibataires de garder leur enfant» [16]. En Grande-Bretagne, le nombre des mères célibataires gardant leur enfant est passé de 90.000 en 1971 à 130.000 en 1976. Il est aujourd'hui tellement rare de trouver un bébé sous un porche, enveloppé d'une couverture, avec peut-être un message pathétique et désespéré de la mère que, lorsque l'événement se produit, il fait la une des journaux. La légalisation de l'avortement et la généralisation de la contraception ont sans doute contribué à la diminution du nombre des enfants non désirés; le nombre croissant de couples stériles qui choisissent d'adopter un enfant par amour et non pour de l'argent, a également joué un rôle dans la diminution du nombre d'enfants trouvés. Mais le phénomène le plus significatif est certainement la volonté des mères célibataires et celle de leurs parents de garder et de chérir l'enfant.

D'autre part, en Grande-Bretagne du moins, le nombre d'enfants placés — c'est-à-dire des enfants confiés à des institutions publiques, parce que leurs parents ont été déchus de leur droit parental par jugement du tribunal — n'a cessé d'augmenter. D'après le Ministère de la Santé publique, ils seraient actuellement 120.000. La municipalité de Greenwhich vient d'ouvrir un centre d'adoption pour les 600 enfants qui lui ont été confiés. Les Foyers du Docteur Barnardo ont déjà fondé une institution similaire à Colchester[17].

L'attitude des pouvoirs publics face à ce problème s'est modifiée. Alors que jadis les enfants abandonnés étaient principalement des nouveaux-nés dont les parents ne pouvaient assurer la subsistance ou dont la mère ne pouvait affronter la réprobation sociale, il s'agit maintenant d'enfants plus âgés, que l'Etat retire à leurs parents, avec ou sans leur consentement, pour négligence ou mauvais traitements. Les parents sont alors «déchus de leur droit parental»: le blâme de la société retombe sur les parents plutôt que sur des conditions générales de disette et d'indigence.

Des parents dont le comportement aurait été considéré comme normal au 18ᵉ siècle, par exemple, risqueraient maintenant de se voir retirer la garde de leurs enfants. Cet état de fait découle plus d'une évolution de nos attitudes à l'égard des droits et des responsabilités de l'Etat que d'un changement de nos attitudes à l'égard des droits et des responsabilités des parents.

Ce que l'on peut affirmer sans crainte de se tromper, c'est que deux nouveaux facteurs ont fait leur apparition: premièrement, l'Etat Providence est désormais à même d'assurer un niveau de vie minimum à la femme qui élève son enfant, quelle que soit sa situation conjugale; deuxièmement, l'influence de l'Eglise a décliné et elle n'a plus le pouvoir de condamner et de stigmatiser les irrégularités d'ordre sexuel. La disette et les préceptes de l'Eglise constituaient les deux sources principales de pressions *extérieures* subies par la famille. Maintenant que leur influence s'est relâchée, on va enfin savoir ce que les gens pensent vraiment du mariage et de la maternité. Au cours des siècles passés, leur volonté était entravée par des forces extérieures imposant des règles et des conditions que les gens trouvaient non seulement dures, mais également *contre nature*.

Proclamer qu'à cet égard l'attitude de la classe ouvrière s'est modifiée, c'est un peu comme proclamer que, jadis indifférents à la propreté, les ouvriers sont devenus des partisans enthousiastes de l'hygiène. Qui pourrait dire ce qu'ils pensaient *vraiment* du bain quand ils n'avaient pas de baignoires?

Parce que les pressions extérieures se sont relâchées, on a élaboré quantité de théories grandiloquentes sur le changement des attitudes populaires. Pourtant, si vous-même ou votre fille deviez être mis au ban de la société ou encourir des poursuites judiciaires parce qu'elle a conçu un enfant en dehors du mariage et que vous deviez choisir entre laisser l'enfant mourir de faim ou le confier à un orphelinat pour lui donner une chance de survivre, vous seriez bien téméraire de ne pas voir dans cette naissance une malédiction ou la conséquence d'une erreur. Ce qui ne veut pas dire que vous la considèreriez comme un *péché*. Je défie quiconque de prouver que les pauvres acceptaient de bon cœur l'intransigeance de l'Eglise en matière sexuelle ou que le sens de la famille dans la classe ouvrière s'est affaibli ou renforcé au cours des siècles. Avant l'ère industrielle les enfants *devaient* quitter le foyer: ils s'engageaient comme domestique ou comme tâcheron dans une ferme; désormais, les familles restent unies jusqu'à ce que les enfants aient atteint l'âge adulte. La réduction des horaires de travail et l'allongement des congés permettent aux membres de la famille de passer plus de temps ensemble. Le confort et l'espace des logements modernes, de nouveaux passe-temps domestiques détournent les maris des débits de boisson.

Puisque ce sont des changements d'ordre économique qui ont affaibli les pressions centrifuges, il serait aussi ridicule de parler d'un âge d'or de la famille que d'un âge d'or de la baignoire. Il serait plus simple de dire que jadis, les familles faisaient de leur mieux pour rester unies et que le contexte actuel leur est plus favorable.

Comment on a brouillé les pistes

L'erreur la plus évidente dans l'interprétation des documents historiques provient de ce que l'on s'est uniquement fondé sur le comportement et les attitudes des classes supérieures. Les historiens eux-mêmes se sentent un peu gênés aux entournures devant la question des sources historiques.

Les pauvres sont muets et anonymes; les riches, eux, ont été décrits et représentés ainsi que leurs maisons et même leur cheval; les tractations financières sont consignées, authentifiées, conservées. On possède toujours leur acte de mariage et leur testament.

Ce qui passe pour de l'histoire sociale a la fâcheuse tendance de se limiter à l'histoire du comportement et des attitudes des classes supérieures. Et il est si difficile de toujours garder à l'esprit qu'on ne peut comparer que des choses comparables.

Trop souvent, on compare les mœurs conjugales des rois et de l'aristocratie du Moyen Age à celles des marchands et des bourgeois du 18e siècle, pour ensuite les comparer à celles de l'homme de la rue du 20e siècle. On compare des gens qui se sont *toujours* mariés par ambition, par cupidité ou par raison d'Etat, à des gens qui ne l'ont jamais fait.

Le Professeur Lawrence Stone considère que les obstacles familiaux rencontrés par Roméo et Juliette sont typiques du début du 17e siècle et il relègue les amours sincères des *Joyeuses Commères de Windsor* au rang d'exception. Les gens de l'époque étaient évidemment au courant de ce qu'on attendait d'un Montaigu et d'une Capulet, comme le public actuel sait que le Prince Charles a dû respecter certains impératifs dans son choix d'une épouse, mais le fait qu'ils aient été au courant n'implique pas qu'ils soient eux-mêmes soumis à ces règles. Du reste, le charme de ces histoires provient en partie du soulagement qu'on éprouve d'échapper à de telles contraintes.

L'erreur qui consiste à comparer des choses qui ne sont pas comparables découle souvent d'une autre erreur de méthode, qui consiste à ne pas tenir suffisamment compte de la partialité des témoignages disponibles. Plus on remonte dans le temps, plus les documents sont rares et fragmentaires et plus ils risquent de ne décrire que la vie des rois, des princes et des évêques, passant sous silence la vie commerçante, sociale et ouvrière de l'époque. Pour le haut Moyen Age, les documents en notre possession correspondent à peu de chose près au bottin mondain, aux plaques commémoratives ou au supplément littéraire du *Times* de notre époque. Ce déséquilibre des sources disponibles s'est maintenu jusqu'à une époque très récente, certainement jusqu'à l'apparition de la presse populaire. Aujourd'hui encore, les documents sur l'industrie ou sur le commerce sont ridiculement rares, si on les compare aux documents concernant la vie politique. Bien sûr, tout historien reconnaît volontiers qu'il y a déséquilibre, mais rares sont ceux qui prennent pleinement conscience de la *distorsion* qui en résulte, surtout pour l'étude de pratiques sociales telles que le mariage ou l'éducation des enfants.

Un des documents de base pour l'étude des attitudes face à la sexualité et à l'éducation des enfants, dans la France du 17e siècle, est sans doute le journal d'Héroard, médecin du futur Louis XIII. Philippe Ariès, par exemple, s'y réfère pour étayer sa théorie selon laquelle le concept d'enfance n'existait pas dans la société médiévale et qu'il n'est apparu qu'à une époque relativement récente. Pourtant il suffit de parcourir les mémoires ou les biographies des rois et des princes actuels pour se rendre compte qu'être traité en adulte est le lot de tous les jeunes princes. Ils sont souvent entourés d'adultes dont la seule fonction est de participer à leurs jeux. Les Princes ne sont pas des gens ordinaires: ils ne peuvent en aucun cas être choisis pour représenter la norme.

Presque aussi courant que «l'amalgame des classes», on trouve ce que l'on pourrait appeler «l'amalgame des tons». L'historien s'appuie sur une preuve pertinente et parfois irréfutable, mais il interprète mal le ton du document.

L'impact de bien des proverbes et dictons provient souvent de l'*inversion* du point de vue habituel; leur ton est essentiellement ironique, voire sarcastique; leur intention est libératrice.

Dans *Naissance de la famille moderne,* Shorter recourt à quelques proverbes français pour étoffer les maigres documents historiques qui décrivent l'attitude des paysans français à l'égard de leur femme.

Nombre de proverbes et de dictons illustrent d'ailleurs cet attachement sans faille du paysan à sa propriété, opposé à son peu d'attachement à la vie humaine:

«Mort de femme et vie de cheval font l'homme riche» (Bretagne).

«Deuil de femme morte dure jusqu'à la porte» (Gascogne).

«L'homme a deux beaux jours sur terre: lorsqu'il prend femme et lorsqu'il l'enterre» (Anjou).

Bien sûr, ce sont là des *plaisanteries,* et le ressort comique repose sur l'évidence qu'en général, on tient davantage à son épouse qu'à son troupeau; sinon ces proverbes perdent toute drôlerie. Selon la logique du Professeur Shorter, il faudrait conclure au mot de Kipling «Une femme est une femme mais rien ne vaut un bon cigare» que les hommes du début du siècle préféraient les cigares aux femmes.

Il est évident que les blagues misogynes (anti-épouses ou, plus encore, anti-belles-mères) témoignent des difficultés et des ressentiments qui surgissent dans la plupart des ménages, mais elles ne prouvent certainement pas que les hommes n'aiment pas leur femme.

L'amalgame des tons devient «amalgame des contextes», lorsque l'historien observe, avec justesse, une relation de cause à effet mais qu'il en tire une conclusion erronée sur les conditions sociales de l'époque, se fondant uniquement sur le reproche exprimé.

Prenons un exemple moderne. Les journaux populaires sont pleins d'histoires d'enfants martyrs et de brutalité parentale. On s'indigne haut et fort; on s'en prend aux services sociaux, qui remarquent toujours trop tard les traces de coups, quand l'enfant est déjà mort ou qu'il a subi des dommages irréparables.

Il est clair que ces histoires ne reflètent pas une tendance générale à la cruauté, mais plutôt une sensibilité accrue de notre époque au bien-être des enfants. On ne peut guère se fier aux statistiques qui indiquent une augmentation du nombre d'enfants martyrs, car il est évident que les méthodes de détection se sont considérablement affinées : les médecins, les assistants sociaux sont beaucoup plus nombreux et ils ont pour consigne de guetter la moindre trace de coup. Mais un étranger (ou, plus encore, la postérité) pourrait avoir l'impression que les parents britanniques deviennent de plus en plus brutaux, sans se rendre compte que, si les journaux du siècle passé ne faisaient pas grand cas des enfants martyrs, ce n'est pas forcément qu'ils aient été plus rares, mais plutôt que les gens n'imaginaient pas qu'ils puissent intervenir ou que l'Etat en eût le devoir.

Il est particulièrement difficile de déceler et d'extirper l'amalgame des contextes, quand les historiens tentent d'évaluer la nouveauté d'une pratique donnée, à un moment précis de l'histoire. Par exemple, comment faut-il interpréter le tollé de protestations qui s'est élevé à l'époque des Tudor contre les mariages d'enfants et les mariages d'argent? Les historiens d'une certaine école y ont vu le signe de l'émergence de l'individualisme et de l'apparition du mariage d'amour. Selon cette théorie, cette indignation marquait la fin des mariages arrangés. Pourtant, la même indignation s'était déjà manifestée un ou deux siècles plus tôt, mais la pratique des mariages arrangés, du moins dans certaines classes sociales, persista encore pendant plusieurs siècles. Ni la tendance ascendante, ni la tendance déclinante ne sont donc aussi nouvelles qu'il y paraît à première vue.

Tous ces amalgames se trouvent facilités et renforcés par la tentation qui guette tout historien d'user (et d'abuser) du matériel disponible pour servir ses propres théories. C'est ici que se situe la limite mouvante entre l'erreur commise de bonne foi et celle qui cache des intentions un peu plus équivoques.

Prenons, par exemple, le mythe qui veut que l'amour romantique ait été inventé au Moyen Age par les troubadours provençaux. Comment cette idée a-t-elle jamais pu trouver crédit?

Ce mythe trouve son origine dans deux circonstances bien particulières: l'énorme quantité des poèmes d'amour provençaux parvenus jusqu'à nous et l'obsession de l'adultère chez les lecteurs du 19e siècle. L'adultère était en effet *le* thème de l'époque, tant et si bien qu'aujourd'hui encore, d'aucuns estiment que le roman — par excellence, le genre littéraire du 19e siècle — dans sa forme la plus pure, traite essentiellement d'adultère. Il ne faut pas chercher bien loin les causes de cette obesion: l'impossibilité quasi totale de divorcer et le débat tout neuf sur le droit de chacun au bonheur, «idée nouvelle en Europe», selon Saint-Just, mais déjà consacrée par la Déclaration d'Indépendance des Etats-Unis. Pour les gens du 19e siècle, l'adultère était à la fois le crime suprême et l'acte libérateur suprême.

On peut facilement prouver que c'est là la cause de l'interprétation erronée des attitudes médiévales: les troubadours n'ont réservé qu'une place extrêmement modeste à l'adultère dans leurs œuvres.

Ce sont Wagner, Engels et Tennyson qui ont inventé l'obsession médiévale de l'adultère. Je crains fort que les historiens qui en sont restés à ces mythes n'aient lu les textes médiévaux qu'à travers des lunettes victoriennes.

L'historicisation à outrance

Ce ne sont pas les Victoriens qui ont inventé l'Histoire par les histoires, mais ils furent les premiers à en avoir l'obsession. J'entends par là une conception de l'histoire qui fait du passé une intrigue, avec un début, un milieu, et, à défaut d'un dénouement, une suite. La notion selon laquelle les Temps modernes ne sont pas une décadence par rapport à l'Antiquité ou l'Age d'Or, mais qu'au contraire ils en sont le prolongement logique et positif, remonte à peu près à l'époque que l'on appelle la Renaissance. Les progrès de la science confirmèrent l'idée d'une évolution positive. De plus en plus, les gens instruits en vinrent à penser comme Bacon que si nous pouvons voir plus loin que nos ancêtres, qui pourtant étaient des géants, c'est tout simplement que nous sommes «des nains juchés sur leurs épaules». Dès lors que l'on possédait le savoir du passé, on pouvait espérer prévoir l'avenir. L'histoire telle que l'ont écrite les philosophes du 18e siècle (Voltaire et Condorcet) devint résolument optimiste et toujours plus ambitieuse: l'histoire, ont proclamé des hommes comme Montesquieu, ne doit pas se contenter de répertorier les batailles et les filiations royales, elle doit aussi décrire les faits sociaux et culturels.

Mais ce n'est qu'au 19e siècle que l'accélération du progrès technique amena les penseurs à tout historiciser. N'importe quelle institution ou relation humaine, n'importe quelle molécule de sang, de peau, de terre ou d'air se mit à *évoluer*. Même si l'évolution se produisait sur une échelle temporelle allant de quelques jours à des millions d'années, ces variations n'avaient guère d'importance devant l'irrésistible et inéluctable ubiquité des lois de l'évolution. Marx, Darwin, Morgan, Macauley, Maine et Mill furent, chacun dans son domaine, d'enthousiastes partisans de ce formidable courant évolutionniste.

La plupart des mythes que nous avons abordés dans cet ouvrage sont nés à la fin du 19e siècle. Ils sont tous essentiellement *victoriens,* même si la forme définitive de certains d'entre eux ne remonte qu'à quelques décennies. La vision historique qui sous-tend chacun de ces mythes est résolument progressiste: les institutions sociales, dont le mariage et la famille, évoluent toutes d'une forme simple et «primitive» vers une forme plus complexe — pas toujours plus heureuse, mais certainement plus civilisée.

Le mariage d'amour *ne pouvait qu'*être le fruit de l'évolution; plus on remontait dans le temps, plus on *devait* trouver des mariages empreints de lucre et de barbarie. Les droits civiques de la femme ne pouvaient que s'être graduellement multipliés et renforcés, depuis l'abîme de servitude du début des temps. On écarta impitoyablement les objections de médiévistes tels que Maitland[19]. La campagne pour l'assouplissement de la législation sur le divorce constituait une autre preuve d'évolution; dans la société traditionnelle, les femmes étaient tellement asservies et brutalisées que la question du divorce n'aurait jamais pu surgir. Il était impensable d'envisager que la résistance populaire à l'indissolubilité du mariage religieux n'ait jamais désarmé et qu'avant le 17e siècle, les gens aient *regretté* un Age d'Or anglo-saxon d'avant la domination de l'Eglise sur la vie privée: ces hypothèses étaient réactionnaires[20].

Ce progressisme primaire reste toujours vivant, surtout aux Etats-Unis. L'*History of Childhood* de de Mause en est une illustration parfaite. Dans la plupart des disciplines, on la remet actuellement en question, à contre-cœur peut-être, mais de manière radicale. Les historiennes féministes sont désormais déchirées entre, d'une part, le désir de montrer que les femmes étaient impitoyablement écrasées et, d'autre part, le désir de prouver qu'elles ont beaucoup plus largement contribué à l'histoire qu'on ne le croit généralement. L'ouvrage de Mary Beard, *Women as Force in History,* illustre ce dernier courant. Dans l'introduction de *Becoming Visible: Women in European History,* Renate Bridenthal et Claudia Koonz écrivent:

> « Ces notions de progrès ou de déclin linéaires sont trop simples. Une société capitaliste, de haute technologie, diffère tellement d'une société conviviale, de culture orale, qu'on ne peut comparer leurs rapports de forces, leurs systèmes familiaux et économiques. L'abbesse d'hier n'est pas la femme prêtre d'aujourd'hui; la cabaretière du Moyen Age ne correspond pas à la serveuse de bar moderne; l'épouse de la société préindustrielle n'est pas le souffre-douleur aliéné que nous décrit Betty Friedan »[21].

L'ouverture qui caractérise le regard historique du 20e siècle représente sans doute un progrès, mais l'historicisme du 19e siècle lui a légué un cadeau empoisonné: l'idée que tout est chargé de sens historique, même si ce n'est pas celui d'un progrès ou d'un déclin. Au sens littéral c'est évidemment exact; l'histoire traditionnelle d'avant le 19e siècle — les Annales, comme on disait alors — se contentait de constater: « Tel fait s'est produit; ensuite, tel autre fait, suivi de tel autre ». Tout comme les *Chroniques* relatent: « Et Ram engendra Amminadab; et Amminadab engendra Nahshon, prince des enfants de Judas; et Nahshon engendra Salma, et Salma engendra Boaz »[22].

Tout ce qui semblait pertinent et important devait être noté, sans qu'il y ait pour autant une relation prégnante entre les différents faits. La théorie selon laquelle tout est relié de manière significative est un des principaux postulats de la doctrine marxiste, de la sociologie, de la sémiologie et d'une demi-douzaine d'autres « sciences humaines », inventées au cours de ce siècle. Elles s'appliquent particulièrement à *ourdir* inlassablement divers types d'activités humaines qui, en réalité, ne sont que contigus. Si l'histoire d'une chose révèle irréfutablement un certain modèle d'évolution, alors l'histoire d'une autre chose qui lui est contiguë doit nécessairement suivre un modèle comparable. On peut véritablement déduire l'histoire de l'une *à travers* l'histoire de l'autre. Ce type de déduction est à mon sens extrêmement dangereux.

Dans *L'Enfant et la Vie familiale sous l'Ancien Régime,* Philippe Ariès recourt à une méthode qui consiste à retracer l'histoire de l'enfance, non à partir de ce que l'on a dit ou écrit sur les enfants, ni même à partir des documents disponibles sur le traitement qui leur était réservé, mais bien à partir d'autres histoires. Il nous dit, par exemple: «L'analyse iconographique nous porte à admettre que le sentiment de la famille était inconnu au Moyen Age, qu'il est né au 15e-16e siècle, pour s'exprimer avec une vigueur définitive au 17e»[23]. C'est donc l'iconographie qui va nous dévoiler les secrets de la famille. L'étude systématique des *images* permet de découvrir la pensée et les sentiments des gens à propos du mariage et des enfants. Ariès se fonde en fait sur quatre champs d'étude historique pour étayer sa théorie générale: les beaux-arts, le vêtement, les jeux et loisirs et enfin l'éducation. Il déduit de chacun de ces domaines l'absence du concept d'enfance au Moyen Age, «de cette nature particulière de l'enfance qui distingue l'enfant de l'adulte, même du jeune adulte»[24].

Les quatre éléments dégagés par Ariès méritent que l'on s'y attarde quelque peu, non pas tant parce qu'ils constituent le fondement de sa théorie, mais parce que chacun d'eux joue effectivement un rôle important dans l'idée générale que nous nous faisons du passé. Ils font partie de notre bagage culturel et influencent la pensée de nombreuses personnes qui n'ont jamais lu, ni même entendu parler, de l'ouvrage d'Ariès.

Premièrement: les beaux-arts. Selon Ariès, les enfants du Moyen Age sont représentés comme des adultes en réduction, comme de simples miniatures, et leur corps est dépourvu de la douceur et de la rondeur caractéristique de l'enfance. Donc, les médiévaux auraient été «incapables» de voir les enfants comme ils étaient réellement, parce que le concept d'enfance leur était étranger.

Ce qui signifie sans aucun doute que les hommes du 10e et 11e siècle ne s'attardaient pas à l'image de l'enfance, que celle-ci n'avait pour eux ni intérêt, ni réalité. Cela laisse également penser que dans le domaine des mœurs vécues, et non plus seulement dans celui d'une transposition esthétique, l'enfance était un temps de transition, vite passé, et on en perdait aussi vite le souvenir[25].

D'autre part, Ariès est obligé de constater un fait troublant:

L'évolution vers une représentation plus réaliste et plus sentimentale de l'enfance commencera très tôt dans la peinture: sur une miniature de la seconde moitié du 12e siècle, Jésus debout porte une chemise légère, presque transparente, il s'accroche des deux bras au cou de sa mère et se blottit contre elle, joue contre joue[26].

On nous affirme donc que c'est du 13e siècle que date le concept d'enfance. Si l'on adopte la théorie d'Ariès c'est vraisemblablement exact. A la *National Gallery,* par exemple, on peut voir trois Madones de Duccio, qui datent du début du 14ᵉ siècle: il est clair qu'à chaque fois, l'artiste s'est efforcé d'opposer la rondeur de l'Enfant Jésus et le modelé incertain de son visage aux traits anguleux des adultes. De plus, l'enfant est nu, si ce n'est pour un pan de la robe de la Vierge pudiquement placé; sa nudité témoigne elle aussi d'une représentation réaliste de l'enfance.

Tout ceci est bien fâcheux pour la théorie d'Ariès. Si le concept de l'enfance est né de l'amélioration de l'espérance de vie, il «y a de quoi s'étonner de la précocité de l'idée d'enfance, étant donné les conditions défavorables. Statistiquement et objectivement, le concept aurait dû apparaître beaucoup plus tard»[27].

Sans doute, mais dans la pratique, la représentation picturale de l'enfance est déjà tout à fait réaliste, lorsque commence la Renaissance, âge de l'individualisme par excellence. Qui plus est, ce n'est qu'à partir de cette époque que les artistes commencent à se soucier de la *ressemblance* des portraits — important indice d'individualisme, qu'Ariès néglige. On s'attendrait donc à ce que le réalisme intervienne plus tard dans la représentation des enfants que dans celle des adultes. Mais est-ce vraiment le cas ? A la *National Portrait Gallery* de Londres, le portrait du petit Edouard VI, à l'âge de huit ans, semble aussi réaliste que celui de son père, Henri VIII, ou ceux de ses demi-sœurs. Les artistes qui représentent les enfants dans des poses guindées et conventionnelles représentent les adultes dans les mêmes poses.

Ne se pourrait-il pas que les changements qui nous préoccupent aient plus à voir avec l'histoire de l'art qu'avec celle de l'enfance ? Ce qui distingue Margaritone de Cimabue, Cimabue de Duccio et Duccio de Giotto, c'est un réalisme croissant à *tous* les niveaux. La stylisation et la raideur de l'art byzantin laisse peu à peu la place à la fluidité, à la souplesse du trait, à la douceur des modelés et des couleurs — draperies, membres, visages. On cesse non seulement de représenter les enfants comme des adultes miniatures, mais on différencie également les femmes des hommes par d'autres moyens que les seuls vêtements. Isoler le changement intervenu dans la représentation des enfants, c'est déduire, à tort, un changement social d'une révolution purement esthétique.

L'art byzantin, comme bien d'autres écoles artistiques, n'accorde guère de valeur à l'individualité. Le mélange inextricable d'objectifs religieux et esthétiques est précisément ce qui définit «l'icône». Les personnages n'y sont différenciés que lorsque c'est indispensable à la compréhension: la Vierge est vêtue d'un manteau bleu, saint Joseph porte la barbe et l'Enfant Jésus est miniaturisé; toute autre différenciation d'âge et de sexe est superflue.

Si la théorie d'Ariès était exacte, on devrait en déduire que les Russes ont ignoré le concept d'enfance, jusqu'à une époque fort récente : les peintres russes ont perpétué la tradition de l'icône, sans subir l'influence des changements survenus en Occident. Pourtant, ceux qui ont visité l'Union Soviétique ont tous été frappés par l'affection et la tendresse dont les Russes entourent leurs enfants.

Deuxièmement, les vêtements: «Rien dans le costume ne séparait l'enfant de l'adulte». Ce n'est qu'à partir du 17e siècle que les enfants ont eu des vêtements conçus spécialement pour eux. Cela paraît assez évident, mais ici encore, il convient de préciser ce que les gens, jeunes ou vieux, portaient au Moyen Age. D'après Ariès :

> La robe des enfants n'est autre chose que l'habit long du Moyen Age des 12e et 13e siècles avant la révolution qui lui substitua chez les hommes l'habit court, les chausses apparentes, ancêtres de notre costume masculin actuel. Jusqu'au 14e siècle, tout le monde portait la robe ou cotte, celle des hommes n'étant pas la même que celle des femmes, elle était souvent une tunique plus courte, ou bien s'ouvrait sur le devant[28].

Donc, *tout le monde* portait la robe ou la tunique, et le vêtement féminin ne différait guère du vêtement masculin. Mais au 14e siècle, les hommes — à l'exception des prêtres, des avocats et de quelques autres corps de métier — ont abandonné la robe au profit de la courte tunique, alors que les enfants, dans les classes aisées du moins, ont continué à porter la robe. La robe est également restée le vêtement féminin, à partir duquel se sont développées les différentes modes comme celle des fausses manches. On a assisté à une différenciation progressive en fonction *non seulement de l'âge, mais aussi du sexe et de la classe sociale*. Ariès ne se rend pas bien compte de ce qu'il affirme, quand il écrit : «l'adoption d'un costume particulier à l'enfance, qui devient générale dans les hautes classes à partir de la fin du 16e siècle, marque une date très importante dans la formation du sentiment de l'enfance, ce sentiment qui constitue les enfants en une société séparée de celle des adultes»[29].

Mais cela ne signifie pas que le *concept* de l'enfance soit seulement apparu à ce moment-là, sinon on pourrait arguer de la même manière que c'est à cette époque que les concepts de sexe et de classe ont fait leur apparition et qu'au Moyen Age, les gens étaient incapables de distinguer les hommes des femmes et que la notion de classe leur était totalement inconnue.

Ceci semble contredire une opinion courante sur le Moyen Age, qui alimente la nostalgie des médiévistes depuis le mouvement néo-gothique du début du 19ᵉ siècle. Il s'agit de l'idée que la vie médiévale, loin de baigner dans l'uniformité, constituait une expérience particulièrement *contrastée*. Cette vision résolument romantique est présentée avec force dès les premières lignes d'un des ouvrages les plus influents — peut-être le plus influent — qui existent sur la société médiévale, *L'automne du Moyen Age* de Johan Huizinga:

> « Quand le monde était de cinq siècles plus jeune qu'aujourd'hui, les événements de la vie se détachaient avec des contours plus marqués. De l'adversité au bonheur, la distance semblait plus grande; toute expérience avait encore ce degré d'immédiat et d'absolu qu'ont le plaisir et la peine dans l'esprit d'un enfant. Chaque acte, chaque événement était entouré de formes fixes et expressives, élevé à la dignité d'un rituel. Les choses capitales, naissance, mariage et mort se trouvaient plongées, par le sacrement, dans le rayonnement du divin mystère; les événements de moindre importance, eux aussi, voyage, tâche ou visite, étaient accompagnés d'un millier de bénédictions, de cérémonies et de formules (...). Un tabard fourré, un feu clair, vin et joyeux propos, un bon lit: ces choses offraient encore cette plénitude de bonheur dont la description a survécu si longtemps dans les romans anglais... Les formes symboliques et les contrastes perpétuels avec lesquels toute chose se présentait à l'esprit donnaient à la vie quotidienne une émotivité qui se manifestait par ces alternances de désespoir et de joie délirante, de cruauté ou de profonde tendresse, entre lesquelles oscillait la vie au Moyen Age [30].

Quoi qu'on pense de ce passage — qui pourrait bien être plus révélateur des attitudes occidentales des années 20 que de la vie médiévale —, il ne cadre absolument pas avec la théorie d'Ariès sur l'enfance. Car, s'il est vrai que toute expérience était alors plus forte, l'existence étant à la fois plus précaire et plus simple, comment expliquer que seules la naissance et l'enfance aient été considérées comme des expériences routinières, ennuyeuses, prosaïques?

Qu'est-ce qui nous permet de penser que la différenciation vestimentaire trahit une perception plus précise de l'âge? Pour les Occidentaux, le costume chinois — surtout depuis la révolution communiste — semble particulièrement uniformisé. Pourtant, les Chinois sont réputés pour l'amour qu'ils portent aux enfants et les soins jaloux dont ils les entourent.

Ici encore, comme dans le cas des beaux-arts, on assiste non pas à un tournant décisif dans l'histoire de l'enfance, mais bien à un chapitre essentiel de l'histoire vestimentaire.

> « D'une part, on séparait les enfants de leurs aînés, d'autre part, on séparait les riches des pauvres. Il existe, je pense, un rapport entre ces deux phénomènes. Ils sont les manifestations d'une tendance générale au cloisonnement, qui

poussait à distinguer ce qui était confondu, à séparer ce qui était seulement distinct : tendance qui n'est pas étrangère à la révolution cartésienne des idées claires »[31].

Non, Ariès ne nous parle pas ici de vêtements, il nous parle d'éducation. Une fois de plus, on assiste à une confusion des catégories. L'éducation médiévale n'était qu'un fouillis chaotique; les pédagogues ne se rendaient pas compte que les enfants progressent de la facilité vers la complexité; ils ne séparaient pas les enfants selon leur âge. Mais est-ce tellement surprenant quand on sait qu'ils ne séparaient pas non plus les *matières*? Puisque ce qui nous semble appartenir à des domaines distincts était alors enseigné pêle-mêle, sous les intitulés pour nous obscurs et mystérieux de rhétorique, grammaire, dialectique et philosophie, quoi d'étonnant à ce que tous les élèves aient été mélangés? Il ne faut pas pour autant en tirer des conclusions hâtives sur l'enfance; la déduction la plus logique est que les pédagogues du Moyen Age ne savaient guère organiser leur enseignement de façon analytique et que les écolâtres n'avaient pas d'autre ambition que celle de former des maîtres de manécanteries. Ce n'est pas leur conception de l'enfance qui était erronée, c'est leur conception de l'éducation.

C'est cependant le chapitre consacré aux jeux et aux loisirs dans l'ouvrage d'Ariès qui étonne le plus le lecteur anglo-saxon :

« Dans chaque cas, la même évolution se répète avec monotonie. Elle invite à une importante conclusion. Nous sommes partis d'un état social où les mêmes jeux étaient communs à tous les âges et à toutes les conditions. Le phénomène qu'il faut souligner est l'abandon de ces jeux par les adultes des classes sociales supérieures et, au contraire, leur survivance, *à la fois* dans le peuple et chez les enfants de ces classes supérieures »[32].

Certes, Ariès nuance ce passage en concédant qu'en Angleterre, les classes supérieures n'ont pas abandonné les anciens jeux comme elles l'ont fait en France, mais qu'elles les ont complètement modifiés. C'est d'ailleurs sous leur forme moderne et méconnaissable que ces jeux ont été repris par les sportifs d'aujourd'hui. Mais cette vision est bien en deçà de la réalité. S'il est vrai que l'aristocratie française a abandonné le tennis au profit de la chasse, en Grande-Bretagne, la pratique du cricket et du football s'est progressivement étendue à tous les âges et à toutes les classes sociales, malgré l'hostilité fréquente des autorités. C'est ce qui s'est produit pour le golf en Ecosse. Il est inexact, n'en déplaise à Philippe Ariès, que la plupart des jeux aient été inventés par des adultes, qui ne les auraient abandonnés aux enfants qu'au moment où ils s'en seraient lassés. Bien au contraire, les premiers textes mentionnant les jeux de balle se moquent des adultes qui s'amusent à des jeux d'enfants. Ce sont d'abord des enfants que l'on a représentés avec une balle, un club ou une raquette à la main. Certains jeux ont incontestablement été inventés par des enfants: la balle-au-mur fut inventée par des garçons désœuvrés qui envoyaient une balle contre les murs de la cour d'Eton. Les terrains actuels reproduisent avec une minutie quasi religieuse chaque renfoncement et chaque recoin de la cour du collège d'Eton. A l'époque, ce jeu était évidemment mal vu par la direction du collège.

Le premier texte mentionnant le football en Grande-Bretagne date du 12e siècle. Son auteur, Fitzstephen, raconte que les *garçons* de Londres «se rendaient, à chaque Mardi Gras, dans les champs pour y jouer au fameux jeu de ballon»[33] (le Mardi Gras est resté un jour consacré au football jusqu'au 19e siècle) et les *adultes* y allaient également pour les voir jouer. Le football était tellement populaire au 14e siècle qu'Edouard II décréta son interdiction, sous prétexte qu'il troublait la paix publique: «Attendu qu'il y a dans la ville un grand vacarme causé par des mêlées autour d'un ballon...». Edouard II ajoutait que ce jeu distrayait les jeunes gens du tir à l'arc; il écrivit également aux préfets de Londres, se plaignant «que l'art du tir à l'arc soit presque totalement délaissé au profit de différents jeux aussi inutiles qu'illégaux». Ses efforts restèrent vains car, quarante ans plus tard, Richard II fut obligé de promulguer une loi interdisant dans tout le Royaume «le tennis, le football et autres jeux tels que les dés, le jet de pierres et tout autre jeu importun». En Ecosse, les rois connaissaient les mêmes problèmes. En 1457, Jacques III décréta que «le football et le golf doivent être découragés et interdits»[34].

La pratique du football n'était pas seulement un phénomène urbain et populaire. En 1508, Barclay écrit dans son cinquième églogue que ce jeu était très prisé dans les campagnes:

> Le laboureur fort, solide et vigoureux
> Vient à bout de l'hiver en jouant au ballon
> Oubliant le labeur et se moquant des lourdes chutes[35].

L'hostilité de l'Eglise à l'égard du football était aussi forte que celle de l'Etat, mais elle avait d'autres motifs. En 1580, dans son *Anatomie of Abuses in the Realme of England,* Stubbes s'insurgeait contre «la pratique du football et d'autres passe-temps diaboliques», tels que «les cartes, les dés, le tennis et les boules ainsi que d'autres pitreries» — et pas seulement le dimanche:

> Toute pratique qui détourne les fidèles de leur devoir religieux, le dimanche et tout autre jour, est pernicieuse et doit être interdite. Il faut être aveugle pour ne pas s'apercevoir que de telles pratiques non seulement nous détournent du bien et de la vertu, mais qu'elles nous entraînent et nous poussent au mal

et au péché[36].

Et c'est pour les mêmes raisons que, cinq siècles plus tard, le clergé gallois s'opposa fermement à l'engouement des fidèles pour le rugby.

Il est clair désormais que, depuis le début, le football a été pratiqué par les garçons et les jeunes gens des classes populaires. Rien ne permet de penser que les adultes des classes aisées l'aient jamais pratiqué. Ce n'est qu'au milieu du 19e siècle qu'un groupe de jeunes gens appartenant à des écoles renommées ont repris ce jeu populaire et l'ont remis au goût du jour.

Même le cricket, considéré aujourd'hui comme le jeu de la bonne société britannique, aurait commencé par être un jeu pour enfants et adolescents. Il trouve sans doute son origine dans un des nombreux jeux de balle du Moyen Age, comme par exemple, la balle au camp. Au début du 18e siècle, le poète Gray en parle encore, dans une lettre à un ami, comme d'un jeu de leur adolescence ; ce n'est qu'à partir de la moitié du 18e siècle que les adultes de la bonne société ont commencé à s'y adonner.

Le golf, il est vrai, s'est très vite gagné des adeptes parmi la noblesse et même la famille royale d'Ecosse : Montrose, par exemple, était un fervent golfeur. Un document du 16e siècle relate un match opposant l'Angleterre à l'Ecosse, disputé sous le règne de Jacques V, au terme duquel le champion écossais, John Paterson, qui était un pauvre commerçant, empocha la moitié de la mise comme récompense — il fut sans doute le premier golfeur professionnel. Ici encore, rien ne nous permet d'affirmer que ce jeu ait été exclusivement pratiqué par les jeunes aristocrates ; la grande majorité des joueurs était, et reste, d'origine modeste.

Pour des raisons évidentes, quelques jeux, comme le tennis, restaient l'apanage des classes les plus élevées : seuls les nobles pouvaient s'offrir un court. Mais d'autres jeux ont une origine bien plus modeste : le rackets serait né dans la prison du Fleet à Londres.

L'histoire des sports, en Angleterre du moins, apporte un démenti flagrant à la théorie d'Ariès. Au Moyen Age, les enfants pratiquaient toute une série de jeux, parfois organisés, parfois pas. Certains de ces jeux, comme le football, étaient également joués par les jeunes gens ; un ou deux d'entre eux avaient de nombreux adeptes parmi les classes aisées qui gardaient, en plus, l'apanage de certains sports trop coûteux pour toutes les bourses — les équivalents médiévaux de la chasse au renard, du tir ou de la pêche à la mouche. Autrement dit, les enfants ne jouaient pas aux mêmes jeux que les adultes. Ceux-ci partageaient quelquefois les jeux des enfants, tout comme les adultes d'aujourd'hui jouent au cerf-volant ou au Monopoly avec — et souvent sans — leurs enfants. Ariès fait grand cas des peintures médiévales représentant des adultes occupés à jouer au cerceau; mais ne voit-on pas dans des journaux de notre époque des photos d'hommes et de femmes adultes qui s'agitent dans des hula-hoops. Personne n'échappe à l'engouement pour un nouveau jeu. Qu'un ou plusieurs groupes d'âge continuent à le pratiquer constitue un accident historique qui dépend du potentiel intrinsèque du nouveau jeu ou des circonstances économiques du moment. On peut difficilement dégager un modèle constant d'évolution historique dans ce domaine.

Il est incontestable qu'aujourd'hui les sports sont plus organisés que jadis: les règles sont fixes, les équipements et les terrains uniformisés, les jeux codifiés; les sportifs sont assistés par des entraîneurs et ils deviennent souvent professionnels. Ce phénomène touche autant des sports tels que la chasse au renard ou au lièvre que le football, le cricket ou le tennis. On oublie trop souvent que la professionalisation des sports ne date pas d'hier: l'essai de Hazlitt sur Cavanagh, le champion de balle-au-mur, est là pour nous le rappeler.

De nouveau, l'histoire des sports ne nous aide guère à dégager un «concept de l'enfance». Chaque fois qu'ils en ont eu l'occasion, les enfants de toutes les époques ont joué ou pratiqué des sports, depuis le cerceau jusqu'aux paris. Ce qui est commun à l'histoire des sports et des jeux, à celles des beaux-arts, des vêtements et de l'enseignement, c'est une tendance croissante à la rationalisation et à la diversification.

C'est d'ailleurs la généralisation de «l'esprit scientifique» qu'Ariès et ses adeptes ont pris pour l'histoire de l'enfance. Les erreurs de raisonnement à l'origine de cette méprise ne sont guère difficiles à trouver. Elles proviennent essentiellement du postulat victorien selon lequel tout passe par différents stades d'une évolution. Notre connaissance scientifique de la nature progresse par étapes, l'espèce humaine a évolué par étapes; pourquoi les attitudes affectives de l'homme ne connaîtraient-elles pas, elles aussi, une évolution linéaire, s'élevant toujours plus vers les sphères supérieures de «l'affect» — pour reprendre le terme du professeur Stone? Pourquoi les sentiments d'amour sexuel et maternel ne se développeraient-ils pas sur le même mode que les sociétés?

Ariès s'interroge: «Ne sommes-nous pas impressionnés à notre insu par la fonction que la famille a assurée depuis quelques siècles, et ne sommes-nous pas tentés de l'étendre indûment et même de lui reconnaître une sorte d'autorité historique presque absolue?»[37].

C'est peut-être le cas. Cependant, on connaît également la tentation inverse, actuellement très forte, qui consiste à faire entrer de force la famille dans un modèle historique, en cherchant à prouver qu'elle ne constitue qu'un phénomène accidentel et mouvant.

En fin de compte, la question à poser est la suivante : pourquoi les intellectuels veulent-ils détruire la famille ou la discréditer ? Quel est le mobile affectif qui plonge des hommes et des femmes intelligents dans une telle confusion, pour ne pas dire malhonnêteté intellectuelle ? Pourquoi s'acharnent-ils tellement à dénigrer la structure dans laquelle ils sont nés et ont grandi ? Bref, pourquoi haïssent-ils la famille ?

NOTES

[1] Chaucer, *Canterbury Tales*, trad. de Nevill Coghill, Ed. Penguin, 1951, p. 507.
[2] R.T. Davies, *Medieval English Lyrics*, Londres, 1963, introduction.
[3] *Ibid.*, p. 31.
[4] *The Oxford Book of English Verse 1250-1918*, choisis et édités par Sir Athur Quiller-couch, p. 2, n° 3.
[5] Victor E. Neuburg, *Popular Literature*, Londres, 1977, p. 48.
[6] *Cit. in ibid.*, p. 39.
[7] *Cit. in* Philippe Ariès, *Centuries Childhood: A Social History of Family Life*, Ed. Peregrine, 1979, p. 84.
[8] *Cit. in ibid.*, p. 152.
[9] Peter Laslett, *The World We Have Lost*, Londres, 1965, p. 91.
[10] Edward Shorter, *The Making of the Modern Family*, Ed. Fontana, 1977, p. 175.
[11] Ivy Pinchbeck et Margaret Hewitt, *Childhood in English Society*, Vol. I, *From Tudor Times to the Nineteenth Century*, Londres, 1969, p. 201.
[12] *Ibid.*, p. 203.
[13] *Ibid.*
[14] Alan Macfarlane, 'Illegitimacy and Illegitimates *in* English History', in Peter Laslett, Karla Ossterveen et Richard M. Smith (eds), *Bastardy and Its Comparative History*, Londres, 1980, pp. 75-76.
[15] Jean Meyer, 'Illegitimates and Foundlings in Pré-industrial France', *ibid.*, p. 249.
[16] *Daily Telegraph*, 7 février 1981.
[17] *Daily Express*, 24 février 1981.
[18] Shorter, *Making of the Modern Family*, p. 66.
[19] Voir chapitre 13, 'Les femmes, le pouvoir et le mariage'.
[20] Voir chapitre 12, 'Le retour du divorce'.

[21] Renate Bridenthal et Claudia Koonz (eds), *Becoming Visible: Women in Europan History*, Boston, 1977, introduction.
[22] I Chroniques 2:10-11.
[23] Ariès, *Centuries of Childhood*, p. 341.
[24] *Ibid.*, p. 125.
[25] *Ibid.*, p. 32.
[26] *Ibid.*, p. 33.
[27] *Ibid.*, pp. 37-38.
[28] *Ibid.*, p. 53.
[29] *Ibid.*, p. 55.
[30] Johan Huzinga, *The Waning of the Middle Ages*, Ed. Penguin, 1955, p. 10.
[31] Ariès, *Centuries of Childhood*, p. 301.
[32] *Ibid.*, p. 96.
[33] *Cit. in* Joseph Stutt, *The Sports and Pastimes of the People of England,* Londres, 1830, p. 92.
[34] *Cit. in Football*, Badminton Library, Londres, 1904, pp. 4-5.
[35] *Cit. in ibid.*, p. 6.
[36] *Cit. in ibid.*, p. 9.
[37] Ariès, *Centuries of Childhood*, p. 351.

DEUXIEME PARTIE

LA FAMILLE HIER ET AUJOURD'HUI

Chapitre 9
Les détracteurs de la famille

La famille n'est pas un accident historique. Si notre interprétation des documents rassemblés ici est exacte, la famille d'aujourd'hui — deux générations, dimensions réduites, nucléaire, fondée sur le choix et l'affection (dans la mesure où l'ont permis l'Eglise, l'Etat ou la disette) — n'est ni une innovation, ni le produit de forces historiques isolées. Le style de vie familiale actuel est celui que les gens ont toujours choisi, dès qu'on leur en a laissé la possibilité.

Mais, si l'on se penche sur les arguments historiques, on découvre bientôt l'existence d'autres ennemis de la famille, bien plus anciens. Un peu comme si tous les arguments historiques n'avaient été échafaudés qu'après coup, au cours de ce siècle, dans l'intention de conforter des griefs plus anciens (ces deux types de critiques sont pourtant antinomiques).

Le grief le plus ancien est d'ordre *moral*. On taxe la famille d'égoïsme, de matérialisme; on lui reproche son détachement et son indifférence devant les souffrances et les luttes du monde extérieur. Les gens consacrent à leur famille l'énergie et les efforts qui reviennent à Dieu, à la nation, à la collectivité ou à la classe.

Qu'il est ancien, ce grief! Dans *La République* de Platon, on enseigne à tous les citoyens qu'ils sont frères[1]. La mise en commun des femmes et des enfants y est représentée comme une source de Bien; elle est le complément naturel de la communauté de la propriété. Les gardiens ne ruineront plus la cité au nom du « mien » et du « tien »; le citoyen ne traînera plus ses biens privés dans sa maison, qui abrite sa femme et ses enfants, ses joies et ses peines[2].

Texte après texte, on nous ressasse que le communisme et l'amour libre sont plus enrichissants que la vie familiale et qu'ils lui sont supérieurs d'un point de vue moral. Au 2ᵉ siècle avant notre ère, l'historien grec Diodore de Sicile décrivait les Iles des Bienheureux en ces termes :

> Tous les citoyens ont la même constitution parfaite et saine et les mêmes traits parfaitement beaux. Chacun accomplit à tour de rôle les tâches indispensables, comme la chasse, la pêche et le service de l'Etat. La terre, le bétail et les outils sont utilisés à tour de rôle par chaque citoyen et n'appartiennent donc à aucun en particulier. Ils ignorent le mariage; la promiscuité sexuelle est totale et c'est la tribu qui assume la responsabilité de l'éducation des enfants — et ce, de sorte que les mères ne puissent reconnaître leurs enfants[3].

Dans *Les Recognitions de Clément,* curieux récit de voyages du 3ᵉ siècle de notre ère, on trouve les idées suivantes :

> ... un Grec très sage, qui connaît bien la nature des choses, affirme que les amis devraient partager leurs possessions. Et parmi ces « possessions » figurent indiscutablement les épouses. Il ajoute que, tout comme l'air ne peut être divisé, ni la splendeur du soleil, les autres choses qui sont données à tous en partage ne doivent pas être divisées, mais possédées en commun[4].

Ces idéaux refont surface au Moyen Age, mais ils sont attribués à tort au Pape Clément Iᵉʳ. C'est ainsi qu'au 12ᵉ siècle, l'éloge de l'amour libre est inclus dans les *Décrets* de Gratien, véritable bible de l'étude du droit canon dans les universités médiévales.

Ce courant d'idées commence également à se faire jour dans la littérature, par exemple dans le *Roman de la rose.* Au 14ᵉ siècle, leurs ennemis accusaient les Frères du Libre Esprit de pratiquer le communisme, le nudisme et l'amour libre, dans le but de recréer les conditions du Jardin d'Eden. Et lorsque les premières sectes millénaristes commencèrent à fleurir un peu partout, l'amour libre figurait toujours au premier rang des conditions édéniques perdues qu'il fallait retrouver. Dans les années 1420, les Adamites de Bohème jugeaient les chastes indignes d'entrer dans leur Royaume. En 1534, les Anabaptistes instauraient la polygamie à Munster : toutes les femmes en dessous d'un certain âge devaient être mariées : comme les hommes célibataires étaient rares, de nombreuses femmes durent se résigner au rôle de deuxième, troisième ou quatrième épouse; la désobéissance devint un crime, mais les querelles entre les femmes étaient si fréquentes que :

> à la fin, on dut se résoudre à permettre le divorce, ce qui transforma la polygamie en une sorte d'amour libre. On se passait de cérémonie religieuse

et les mariages se faisaient et se défaisaient avec la plus grande facilité. Même en tenant compte de l'exagération imputable à l'hostilité manifeste des documents disponibles, il ne fait aucun doute qu'au Royaume des Saints, la sexualité passa par toute la gamme des comportements, depuis le puritanisme le plus rigoureux jusqu'à la quasi-promiscuité[5].

Dans l'Angleterre du 17ᵉ siècle, des sectes farouchement puritaines comme celle des Ranters se voyaient constamment reprocher leur hostilité au mariage. Thomas Webbe, recteur de Langley Burhill, fut poursuivi pour adultère, mais acquitté; il aurait déclaré aux juges qu'«il n'y a pas de paradis, fors les femmes; pas d'enfer, fors le mariage». En 1655, on accusa John Pordage, recteur de Brandfield, d'avoir affirmé que le mariage était une institution fort pernicieuse. Pordage défendit le plus célèbre des Ranters, Abiezer Coppe, qui dans son second *Fiery Flying Roll* lança une attaque des plus violentes contre la chasteté, le mariage et la famille:

> Encore un mot, à bon entendeur, salut; laisse ces viles, hypocrites et puantes grâces d'avant et après le manger (car c'est ainsi que je l'appelle bien que tu l'aies rebaptisé). Laisse tes puants devoirs familiaux et tes paroles d'Evangile, comme tu les appelles, car elles ne dissimulent que hargne, haine, rogne, et aussi, la convoitise, l'horrible hypocrisie, l'envie, la malice, le soupçon.
>
> Laisse, laisse, et si rien d'autre ne peut t'en convaincre, un jour, moi, je le ferai quand tu t'y attendras le moins: ton propre enfant, le fruit de ta chair, la joie de tes jours, je le ferai coucher avec une putain, sous tes yeux; que ta sainteté et ta droiture pestilentielles soient confondues par un acte si vil[6].

Pour Coppe, il n'y a point de salut, sinon dans le sexe:

> ... ma puante sainteté a été confondue par d'abjects et impudents baisers (comme je les voyais alors) et s'est engloutie dans le lac de feu et de cendres. Et de nouveau, par des baisers lascifs, ma luxure a été confondue et les baisers sont devenus les chariots de feu qui m'ont promptement élevé jusqu'au sein de celui qu'aime mon âme (Son Excellence, le Roi de Gloire)[7].

Au 18ᵉ siècle, les Utopistes français continuèrent à dénoncer l'hypocrisie du mariage et à s'inventer de petites utopies étriquées, où l'amour pouvait s'épanouir sans contraintes; les récits de voyage développèrent un goût pour les utopies réalisées, ou supposées telles, comme Tahiti. Dès le 19ᵉ siècle, l'hypocrisie du mariage et la nécessité d'étendre la liberté politique au domaine de l'amour étaient devenus des sujets de conversation courants dans les milieux progressistes. Bref, la tradition utopiste se perpétuait.

On observe que, même plus près de nous, on continue à déverser le même venin sur la famille, qui reste cet organisme égoïste et borné, ennemi de l'affection véritable et de la vraie liberté. Tout ce venin est le revers de la médaille de la douce vision utopiste. C'est à raison que Sir Edmund Leach nie l'originalité de sa célèbre déclaration lors du discours de Reith : « Loin d'être le fondement d'une société juste, la famille, avec son intimité étriquée et ses secrets de Polichinelle est la source de toutes les insatisfactions ». Il appelle à la rescousse des Ranters tels qu'Abiezer Coppe et même Jésus-Christ, qui exigeait de des disciples qu'ils rejettent leur famille. Leach aurait tout aussi bien pu compter des alliés comme André Gide — « Familles, je vous hais » — ou Engels pour qui la monogamie bourgeoise n'était qu'hypocrisie et « contradictions morales », « avec ses acolytes éternels, l'hétaïrisme et l'adultère ».

L'épouse bourgeoise ne se différencie de la courtisane ordinaire qu'en ce qu'elle ne loue pas son corps à la pièce comme une salariée, mais qu'elle le vend une fois pour toutes comme une esclave. Et à tous les mariages de convenances s'applique le mot de Fourier : « De même qu'en grammaire deux négations valent une affirmation, en morale conjugale, deux prostitutions valent une vertu »[9].

A mesure que le pouvoir du prêtre et du pasteur a décliné, ce sont les artistes — en particulier les modernistes et les futuristes — qui ont repris le flambeau, pour dénoncer l'égoïsme de la famille.

Marinetti, fondateur du Mouvement futuriste, a écrit dans *Démocratie futuriste* (1919) :

Le sens de la famille est un sentiment inférieur, presque animal, issu de la peur des grands prédateurs des nuits bruissantes de périls et d'embûches. Il prend naissance dès que les premiers signes de l'âge fissurent le métal de la jeunesse.

... La salle à manger familiale est l'égoût où se déversent deux fois par jour la bile, l'irritation, les préjugés et les commérages.

... Litanies de reproches et chamailleries idiotes, impossibilité de penser ou de créer dans une féconde solitude. On stagne dans les marais de la basse économie domestique et de la vulgarité la plus crasse...

La famille fonctionne mal ; c'est un enfer de complots, de disputes, de trahisons, de mépris et de bassesses, où chacun éprouve un désir relatif de fuir ou de se révolter[10].

La solution, c'est de « Donner le pouvoir aux artistes ! Ils résoudront le problème de la seule façon valable, spirituellement. Ils multiplieront par cent la capacité de rêve. Chacun vivra la plus belle des romances ».

Il est frappant de constater à quel point les attaques de Marinetti ressemblent aux « puants devoirs familiaux » d'Abiezer Coppe, alors que *Fiery Flying Roll* a été écrit quelque trois siècles plus tôt !

Le romancier William Gerhardie, célibataire militant, a décrit la famille comme «cet ensemble impie de liens préférentiels et pernicieux» et a écrit à propos de Tolstoï: «Le calvaire de Tolstoï, qui est du reste celui de la plupart des écrivains, ce fut sa famille. Après avoir commis l'erreur initiale de se marier, il multiplia l'erreur en se multipliant à travers ses enfants»[11].

On dit souvent du mariage qu'il est désastreux pour les artistes. Il figure au premier rang sur la liste des «Ennemis de l'Art» dressée par Cyril Connoly: «Si, comme l'a dit le Dr Johnson, l'homme célibataire n'est que la moitié d'un homme, l'homme marié n'est que la moitié d'un écrivain». Si le mariage est nuisible à l'écrivain, la paternité lui est fatale: «Rien n'est plus dangereux pour l'art qu'un landau dans le couloir»[12].

On dit aussi que la vocation artistique est solitaire. Les artistes ne peuvent se permettre de gaspiller avec une épouse et des enfants un temps, des émotions et une concentration qui doivent être exclusivement consacrés à leur art. On pourrait rapprocher cette théorie du dicton selon lequel les marins font de mauvais maris, parce que la mer est leur seule épouse. Elle trouverait peut-être une justification dans le nombre élevé d'écrivains anglais dont le mariage fut effectivement un échec: Shakespeare, Milton, Dr Johnson, Byron, Trackeray, Dickens, T.S. Eliot. Parmi les femmes écrivains, on remarque qu'elles étaient souvent célibataires ou qu'elles ne se sont mariées que sur le tard; rares sont celles qui ont eu des enfants: Jane Austin, les sœurs Brontë, George Eliot, George Sand, Virginia Woolf. Jadis, les hommes de lettres appartenaient souvent à un ordre religieux; parmi les écrivains plus récents, les homosexuels n'ont pas manqué.

Il importe peu de savoir si on devient un grand écrivain grâce au célibat ou à l'échec conjugal, ou si c'est l'ambition de créer de grandes œuvres qui condamne au célibat ou au malheur conjugal. Mais force nous est de constater que, de nos jours du moins, création artistique et réussite familiale ne font pas souvent bon ménage!

Il faut encore mentionner deux autres espèces de célibataires, qui disputent aux artistes l'adulation des foules: d'une part, les religieux — ermites, prêtres, missionnaires, moines et nonnes; d'autre part, les philosophes, les mathématiciens et les physiciens, qui hantent le royaume de la spéculation pure. Newton, Descartes, Locke, Pascal, Spinoza, Kant, Leibniz, Schopenhauer, Nietzsche, Kierkegaard, Wittgenstein: aucun de ces hommes ne connut les entraves familiales. Comme le suggère le Dr Anthony Storr, «Peut-être la capacité de s'envoler dans la pensée abstraite est-elle l'apanage de ceux qui ont du mal à établir des relations intimes durables. Peut-être aussi, la concentration intense supporte-t-elle difficilement les exigences affectives et les trottinements enfantins »[13].

Quel que soit le dosage précis des pressions pratiques et psychologiques, les artistes ne peuvent se permettre de laisser leur vocation apparaître moins vitale, moins exigeante qu'un sacerdoce. L'artiste doit être aussi solitaire que le prêtre, aussi totalement absorbé par sa création que le philosophe par ses pensées.

Mais les attaques ne s'arrêtent pas là! On a peut-être tort d'imaginer que les artistes, considérant la famille comme un style de vie qui ne leur convient pas, auraient simplement cessé de s'en occuper. Ce qui nous attire d'abord chez eux, ce qui suscite notre admiration, c'est bien leur faculté d'absorber l'expérience humaine et d'en faire une œuvre d'art. C'est précisément parce qu'ils s'intéressent à tout que nous les admirons. C'est ce qui leur donne le droit d'intervenir dans nos vies, de s'immiscer dans nos foyers, de disséquer nos façons de vivre et de les qualifier d'hypocrites, d'ennuyeuses et de médiocres.

Mais aussi, ils ne peuvent s'empêcher de faire de leur propre mode de vie le modèle à suivre. Lorsqu'ils affirment, comme ils le font parfois (par exemple, Auden et Eliot), que l'art est finalement inférieur à la vie, on a du mal à les croire sincères. On n'attend pas d'eux que leurs actes correspondent à leurs paroles; au contraire, on estime normal que, chaque fois que c'est nécessaire, ils sacrifient leur vie à leur art. Et on ne s'étonne guère qu'ils critiquent le mariage et la famille, qu'ils y voient de commodes échappatoires aux véritables défis de l'existence, pas plus qu'on ne s'étonne d'entendre un marin dénigrer le plancher des vaches.

Lorsqu'on devient artiste, on rentre dans une grande confrérie, comme le moine ou le marin. Cette existence est parfois froide et solitaire, privée qu'elle est de liens biologiques par l'absence ou le refus de toute progéniture. Les artistes échappent à tout devoir, à tout programme défini par l'âge. Ils ne deviennent pas parents, puis grands-parents. Ils ont toujours eu un seul et même devoir: celui de mener à bien la création de chefs-d'œuvre, comme disait Connoly, qui était pourtant marié et qui, sur le tard, devint un père affectueux.

Les œuvres du siècle passé ont souvent gardé la trace de l'isolement propre à l'artiste: il s'en dégage une froideur presque glaciale, une atmosphère de solitude et de méfiance. On a beau chercher des excuses aux artistes dans des biographies complaisantes, leurs œuvres gardent indéniablement quelque chose de repoussant. A tel point que lorsqu'on y décèle quelque chaleur, on se met à craindre qu'après tout, l'œuvre ne soit pas exceptionnelle et qu'elle ne laisse deviner un soupçon de tendresse dans la personnalité de l'artiste.

L'homme artiste, même lorsqu'il est entouré d'une femme et d'enfants, écrit comme s'il était seul, comme s'il restait indifférent à son bagage biologique. Il mène un dialogue *public* avec d'autres artistes, avec le public. Il parle en termes abstraits et généraux de la Sexualité, de la Violence et de la Mort. Il préfère évoluer, ou faire évoluer ses personnages dans des lieux publics: bars, cafés, hôtels, campus, soirées, corridas, manifestations et réunions. Rien ne transparaît dans son écriture de la part la plus quotidienne et la plus intime de sa vie: il ne parle guère de sa famille.

Il entre dans ce raisonnement une bonne part de mauvaise foi. Pour les artistes sérieux, la famille a pris la place de la sexualité; elle est devenue le tabou suprême.

Ainsi, ce ne sont plus les prêtres qui nous houspillent, ce sont des artistes qui se disent célibataires ou qui prétendent que le mariage n'a aucune importance. La Culture, comme la Religion et n'importe quelle idéologie, veut toujours monopoliser les sommets, d'où elle condescend à observer le menu fretin des ordres inférieurs, grouillant dans l'odeur de graillon et de couches souillées.

NOTES

[1] Platon, *The Republic*, trad. de Jowett, Oxford, 1908, III, pp. 414-15.
[2] *Ibid.*, V, p. 464.
[3] *Cit. in* Norman cohn, *The Pursuit of the Millennium,* Ed. Paladin, 1970, p. 189.
[4] *Cit. in ibid.*, p. 194.
[5] *Cit. in ibid.*, p. 270.
[6] *Cit. in ibid.*, p. 328.
[7] *Cit. in ibid.*, p. 329.
[8] Ces lectures rassemblent les vieux mythes à propos de la famille : « L'histoire et l'ethnographie ne nous donnent que peu d'exemples de sociétés formées d'un assemblage plutôt lâche de groupes isolés de parents et d'enfants... Les enfants ont besoin d'être éduqués dans des groupes plus larges, aux liens familiaux plus lâches, centrés sur la communauté plutôt que sur la cuisine maternelle; quelque chose qui ressemblerait peut-être au kibboutz israélien ou à la commune chinoise» (p. 45). Les tentatives de Leach de nuancer ces assertions (pp. 44, 45 et post-scriptum) ne modifient guère le fond de ces lignes.
[9] Friedrich Engels, *The Origin of the Family, Private Property and the State*, Londres, 1972, pp. 134-35.
[10] F. T. Martinetti, *Selected Writings*, Ed. R. W. Flint, New York, 1972, pp. 76-77.
[11] William Gerhardie, *God's Fifth Column*, Ed. M. Holroyd et R. Skidelsky, Londres, 1981, pp. 131-32.
[12] Cyril Connolly, *Enemies of Promise*, Londres, 1938, éd. revue 1949, chapitre 4, pp. 115, 116.
[13] *Spectator*, 4 avril 1981.

Chapitre 10
La classe ouvrière et la vie privée

Le problème de la classe ouvrière, paraît-il, c'est qu'elle ne connaît pas sa propre histoire. Elle est la victime passive, impuissante et *inconsciente* de processus économiques et sociaux irrésistibles.

D'après Marx, par exemple, «l'industrie moderne, en bouleversant le fondement économique sur lequel s'appuyait la famille traditionnelle, et la famille ouvrière correspondante, a également relâché les liens familiaux traditionnels»[1]. Des souffrances terribles s'abattaient sur ceux qui étaient pris dans ce fatal engrenage: les hommes étaient brutalisés, les femmes avilies, les enfants affamés, parfois jusqu'à l'inanition. Pourtant, à long terme, ce relâchement des liens familiaux représente un progrès dans l'histoire de la classe ouvrière:

> Aussi terrible et repoussant que paraisse ce relâchement des liens familiaux traditionnels dans le système capitaliste, en accordant aux femmes, aux jeunes et aux enfants un rôle important dans la production à l'extérieur de la sphère domestique, l'industrie moderne n'en donne pas moins naissance à une forme familiale supérieure et à de nouvelles relations entre les sexes[2].

En fait, comme on l'a vu, on ne peut guère imputer de pareilles conséquences à l'industrialisation. Les études menées dans les premières villes industrielles suggèrent même le contraire: loin de relâcher les liens familiaux, le travail en usine paraît les avoir renforcés. Les revenus supplémentaires obtenus grâce au travail des femmes et des enfants ont permis aux familles de rester unies jusqu'à ce que les enfants arrivent à l'âge adulte. Dans les fermes traditionnelles, au contraire, les filles étaient placées comme domestiques et les garçons devaient s'engager comme tâcherons ou devenir apprentis chez des artisans. Mais le plus frappant, c'est l'utilisation que ce prolétariat naissant faisait de ses économies, lorsque le loyer, la nourriture et les vêtements étaient payés : cet argent était consacré à des vacances *familiales*. Les stations balnéaires du nord de l'Angleterre, comme Blackpool, ainsi que toutes les stations balnéaires modernes qui jalonnent le littoral européen, apportent le meilleur démenti qui soit aux théories marxistes.

D.H. Lawrence et d'autres pastoralistes anglais ont prétendu que les fumées industrielles et le béton coupaient le prolétariat de ses attaches avec la nature. Selon F.R. Leavis, les intérêts commerciaux et les media mercantiles contaminent les relations humaines et polluent le langage. Les gens sont devenus incapables de créer des objets authentiques, durables et d'en profiter.

De telles récriminations ne cadrent pas complètement avec celles des pastoralistes modernes, selon lesquels les classes laborieuses déparent la nature, en la souillant par leur présence : les travailleurs s'agglutinent dans les plus beaux sites, ils salissent les abords des falaises et gâchent le panorama en construisant des bungalows avec vue sur la mer.

Mais toutes les critiques — qu'elles soient d'ordre esthétique ou économique — s'accordent à voir dans la classe ouvrière l'innocente victime de forces sociales. Et comme les travailleurs n'ont pas conscience des conditions pitoyables, subhumaines auxquelles on les a soumis, ils ne sont pas en mesure de déterminer leurs véritables besoins et aspirations. Ils ne savent pas ce qui leur manque. Au niveau le plus immédiat, ils se laissent constamment *embobiner* par la publicité, qui crée de faux besoins, et par les politiciens et les systèmes politiques, qui prétendent « veiller » sur eux. A un niveau plus profond, ils n'ont pas conscience de la vacuité de leur existence. La structure familiale la plus courante, c'est-à-dire la famille ouvrière ou petite-bourgeoise, ne constitue pas une entité sociale indépendante, autonome. C'est plutôt, nous dit-on, un petit monstre vorace totalement inconscient de sa propre condition.

En fait, ce n'est pas du tout la vision que les gens « ordinaires » ont de la famille dans la société industrielle. Pour la plupart, la « société industrielle » n'est pas si différente des sociétés qui l'ont précédées, du moins au niveau *humain*. Evidemment, tout le monde sait bien que l'on a inventé l'électricité et les voitures. Pour les gens ordinaires, la société industrielle présente certains avantages — on dispose de plus de temps de loisirs, le travail manuel est moins pénible, les soins médicaux sont meilleurs —, même s'ils sont contrebalancés par certains inconvénients — tout va trop vite, les enfants se rebellent davantage et trop tôt, la voiture divise peut-être les familles autant qu'elle les unit. Pour la plupart des gens, ce ne sont pas là des inconvénients majeurs, et encore moins aliénants.

Mais pour les élitistes — et j'englobe sous ce vocable non seulement Lénine, Marx, Sartre et Marcuse, mais aussi Eliot, Ortega et la plupart des théologiens —, la vision populaire ne présente guère d'intérêt et elle ne constitue en aucun cas un système de pensée digne d'une discussion théorique. Car les «gestes verbaux» de l'homme ordinaire ne sont pas authentiques: imaginer que l'on puisse en retirer un enseignement quelconque, c'est déjà tomber dans la mystification dont il est victime.

Cette condescendance suscite dans les familles ordinaires une espèce de *révolte* larvée. En effet, les classes populaires ne sont toujours défiées des dogmes de l'orthodoxie officielle. Les historiens ont mis des siècles à découvrir que les pauvres ne faisaient pas grand cas de la religion chrétienne et que leur allégeance n'était qu'une façade; ils n'allaient à l'église le dimanche que parce qu'ils y étaient forcés et c'est par conformisme social et par goût du solennel qu'ils se soumettaient au baptême, au mariage et à l'enterrement religieux. Le même scepticisme populaire sévit dans le monde communiste; il n'y a pas si longtemps, les tenants d'autres idéologies, souvent antagonistes, admiraient le prétendu culte que les masses chinoises vouaient à la «révolution permanente», tout comme les idéologues des années trente, souvent non communistes, voire anti-communistes, s'extasiaient devant le dévouement des peuples soviétiques à l'édification du socialisme. Depuis lors, ils ont dû déchanter et ils déchantent encore.

Voilà pourquoi j'appelle «révolution permanente» la lutte menée par la famille contre l'Etat et que je considère la famille ouvrière comme la seule classe véritablement révolutionnaire. Par sa seule existence, elle offre un démenti quotidien aux accusations de passivité et de manipulation. Pour prouver ce que j'avance, qu'il me suffise d'évoquer les conversations de café — version prolétaire des débats parlementaires ou des discussions intellectuelles des cafés de la Rive Gauche. Les conversations de café sont-elles vraiment aussi stupides, ennuyeuses, répétitives et vulgaires que le prétendent les esprits supérieurs?

Nous répondrons tout d'abord qu'elles se caractérisent principalement par l'esprit critique et le scepticisme. Ces deux traits, si prisés dans les milieux intellectuels, y sont pourtant rarement pratiqués. C'est parmi l'intelligentsia que se recrutent les niais prêts à épouser toute les révolutions qui passent et à ingurgiter les idéologies les plus diverses. Les travailleurs considèrent les idéologies comme des attrape-nigauds et des songes creux.

Deuxièmement, des conversations de café expriment souvent le mécontentement. Croire que, pour les travailleurs, la société de consommation est merveilleuse, parfaite, qu'elle représente à leurs yeux le meilleur des mondes est tout à fait illusoire. Celui qui tiendrait un tel discours devant eux ne s'attirerait que les rires. Il est tout aussi faux de penser qu'ils gobent le message des publicités télévisées, sans parler des laïus des politiciens. Je ne prétends pas que leur mécontentement soit «formidable», pas plus que je n'affirme que le scepticisme populaire brille par sa puissance intellectuelle. Mais on pourrait difficilement l'accuser d'être complaisant ou crédule.

Troisièmement, les conversations de café sont prosaïques. Les gens ordinaires ne sont pas sujets aux sentiments utopistes *sérieux*. Leurs utopies à eux sont gaies et sensuelles, comme le Pays de Cocagne, l'Eldorado, le Jardin des Délices. Ils ne cherchent pas à remplacer ou à intensifier les plaisirs de ce monde. La *République* de Platon et l'*Utopie* de More — chimères de l'intellectuel bourgeois — n'ont que peu d'attraits pour les gens ordinaires, car elles leur rappellent trop la caserne et le pensionnat, avec en plus, l'obligation d'y être heureux.

Il est clair que ces traits — esprit critique, scepticisme, mécontentement, prosaïsme — sont en flagrante contradiction avec les nobles sentiments prônés par les évêques, les politiciens et les idéologues. On peut bien trouver le discours des classes populaires ennuyeux et limité: on peut ne pas apprécier les interminables conversations sur le football, les tournées, et la dernière cuite. Mais on peut difficilement nier l'*indépendance* qui caractérise ces attitudes.

Quand il s'agit de la famille, on peut difficilement ignorer le caractère *rebelle* des attitudes populaires. Car les gens ordinaires sont tout à fait capables de définir leurs positions et de les défendre. L'ouvrier d'usine n'acceptera jamais qu'on le traite d'«abruti», à supposer qu'il accepte la légitimité d'un tel langage, sous prétexte qu'il travaille à la chaîne quarante-six heures par semaine. Par ailleurs, il ne lui viendrait jamais à l'esprit de nier que son travail est très ennuyeux. Il soutiendra avec force que son choix est délibéré et que c'est consciemment qu'il fait des sacrifices *pour offrir une existence meilleure à sa famille*.

Cette dernière réplique, lancée avec impatience à l'intellectuel obsédé par la réalisation personnelle, constitue le fond du débat. Car les travailleurs ne se contentent pas de profiter béatement de leur voiture, de leur machine à laver, de leur semaine de congé supplémentaire et de leur confortable petite maison. Ils ne se ruent pas sur ces biens de consommation comme un cheval de labour se jette sur son avoine. S'il le faut, ils vous diront tout net que le confort moderne est une bonne chose parce qu'il rend la vie bien plus facile à tout le monde : les épouses ne sont plus épuisées à 35 ans; les enfants vont à l'école; les maris sont plus souvent auprès de leur femme, et ils sortent ensemble au café. Et on ne leur fera jamais accepter que leur position est matérialiste. Au contraire, ils sont intimement persuadés que les biens dits de consommation sont chargés d'une valeur spirituelle et d'un potentiel social et altruiste.

Du haut de son Olympe, l'intellectuel peut avoir l'impression que ces biens sont avidement dévorés par le matérialisme familial. De *l'intérieur* et au niveau des intéressés, ces biens constituent des cadeaux échangés par les membres de la famille, des dons qui expriment l'affection et la gratitude filiale, parentale, conjugale et qui font plaisir à celui qui donne autant qu'à celui qui reçoit.

Je suis forcé de recourir à des termes aussi sujets à caution que « famille ouvrière » ou « travailleur à la chaîne » parce que je crains fort que ce ne soit le seul moyen de me faire entendre d'un public intellectuel. Le regard que portent les ouvriers sur un frigo ou une machine à laver est tout à fait inintelligible pour les détracteurs de la société industrielle, parce que ceux-ci ne saisissent pas le refus permanent que la famille oppose à l'idéologie ambiante et à l'ordre établi.

Il est un trait, commun à nombre d'intellectuels et dont bien peu sont conscients, qui est de considérer que la vie et la société humaines ressortissent essentiellement et avant tout du domaine *public,* qu'elles se mesurent en bénéfices publics, qu'elles doivent être débattues en séances publiques et célébrées par des expositions publiques de chefs-d'œuvre publics. Ce principe sous-tend si souvent les débats publics que rares sont les intellectuels qui se rendent compte de son caractère arbitraire et de l'influence qu'il peut avoir sur les différentes images de la société idéale proposées au cours de ces débats. A partir de Platon, les intellectuels ont toujours prôné une société transparente, perméable, harmonieuse, intégrée, organisée — c'est-à-dire littéralement pourvue d'une structure organique où chaque être humain constitue un élément du corps social ou, si l'on préfère, une analogie mécanique, un rouage d'un gigantesque mécanisme. On peut citer le

Nouveau Testament comme l'une des nombreuses expressions de cette volonté organisante (Marx ou Rousseau feraient aussi bien l'affaire) :

> Ce n'est pas seulement pour eux que je prie, mais encore pour tous ceux qui croiront en moi, grâce à leur parole : que tous soient un, comme toi, Père, tu es en moi et moi en toi ; qu'eux aussi soient un en nous, afin que le monde croie que c'est toi qui m'as envoyé. Pour moi, je leur ai donné la gloire que tu m'as donnée, pour qu'ils soient un comme nous sommes un : moi en eux et toi en moi, pour qu'ils soient parfaitement un[3].

Le bien public est considéré comme supérieur, plus noble et plus admirable que le bien privé ; l'homme qui s'est consacré au bien-être public est « plus grand » que celui qui s'est consacré à sa famille. Il est plus digne d'admiration, parce qu'il a contribué à l'unification de la société. Il a servi son intégration. Quand on fait l'éloge d'un homme public, on insiste généralement sur son œuvre d'unification ; même lorsqu'il s'agit de l'oraison funèbre d'un politicien qui a passé le plus clair de son temps à stimuler l'esprit de faction et la lutte des classes, on préfère toujours se remémorer les occasions, même rares où il a promu l'unité.

A ce propos, on ne doit pas négliger l'étude de cas particuliers. Il semblerait que la vie publique attire souvent des gens qui n'apprécient pas ou ne réussissent pas leur vie privée. La pression constante que la vie publique impose à ceux qui s'y consacrent atrophie la capacité d'amour, d'amitié ou même d'intérêt pour les autres en tant qu'individus.

Quoi de plus triste et de plus pathétique que la vie privée de Napoléon, de Staline ou d'Hitler ? Quoi de plus morne et de plus mécanique que les coucheries de Mussolini et de Kennedy ? Dès qu'il leur fut possible de divorcer sans risquer leur respectabilité, les politiciens britanniques montrèrent au grand public combien leur vie n'était que publique. On s'est aperçu qu'ils étaient très rares à apprécier, à désirer ou à réussir une vie familiale ordinaire.

L'homme de la rue voit généralement dans cette inaptitude un signe de la « vanité » des hommes publics. Ceux-ci préfèrent naturellement parler de « sacrifice personnel » ou de « dévouement à la cause publique ». C'est une question de point de vue. Mais il est certain que la vie publique impose des exigences particulières à ses serviteurs et qu'elle les choisit en fonction de ces exigences. Ce qui d'ailleurs trouble fort les hommes publics, qui s'expliquent mal leur impopularité, est que les personnes privées sont très sensibles à la différence de point de vue.

Lorsque l'on rencontre des politiciens, on est souvent frappé par leur *détachement* à l'égard des sentiments et des soucis privés, occupés qu'ils sont par des luttes et des combats dans lesquels les gens ordinaires ne voient guère que jeux et chicanes. Ceci ne signifie pas — j'insiste — que les affaires publiques n'aient pas besoin de gestionnaires et encore moins que je considère les personnes privées comme plus obtuses ou, au contraire, comme supérieures. Mais il existe bel et bien une différence de point de vue. Elle explique en partie l'irritation et la frustration que reflètent les termes utilisés pour qualifier les politiciens — véreux, escroc, arriviste. Elle explique également l'insensibilité apparente des politiciens et leur perplexité de nous voir rejeter des priorités qui paraissent stériles et déplacées.

La preuve la plus frappante en est l'*indifférence* que les hommes publics manifestent à l'égard du mariage et de la famille, alors que ces institutions sont prioritaires pour les gens ordinaires; en outre, l'espace qu'ils réservent à la famille dans les débats politiques et théologiques est extrêmement réduit et quand ils s'y intéressent, ce n'est que contraints et forcés par des problèmes d'ordre pratique.

Il y a quelque chose d'avilissant dans le jugement que les prêtres portent sur la vie familiale; pour eux, la famille est essentiellement «problématique». Leur regard est celui de policiers de l'esprit; quand ils parlent des relations familiales, c'est du bout des lèvres. Leur participation aux rites familiaux de la naissance, du mariage ou de la mort hésite entre l'embarras et la condescendance. Leur position est embarrassante car les meilleurs prêtres — c'est-à-dire les plus humains — sont bien conscients du détachement prétentieux que leur impose leur sacerdoce; ils savent que l'humilité à laquelle ils doivent tendre et la consécration qui fait d'eux des hommes à part sont antagonistes. Parfois, leur comportement s'en ressent et se teinte d'une froideur cauteleuse dont les gens se plaignent souvent. Lorsque les prêtres évoquent «notre joie» lors d'une naissance ou d'un mariage, on les soupçonne fort de penser «votre joie». Cela n'est d'ailleurs pas surprenant, car la profession religieuse commande de renoncer au mal, mais aussi au monde et à la chair: «Je m'engage à l'obéissance, à la pauvreté et à la chasteté». Un religieux n'a pas le droit de se perdre dans les plaisirs d'ici-bas, pas plus qu'un policier en uniforme n'a le droit de participer aux libations du samedi soir: il doit rester étranger à ces pratiques, car il risquerait de transgresser la loi. Le service avant tout!

Le rejet de ces priorités par la classe ouvrière est riche d'enseignements. Les caractéristiques de la société industrielle qu'elle préfère sont celles qui servent les intérêts privés.

Les planificateurs, les socialistes, les fascistes ainsi que les anarchistes et tous ceux qui ne rêvent que d'affaires publiques pleurent le « vieil esprit communautaire » des anciens quartiers populaires de Londres. Ils pleurent la mort des « vieux idéaux » qui, selon eux, ne peuvent qu'être communautaires. *What Went Wrong : Working People and the Ideals of the Labour Movement* de Jeremy Seabrook constitue l'exemple le plus fragrant et le plus éloquent de cette nostalgie.

Seabrook a parcouru toute la Grande-Bretagne des années 70. Partout, il a trouvé « la désolation de communautés éclatées et d'associations brisées ». La société de consommation a érodé « l'identité ouvrière ». L'abondance capitaliste nous a éblouis et trompés :

> La victoire sur la pauvreté, un des pires fléaux de l'humanité, aurait dû allumer dans tous les cœurs une joie spontanée et inextinguible ; et au contraire, on ne voit que discorde et violence, échec des relations humaines, détérioration de l'ambiance professionnelle, des rapports de voisinage, des liens de parenté ou de camaraderie, dissensions familiales et incompréhension entre les générations[4].

La disparition de l'esprit communautaire a déshumanisé la classe ouvrière, « les ouvriers se sont convertis en objets... que l'on peut jeter, échanger, remplacer arbitrairement... Un lourd manteau de malheur écrase ces collectivités ouvrières »[5].

Surtout à l'époque de Noël,

> Le spectre de la famille élargie que nous n'avons pas remplacée se fait plus insistant, cette foule de parenté si nombreuse, qui semblait irréductible et qui a pourtant disparu si vite ; c'est à cette époque de l'année que l'on mesure toute l'étendue de notre perte, que les consolations matérielles nous paraissent les plus stériles et les plus oppressantes. Chacun se sent honteux de s'être éloigné des autres, à la recherche d'un épanouissement personnel[6].

Ce réquisitoire passionné contre le mode de vie actuel se fonde en partie sur la réaction personnelle de l'auteur aux images et aux sons de la vie moderne — essentiellement la vie « extérieure », les centres commerciaux, les autoroutes, le bruit, les constructions inesthétiques. Sa propre perception est renforcée et sanctionnée par ses rencontres avec des vétérans du Mouvement Travailliste : Jessie Stevens, âgée de 84 ans, est une ancienne suffragette et militante du Parti Travailliste, fille d'un républicain convaincu, lui-même membre de la première heure du Parti Travailliste. Elle se plaint de ce que « il n'y a plus de gens comme moi maintenant... Je tiendrai aussi longtemps que je le pourrai. Parfois, je regrette qu'il ne reste plus rien de la générosité et de l'esprit de sacrifice qui existaient de mon temps »[7].

Les personnalités interrogées par Seabrook qui se plaignent de l'égoïsme et de la paresse des jeunes générations n'ont pas toutes été des militants. Les personnes âgées, quelle que soit leur classe sociale, ont toujours formulé les mêmes plaintes; c'est le droit et peut-être le devoir des vieilles générations de critiquer les jeunes et de leur faire la leçon. En choisissant des militants travaillistes, Seabrook, comme tant d'autres nostalgiques d'un passé collectif, confond thèse et hypothèse.

« Sous la coupe de la société de consommation », poursuit-il, « tout sentiment d'appartenance à un lieu, à un métier, à une classe s'affaiblit, tout comme les caractéristiques de la région ou du clan, du voisinage ou de la famille »[8]. A supposer que ce tableau soit exact, ce n'est certainement pas aux militants travaillistes de le prouver : ils ne sont pas des témoins fiables parce que leur fonction est justement d'éveiller et de renforcer ces sentiments d'appartenance à un lieu et à une classe, qui forgent « la solidarité de la classe ouvrière ». Ils sont comme ces vendeurs de double vitrage qui veulent à tout prix vous convaincre que votre maison est bruyante et mal isolée.

Seabrook et les vieux militants fustigent « le matérialisme » actuel; ils s'affligent de la rareté de militants et de sympathisants, de l'absence de personnes prêtes à manifester, à signer des pétitions, à frapper aux portes, à participer aux réunions et à se plier à toutes les exigences de l'action collective. Seabrook oppose les gens qui font la grasse matinée le dimanche matin à la poignée de militants qui participent aux réunions de Comités de quartier; on nous assure que « l'action collective a un effet très positif et très stimulant sur les gens »[9]. C'est sans doute vrai, mais il est tout aussi vrai qu'elle peut les rendre intolérants, dominateurs et déplaisants.

Examinons d'un peu plus près les allégations de Seabrook et de ses militants. La famille élargie est, on l'a vu, une fiction historique, du moins en Grande-Bretagne. Tous les documents, depuis l'étude de Young et Willmot sur *Bethnal Green,* indiquent que les gens voient *davantage* leur famille — au sens large — que par le passé, et ce, pour l'évidente raison qu'ils ont plus de temps libre à consacrer aux visites.

L'étude de Seabrook pèche par sa réticence à analyser la vie familiale actuelle d'un point de vue qualitatif, si ce n'est dans son émouvante conclusion où il raconte qu'il ne voit plus guère les membres de sa famille, dont il s'est éloigné, et qu'ils se sentent tous mal à l'aise quand ils se rencontrent. Pourtant, la plupart des familles ont plus de contacts que naguère.

L'idée que la conscience de classe se perd parmi les ouvriers n'est pas neuve non plus. Lors de son périple dans le nord de l'Angleterre, en 1869-1870, Thomas Cooper, le célèbre chartiste, notait:

> J'ai dû constater, à mon grand regret, que leur condition morale et intellectuelle s'est détériorée... Il est vrai qu'au temps du Chartisme, des milliers de travailleurs du Lancashire étaient en guenilles et la plupart n'avaient pas de quoi se nourrir. Mais leur intelligence frappait le visiteur où qu'il aille. On pouvait les voir analyser en groupe les doctrines d'équité politique... ou discuter avec feu des préceptes du socialisme. Aujourd'hui, ces groupes de discussion ont disparu dans le Lancashire. Par contre, on peut y voir des ouvriers bien habillés, discutant de leurs actions dans les coopératives et de projets de nouvelles sociétés. On en voit d'autres qui, comme des idiots, tirent au bout d'une ficelle de jeunes lévriers couverts d'un manteau. Ils vont les faire courir et ils misent leur argent sur leurs bêtes! ... Ces ouvriers ont cessé de penser et ne veulent plus entendre parler de choses sérieuses, du moins la majorité d'entre eux. Pour quelqu'un qui a lutté pendant toute sa vie pour les instruire et élever leur esprit, pour quelqu'un qui a souffert et connu la prison pour eux, tout ceci est plus pénible que je ne pourrais le dire [10].

On décèle chez Cooper, comme chez Jessie Stevens, un ressentiment personnel. Après tout ce qu'il avait fait pour eux, les ouvriers avaient abandonné la bonne cause pour retourner à leurs préoccupations personnelles. Toute sa jeunesse qu'il avait consacrée à informer, conscientiser et rallier les ouvriers, il l'avait gaspillée; dans leur ingratitude, ils avaient oublié son sacrifice. La classe ouvrière n'était pas digne de ses efforts.

La personnalité de ces politiques-nés mêle inextricablement l'idéalisme et le prosaïsme, l'esprit de sacrifice et la vanité, le renoncement et l'égoïsme. Ils ont les défauts de leurs qualités; il ne faut pas leur en tenir rigueur. Mais il est inacceptable qu'ils voient des êtres moralement inférieurs dans les gens qui ont choisi d'autres priorités et un autre mode de vie, axé sur le privé, sur la famille. Il est tout aussi intolérable que l'on fasse de ce mythe un modèle historique.

En 1870, pour Thomas Cooper, l'âge d'or de la lutte collective se situait entre 1840 et 1845 — les années de la faim — au temps du Chartisme. L'âge d'or selon Jessie Stevens, interrogée en 1970, c'est le début du siècle, quand elle était suffragette. S'ils étaient nés à une autre époque, ils auraient certainement choisi d'autres hauts faits de la lutte sociale — la Grande Grève ou, au début du 18ᵉ siècle, la révolte des Luddites. Loin de moi l'idée de sous-estimer l'importance ou la fièvre de ces moments, mais de là à imaginer qu'ils marquent ou représentent la somme de l'expérience morale humaine...

La mythification n'est possible qu'en vertu du principe que l'action collective et publique est moralement supérieure à l'action privée. Ce principe ne tient que si l'on assimile le familial à l'individuel, en prétendant que tout mobile qui n'est pas public est forcément égoïste et «individualiste».

Cependant, Anthony Crosland souligne dans *The Future of Socialism*:

> L'appartenance à un groupe anémie parfois la personnalité individuelle, car tout groupe sécrète ses propres tendances égoïstes et totalitaires. Du reste, qui voudrait d'un monde où chacun s'agite en tous sens, se mêle et se sent responsable de tout et où personne ne cultive tranquillement son jardin?[11].

Reprenant les lamentations de Thomas Cooper, il explique qu'il ne voit pas pourquoi les ouvriers ne soigneraient pas leur toilette, ne seraient pas actionnaires de grands magasins et ne joueraient pas aux courses.

Si l'on croit en un socialisme qui ne se fonde pas sur le paternalisme, mais qui se conçoit comme un moyen d'accroître la liberté personnelle et la possibilité de choix, on ne souhaite pas forcément une société bourdonnante d'activité, où tout le monde milite, passe ses soirées en discussions de groupe et sent reposer sur ses épaules tout le poids du monde. Comme l'écrivit Bertrand Russel, «on ne doit pas considérer le domaine de l'action individuelle comme moralement inférieur au devoir social. Bien au contraire, les meilleures expériences humaines — au niveau des sentiments du moins — sont davantage individuelles que sociales...»[12].

Ce que Crosland appelle «une vie familiale complète» représente une source, la principale peut-être, d'épanouissement personnel. Ne voir dans la vie familiale que son aspect «individualiste» revient à réduire toute vie morale à l'action collective — restriction qui risque de canaliser les attachements humains dans un sens que l'on ne connaît que trop bien: celui des bannissements, des tribunaux populaires et des «ennemis du peuple».

Par ailleurs, quand on assiste *effectivement* à «un déclin de l'esprit communautaire», à qui faut-il jeter la pierre? Quelle est la cause de ce «déracinement»? Qui déracine les gens pour les entasser dans les cités nouvelles, les enfermer dans des clapiers à lapins et faire passer des autoroutes devant la fenêtre de leur chambre à coucher? L'éloignement des personnes et des choses les plus familières est presque toujours imputable aux pouvoirs *publics* — détaudisations, urbanisation à outrance, construction d'autoroutes et de voies rapides et, pire encore, la guerre. Ni l'industrialisation, ni le capitalisme ne sont responsables de ces récents bouleversements. Les urbanistes et les architectes des nouvelles cités sont moins souvent des ducs ou des magnats que des fonctionnaires idéalistes. De nos jours, c'est le tout-puissant domaine public qui orchestre le déracinement et l'aliénation et non le travail en usine ou les liens d'argent, car la famille avait déjà triomphé de ces périls.

C'est l'évidence même. Les personnalités publiques se dégagent de toute responsabilité, en posant comme objectif ultime, non la réussite familiale, mais l'avènement du sacro-saint « esprit communautaire » ou, dans d'autres versions, le retour à l'ancien esprit collectif qui aurait existé dans un âge d'or mythique.

L'esprit communautaire n'est pas une chimère; c'est un phénomène bien réel. Mais, à l'instar du bonheur, on ne peut le programmer et en faire un objectif à atteindre. Il découle naturellement de structures sociales adéquates, dont le succès est aisément définissable. Des structures sociales sont adéquates lorsqu'elles rencontrent les aspirations et servent les intérêts privés des individus concernés.

Pour les gens ordinaires, la finalité d'un club local de cricket n'est pas de susciter « un esprit communautaire ». Il sert de lieu de rencontre pour jouer au cricket et bavarder autour d'un verre après la partie. Dans ce contexte, l'esprit communautaire est une retombée logique de l'existence du club — il explique la préférence des gens pour tel ou tel club, mais il ne peut en aucun cas constituer sa raison d'être.

L'attachement à une croyance, à une classe, à un syndicat, à une race ou à un pays sont les retombées logiques du fait de vivre dans un endroit donné et parmi des individus donnés; ce fait conditionne inévitablement l'appartenance à telle ou telle confession, classe, race, à tel ou tel syndicat ou pays. Cette appartenance engendre naturellement certains attachements; au fil du temps, il peut sembler que l'appartenance détermine et impose ces attachements. D'épineuses questions morales et juridiques surgissent alors: doit-on frapper d'une sanction sociale ou pénale toute désaffection ou trahison? Si oui, à partir de quand doit-on intervenir? Même si ces attachements tendent à se cristalliser, à se fossiliser et à se muer en devoirs prescrits par les usages et les lois, il n'en reste pas moins que décrire ces devoirs comme *la* raison d'exister témoigne d'une méconnaissance totale de la condition humaine.

La condition humaine *n'exclut pas* et n'interdit pas la vie publique. Chacun a le droit de se dévouer à une cause publique et de s'épanouir dans l'action sociale; ces gens sont indispensables au bon fonctionnement de la société. Aux yeux de la classe ouvrière, ce n'est pas seulement que ce choix corresponde à une nécessité pratique, c'est aussi une question de liberté personnelle. Empêcher les individus de se consacrer à la vie publique, c'est atteindre à leur liberté, acte incompatible avec la tolérance la plus élémentaire: les gens doivent être libres d'agir comme ils l'entendent pour autant que leur conduite ne cause aucun préjudice aux autres. Mais en vertu de cette même règle de tolérance élémentaire, les hommes publics n'ont pas le droit d'imposer leur échelle de valeurs au reste du monde. A première vue, ce bon sens populaire s'intègre assez bien au conservatisme traditionnel, qui pourtant est virtuellement aussi totalitaire que le marxisme ou le christianisme. Selon Burke:

> Etre attaché à la subdivision, aimer le petit groupe social auquel on appartient, c'est le premier principe, le germe des affections publiques. C'est le premier maillon d'une chaîne qui nous mène à l'amour de notre pays et de l'humanité tout entière...
>
> Personne ne se fera jamais gloire, par exemple, d'appartenir au 7e carré du Damier. C'est au sein de nos familles que commencent nos affections publiques, et l'on peut dire qu'un froid parent n'est jamais un citoyen zélé! De nos familles, nous passons à notre voisinage, et aux gens de notre province avec qui nous avons des rapports habituels. Ce sont, pour nos sentiments, comme autant de lieux de repos et d'hôtelleries. Ces divisions de notre pays que de lentes habitudes ont formées, et qui ne sont point sorties d'une injonction soudaine de l'autorité, sont autant de petites images de notre grande patrie où nos cœurs trouvent à se prendre sans que ces amours particuliers nuisent à celui que nous portons à l'ensemble. Peut-être, au contraire, y a-t-il là une sorte d'apprentissage élémentaire de ces sentiments plus élevés et plus vastes qui, seuls, peuvent amener les hommes à considérer comme un de leurs intérêts privés la prospérité d'un royaume...[13].

Burke a lui aussi en tête une structure supérieure dont les buts et le couronnement sont «ces sentiments plus élevés et plus vastes». Conçu de la sorte, le conservatisme traditionnel n'est pas moins public que les idéologies socialistes ou fascistes; on pourrait même dire qu'il l'est davantage car il réquisitionne et encourage les liens privés, y voyant le fondement d'une société stable. Au lieu de les ignorer ou de les détruire, le conservatisme préfère les utiliser et les intégrer. Alors que le maoïsme *reconnaît l'autonomie* des liens privés en les considérant comme des ennemis de l'Etat, le conservatisme burkien les englobe dans un grand mouvement public. L'espace privé que les persécutions les plus brutales ne peuvent violer, est ici complètement nié; l'amour ne permet plus d'échapper à *Big Brother*, car *Big Brother* vous observe avec bienveillance, tel un directeur à la fête du personnel.

Plus on analyse l'argumentation de Burke, plus on la trouve suspecte. Les gens froids en famille *sont* souvent des citoyens zélés; c'est exactement ce que Burke voulait dire lorsqu'il reprochait à Rousseau d'avoir abandonné ses enfants — «bienfaiteur de l'humanité, père dénaturé». *L'opposition* entre liens publics et liens privés ne se laisse pas si facilement écarter. Il est sans doute vrai que le *bonheur* dépend d'«un apprentissage élémentaire» de l'enfant à recevoir et à donner de l'affection. Mais ne confondons pas bonheur et civisme.

Les ennemis les plus dangereux de la famille ne sont peut-être pas ceux qui lui ont explicitement déclaré la guerre. Il est plus facile de mobiliser la résistance — fût-elle silencieuse et intérieure — dans un contexte de collectivisme forcé. Il en va tout autrement quand l'ennemi «ne veut que votre bien», quand il déborde de bonnes intentions, mais n'en est pas moins armé d'un pouvoir officiel et administratif: responsables de l'enseignement, de l'enfance, du logement, architectes, planificateurs, assistants sociaux, organismes, agences et comités, qui tous prétendent détenir la solution de vos problèmes privés et n'agir que par «esprit d'entraide».

Le problème n'est pas tant que les autorités publiques se trompent souvent — et Dieu sait si c'est le cas — ni qu'elles ne nous laissent aucun moyen de contrôler et de contrecarrer leurs activités, ce qui est à la fois choquant, humiliant et angoissant, c'est qu'elles s'arrogent le droit d'intervenir dans la vie privée des gens.

Même devant le plus sincère des responsables publics, on ne peut s'empêcher d'avoir des sentiments mitigés. La déléguée de la Santé Publique qui rend visite à la jeune mère et à son bébé est souvent aimable, sensible et vraiment compétente. La jeune mère débordée se sent réconfortée et rassurée par ses conseils. Mais — car il y a évidemment, inévitablement, un «mais» — cette mère ne peut s'empêcher de penser que la déléguée est aussi une inspectrice qui balaie la pièce d'un regard inquisiteur et observe le bébé, guettant la moindre trace de saleté, de négligence, voire de mauvais traitements. Car cette déléguée débonnaire dispose en dernier recours d'un attirail de pouvoirs staliniens: elle peut retirer temporairement ou définitivement la garde du bébé à sa mère, déclarer la maison insalubre et inhabitable, envoyer le père et la mère en prison. Tous ces pouvoirs sont à mille lieues de son esprit lorsqu'elle berce le bébé et tente de mettre la mère en confiance par des compliments et des encouragements; pourtant, l'hostilité potentielle inhérente à son rôle d'inspectrice teinte inévitablement sa relation avec les parents d'un malaise susceptible de se muer en ressentiment, à la moindre parole maladroite.

Le Visiteur — titre symbolique s'il en est — reste un intrus. Depuis quelques années, de nombreux visiteurs, ce terme désigne tout intrus officiel, se rendent un peu mieux compte du ressentiment qu'ils suscitent. De plus en plus, les travailleurs sociaux parlent de «consultation» et de «participation», et encouragent les gens à se prendre eux-mêmes en charge. Mais souvent, leurs tentatives de rendre leurs activités plus acceptables et plus populaires ont des relents de mauvaise foi; bien des travailleurs sociaux restent persuadés que les gens dont ils s'occupent sont incapables de s'assumer eux-mêmes. Ils croient, comme beaucoup d'autres, à l'impuissance fondamentale — à l'«inadéquation» — de la classe ouvrière; cette opinion très répandue justifie l'existence même de ce type de professions.

On peut parler d'une guerre larvée entre les deux sphères de la société, d'une guerre comparable à la lutte des classes décrite par Marx. D'une part, on a une sur-classe directive, détentrice du pouvoir et de la sécurité et périodiquement culpabilisée; d'autre part, une sous-classe dirigée, houspillée et manipulée, parfois consciente de sa sujétion et pleine de rancune. Cette rancune a certainement joué un rôle dans les révoltes contre les gouvernements et les régimes d'imposition, qui ont secoué l'Occident ces dernières années. Une nouvelle conscience de l'espace privé est en train d'émerger — le sentiment que l'Etat intervient de plus en plus dans la vie privée des gens et qu'il faut mettre un terme à cette intrusion. On fait désormais sentir au Visiteur qu'il est de trop; on remet en question sa supériorité morale.

Certains ont enfin compris que la classe ouvrière est la seule à défendre la liberté et la vie privée, parce que ce sont là ses seuls objectifs. Le triomphe matériel des masses — l'accès général à un niveau de vie décent — ne doit pas servir la collectivisation et l'étatisation de la société. Au contraire, il doit permettre à chacun de jouir des bienfaits de la vie privée. Evidemment, cette *redistribution de la vie privée* a beaucoup dérangé les élitistes de tout poil: les bungalows, les lotissements, les millions de voitures individuelles qui engorgent les parcs nationaux et, le comble, Los Angeles, qui est comme l'observe Reyner Banham, la seule ville au monde conçue par les gens qui y vivent. Cette démocratisation envahit le bourgeois qui vit dans son petit château et qui, du jour au lendemain, trouve son parcours équestre couvert de logements préfabriqués. Ce serait tellement plus agréable pour lui si les masses restaient parquées dans leurs ravissants ensembles à appartements et se rendaient à leur travail dans de charmants petits trains.

Il est évident que cette invasion procède d'une tendance égalitaire, d'un nivellement par le bas. C'est aussi un acte moral, une déclaration implicite d'indépendance morale et du droit à la différence de chaque famille, de son droit à son propre territoire et à ses propres valeurs. Le monde de la famille et du foyer affirme sa primauté sur celui des affaires publiques et rejette les vieilles querelles de classes et de races.

NOTES

[1] Karl Marx, *Das Kapital*, Londres, 1889, p. 495.
[2] *Ibid.*, p. 496.
[3] Jean 17:20-3.
[4] Jeremy Seabrook, *What Went Wrong: Working People and the Ideals of the Labour Movement*, Londres, 1978, p. 14.
[5] *Ibid.*, p. 246.
[6] *Ibid.*, p. 285.
[7] *Ibid.*, pp. 23, 25.
[8] *Ibid.*, pp. 95.
[9] *Ibid.*, p. 279.
[10] *Cit.* in M. Beer, *A History of British Socialism*, Londres, 1920, Vol. II, pp. 221-22.
[11] C.A.R. Crosland, *The future of Socialism*, édition de poche, revue, éd. 1964, p. 255.
[12] *Ibid.*, p. 255.
[13] Edmund Burke, *Works*, Londres, 1808-13, Vol. V, *Reflections on the French Revolution*, pp. 100, 252-53.

Chapitre 11
La dilution de la fraternité

Les exigences de la famille sont claires et cohérentes : la subsistance, la liberté, l'intimité. Les idéologues dénoncent le caractère égoïste et limitatif de ces exigences : mais que nous proposent-ils en échange, ces prêtres, ces artistes, ces généraux ? Quels sont les liens généreux, ouverts, qui doivent remplacer la famille ?

Intellectuels, moines, soldats, ils ne reconnaissent plus ni la paternité ni la maternité. Ce qu'ils s'inventent ou se sont inventés, ce sont des *frères*. On remarquera que la fraternité est une image universelle de famille alternative.

Pourquoi la fraternité ? Parmi tous les modèles, métaphores, images et paradigmes qu'on aurait pu choisir pour exprimer la convivialité et la bonne volonté entre les hommes, pourquoi l'idéal de fraternité a-t-il acquis une position si prédominante ? Les fraternalistes ont aussi utilisé la troupe, la phalange, la tribu, le village et la famille comme métaphores de la convivialité, mais aucune de ces formules n'a jamais pris la place de la fraternité dans le langage de l'utopie. La théorie selon laquelle les hommes sont, ou devraient être, ou pourraient devenir des frères est ancrée si profondément et depuis si longtemps dans l'esprit occidental que vouloir analyser ses origines, sa nature et ses implications semble friser la pédanterie, comme le ferait l'analyse d'une plaisanterie ou d'un lever de soleil.

La fraternité est passée dans l'espérance chrétienne et marxiste ; elle tempère le libéralisme et sert de dogme à l'anarchisme. Les recommandations et les prophéties, qu'elles soient religieuses, poétiques ou politiques, la brandisent avec véhémence. Et pourtant, on ne se pose guère la question de savoir ce que signifie s'aimer comme des *frères*. Wilson Carey McWilliams, par exemple, dans son volumineux ouvrage *The Idea of Fraternity in America*, ne recense que quelques références au sujet, et encore sont-elles pour la plupart anecdotiques, superficielles. Lui-même bâcle son analyse du concept de la fraternité et privilégie son évolution historique. Même le redoutable James Fitzjames Stephen, dans *Liberty, Equality and Fraternity* (1873), ne s'y est guère attardé. Il pouvait comprendre que l'homme désire la justice et le respect, mais l'amour fraternel?... Cela dépassait sans doute le propos du juriste. Pourtant, la fraternité présente exactement la même ambiguïté, les mêmes bizarreries que ses pendants de la triade révolutionnaire. Les hommes sont-ils, d'une manière absolue et permanente, Libres, ou Egaux, ou Frères? Ou plutôt, devraient-ils l'être, et comment pourraient-ils y arriver? Et quelles en seraient les conséquences? Est-il possible d'être à la fois libres et égaux, libres et fraternels, égaux et fraternels — ou les trois à la fois?

La juxtaposition de ces trois idéaux soulève des questions si pressantes et si complexes que l'on ne peut que s'étonner, voire s'indigner, du peu d'intérêt manifesté au dernier terme de la triade. Si on tient compte des sommes de temps et de réflexion consacrées aux deux autres, on ne peut que conclure que cette indifférence n'est pas accidentelle.

L'historien marxiste E.J. Hobsbawn, intrigué par cette «lacune flagrante dans la littérature», propose trois raisons[1]: l'idéal de la Fraternité est plus difficile à mettre en pratique par le biais du droit et de la politique que ceux de Liberté et d'Egalité; l'«esprit libéral bourgeois» est essentiellement individualiste et non fraternel; et enfin, ceux qui «ont le plus recouru à la fraternité et qui en ont eu le plus souvent besoin dans les sociétés modernes» (le pauvre et l'opprimé) sont assez peu susceptibles de communiquer par écrit leur expérience.

Ces raisons me semblent peu convaincantes. Après tout, elles s'appliqueraient aussi bien, *mutatis mutandis*, au Royaume des Cieux, sur lequel se sont penchés bien des exégètes et bien des critiques. Curieusement, l'idéal de fraternité garde un caractère ineffable, qui résiste à toute investigation.

Hobsbawn lui-même décrit la fraternité comme «un type de coopération sociale» qui implique «dans un groupe de pairs, une relation d'aide et d'assistance mutuelles totales, dispensées volontairement et reçues comme un droit légitime mais non quantifiable en termes d'argent, d'égalité arithmétique ou d'échange réciproque». Il rapproche l'idéal de fraternité de celui de «camaraderie», comme R.H. Towney et Williams Morris, et y décèle une «tendance collectiviste ou communiste intrinsèque» qui expliquerait le peu d'intérêt qu'on lui accorde. Car ce concept était trop «passionnel et imprécis» pour décrire une société socialiste ou lui prêter vie.

Effectivement, «depuis Marx, la plupart des socialistes ne lui ont plus accordé d'importance dans leur théories», et nous en sommes toujours là.

La fraternité est essentiellement un idéal socialiste. Pourtant, semble-t-il, les socialistes n'y trouvent pas leur compte. Il est assez facile de décrire les conséquences pratiques d'une relation fraternelle, comme le fait Hobsbawn, mais apparemment, il est plus difficile de la définir en termes précis. La kyrielle de synonymes qu'emploie Hobsbawn pourrait s'appliquer à peu près à n'importe quel type de coopération amicale entre pairs. Mais quand il s'agit de décrire l'amour fraternel, elle ne convient pas plus que la formule «je m'engage à donner tous mes biens terrestres» pour définir le mariage. La fraternité continue à nous échapper.

Il est significatif que cet idéal nous soit présenté en termes négatifs. Cette litote est évidente dans la célèbre description que donne Shelley de l'homme nouveau qui «fera de la terre une fraternité»:

> Sans sceptre, libre, dégagé de toute limite,
> mais égal, sans classe, sans tribu, sans nation;
> exempt de crainte, d'adoration, de hiérarchie, roi
> de lui-même; juste, sage, faut-il dire sans passion?
> Non pas, mais libéré pourtant du crime et de la douleur...[2]

Etre son propre maître a été, de tout temps, le but des philosophes. «Juste, bon et sage» — c'est ce que nous devrions toujours être, utopie ou non. Mais parmi les qualités typiquement utopiques que Shelley énumère, seules la liberté et l'égalité apparaissent comme des vertus positives — et elles figurent déjà clairement sur le blason de la révolution. C'est *l'absence* (de pressions, de contraintes, d'obligations, d'engagements) qui est le trait commun des autres qualités. Et surtout, il y a quelque chose de très curieux dans le fait que pour Shelley, l'homme nouveau ne sera pas sans passion. Cette profession de foi est tiède, elle trahit une attitude de défense; double négation, elle est isolée, laissée en suspens, au milieu des négations absolues. Ce n'est pas vraiment l'affirmation passionnée de l'homme qui, délivré de ses chaînes, garde sa faculté d'aimer et de sentir intensément.

C'est le même ton négatif, tiède, maladroit qui caractérise la vision de Edward Bond d'une nouvelle société :

> « Comment fait-on la liberté ?
> Il n'y a qu'un seul moyen :
> que l'homme ne profite pas de l'homme
> qu'il ne recoure pas à la force : il n'aura pas d'ennemis
> Que la raison le guide, pas la peur ni l'intérêt
> Qu'il appelle tous les hommes ses frères : ainsi l'amour
> ne sera pas édulcoré par fraude,
> Mais la raison le rendra passionné »[3].

La négation est aussi très marquée dans la grande promesse universelle de saint Paul aux Galates : « Il n'y a plus ni esclaves ni hommes libres, il n'y a plus ni hommes ni femmes ; car tous vous êtes un en Jésus-Christ »[4].

Lorsqu'on se penche sur l'aspect positif de la fraternité, l'affaire prend un tour encore plus étrange. Après tout, l'amour entre frères n'est pas tellement notoire. C'est Hertzen qui dit : « Dans l'esprit de la plupart des gens, la fraternité évoque Caïn et Abel ». Il visait sans doute ses camarades de révolution. Mais cette remarque nous remet en mémoire que nos mythes présentent généralement les frères comme des *ennemis*, mus par la jalousie, la cupidité et prêts à recourir au vol, à la tromperie et au meurtre pour obtenir la haute main, l'héritage familial et le trône. Si Caïn et Abel sont les premiers frères de l'histoire, les seconds sont Esaü et Jacob. Dans les mythes où les hommes se témoignent une affection « fraternelle », bien souvent, il ne s'agit pas de frères, mais plutôt de cousins, du père et de son fils, de l'oncle et du neveu, ou d'individus sans aucun lien de parenté. David et « Jonathan mon frère » ne sont pas parents. Le mythe classique respecte le même paradoxe. Damon et Pythias ne sont pas apparentés. Achille et Polynice sont vraiment frères, fils d'Œdipe, et le premier tue le second en un combat singulier. La tragédie de la maison d'Atrée commence et finit par un fratricide. Castor et Pollux font exception à la règle, mais les jumeaux incarnent sans doute un principe différent, celui de l'identité et de la fusion plutôt que celui de la fraternité.

Dans l'ensemble, la représentation mythique de la fraternité dans la tradition occidentale concorde assez bien avec notre propre expérience. Il est un fait que les frères sont jaloux l'un de l'autre, qu'ils s'éloignent peu à peu et perdent tout contact, qu'ils ne se parlent plus pendant des années, et que leurs réconciliations sont brèves et empruntées. Ces traits sont beaucoup plus marqués dans la relation fraternelle que dans toute autre relation familiale. Même dans les familles où la relation fraternelle est forte et chaleureuse, les liens parents-enfants et frères-sœurs le sont souvent autant, si pas davantage. Je ne connais pas une seule famille où *seuls* les frères sont proches, et où les autres rapports familiaux sont marqués par l'indifférence ou l'inimitié. Ces généralisations ont sans doute leurs exceptions, mais celles-ci sont à mon avis trop rares pour qu'on puisse considérer la fraternité comme le lien familial le plus apte à symboliser l'affection et l'intimité.

Mais alors, pourquoi la métaphore de la communauté dériverait-elle de la *famille*? Après tout, la tradition fraternaliste a toujours détesté la famille ou, dans le meilleur des cas, l'a ignorée. Les partisans de la fraternité universelle ont eu beaucoup de mal à insérer la famille dans leurs schémas. S'il est vrai qu'ils se soucient aussi peu de la famille, et que la fraternité est le lien familial le plus tiède, pourquoi donc l'ont-ils choisie comme symbole de la Communauté? Il va sans dire que la vraie fraternité serait une version transformée, épurée, de l'imparfaite réalité. Mais qu'aurait-elle encore de *fraternel*? Quels sont les avantages inhérents à la fraternité dont les autres liens familiaux sont dépourvus? En quoi la relation entre frères diffère-t-elle de celle qui existe entre père et fils, frère et sœur ou même grand-parent et petit-enfant?

Les principales caractéristiques de la fraternité sont l'*égalité,* la *non-responsabilité* et la *dilution.* Les frères sont égaux. Leur relation est réciproque: A est le frère de B et B est le frère de A. Aucun n'a le droit de dire à l'autre ce qu'il doit faire. A la question rhétorique de Caïn: «Suis-je le gardien de mon frère?», on répondra bien sûr *non.* Enoch Powell faisait pertinemment remarquer, dans sa réponse au Révérend Paul Oestreicher (le dernier de la longue liste des ecclésiastiques qui ont mal interprété ce passage de la bible) que:

«si je dois être le 'gardien de mon frère', je dois littéralement le prendre en charge. Or, on ne peut être responsable de ce qu'on ne contrôle pas. Par conséquent, si je suis tenu responsable du bien-être, de la sécurité et du niveau de vie de mon frère, je dois pouvoir exercer un contrôle sur lui, tout comme le parent ou le gardien excerce un contrôle sur un mineur. L'ordre mal compris mène donc tout droit à la tyrannie paternaliste...»[5].

Le père est précisément responsable de son fils parce que leur relation est inégale. Bien sûr, le garçon de 18 ans qui emmène son petit frère de 5 ans en promenade en est responsable, mais sa responsabilité diminue inévitablement à mesure que le cadet grandit et qu'il acquiert la liberté de l'âge adulte.

C'est cette liberté que John Locke utilise, dans son premier *Traité de Gouvernement*, comme fer de lance de ses attaques contre le *Patriarche* de Filmer. Dans sa polémique qui l'oppose à la tradition patriarcale, Locke pose les bases non seulement de son enseignement, mais également de la structure politique atomique moderne. La nature temporaire et limitée de la sujétion filiale peut bien nous paraître «évidente», pour reprendre l'expression qu'utilise Peter Laslett dans son édition des *2 Traités de Gouvernement* (Cambridge, 1960), mais elle ne l'est que parce que l'opinion de Locke a fini par prévaloir: «La puissance que les parents exercent sur leurs enfants procède du devoir qui leur incombe de prendre soin de leur descendance, tant que dure la condition imparfaite de l'enfance»[6]. Lorsque le fils est arrivé à l'âge adulte,

> «Le père et le fils sont également libres, tout comme le tuteur et le pupille une fois que la minorité a pris fin; ils sont l'un et l'autre également les sujets de la même loi, sans que le père garde aucun empire sur la vie, la liberté, ou les biens de son fils...»[7].

> «Le père ne détient pas cette puissance en vertu d'un titre naturel particulier, mais seulement comme gardien de ses enfants, tant et si bien que, le jour où il ne les a plus sous sa garde, il perd tout pouvoir sur eux; ce n'est qu'un accessoire inséparable de leur entretien et de leur éducation, qui n'appartient pas moins au *père nourricier* d'un autre enfant abandonné qu'au père naturel d'un autre»[8].

Pour Locke, la majorité du fils transforme complètement la relation: père et fils deviennent *frères*, égaux, sans aucune responsabilité réciproque, libres tous deux, *séparés*. Leur liberté est celle qui naît de la responsabilité. Etre sous la responsabilité de quelqu'un est aussi contraignant qu'avoir quelqu'un sous sa responsabilité. Cette responsabilité est le trait qui définit la famille. La famille qui ne reconnaît pas la responsabilité ou qui ne l'exerce pas, n'est plus famille que par le nom. Inversement, on peut appeler «famille» tout groupe de personnes non consanguines exerçant ce type de responsabilité.

Les responsabilités sont beaucoup moins marquées dans la relation fraternelle que dans les autres relations de parenté immédiate; les liens d'affection qu'elle engendre sont donc souvent moins tenaces. Voilà pourquoi parmi les liens familiaux directs, la fraternité est le plus lâche. Elle est le calque le plus conforme du monde extérieur où les responsabilités particulières sont dispersées dans la société toute entière, se transforment en devoir civique. *La fraternité n'a pas été choisie comme image de la perfection parce que c'est elle qui représente le mieux la famille mais parce que, au sein de la famille, elle est ce qu'il y a de moins familial.*

Selon le dicton, «le sang est plus épais que l'eau». Il est également plus collant; il coagule, se fige, se glace. L'eau est légère, neutre, immanente; elle coule toujours et ne laisse pas de trace. Aristote a été le premier à critiquer le genre de fraternité politique évoquée dans *La République* de Platon et à la qualifier de «délavée»:

«Tout comme un peu de vin doux mêlé à beaucoup d'eau produit un mélange sans saveur, ainsi arrive-t-il que disparaisse ce sentiment de parenté mutuelle qu'impliquent ces noms, puisque dans une constitution de ce genre rien n'impose qu'on se soucie d'autrui comme un père de ses enfants, un fils de son père ou des frères les uns des autres. L'homme a deux mobiles essentiels d'intérêt et d'amour: la propriété et l'affection; or ni l'un ni l'autre n'ont place chez les citoyens d'un tel Etat»[9].

On se méprend souvent sur le sens de ce passage (Bertrand Russell et Wilson McWilliams, par exemple). Aristote ne prétend pas que l'Etat idéal de Platon soit incapable de générer aucun type d'affection (même s'il en doute), mais plutôt que cet amour sera différent, dilué, et que Platon est malhonnête lorsqu'il l'affuble de l'ancien nom. La dilution n'est pas une faille, dans le schéma de Platon; c'est son objectif principal. Dans l'intérêt de la concorde politique générale, Platon cherche à éliminer les liens affectifs et privés spécifiques qui se développent dans la famille, dans le but d'élargir à la société tout entière cet amour si égoïstement concentré. Shelley décrit ce processus:

Aussitôt que se fut apaisé le bruit dont le tonnerre avait rempli les abîmes du ciel et l'étendue de la terre, il se fit un changement; l'air léger, impalpable, et la lumière du soleil entourant toute chose, étaient transformés, comme si le sentiment d'amour dissout en eux avait enveloppé toute la sphère du monde[10].

Selon Aristote, il est inconcevable qu'un tel processus ait lieu, parce que l'amour familial provient de la réalité sociale de la famille. Si la famille vient à disparaître, ce type d'amour cessera d'exister. Peut-être la République idéale produira-t-elle son propre type d'affection «diluée», mais alors, ne recourons pas à des termes familiaux pour le décrire. Car il se diluera au point d'être méconnaissable. Si on tient aux termes *égalité, liberté, différence*, on doit en accepter les conséquences, et reconnaître qu'on a créé un monde totalement neuf, qui ne peut prétendre à la chaleur de l'amour disparu.

Nous touchons du doigt la cause même du flou qui caractérise l'idéal de la fraternité. Ce n'est pas que les gens se refusent à discuter du relâchement. Au contraire, le relâchement est le poncif de la pensée occidentale moderne. Elle nous est familière comme thèse historique, comme thérapie, et comme programme politique et social. Mais ses partisans ont rarement la lucidité ou le courage d'en accepter les conséquences.

C'est en tant que théorie historique que le relâchement revient le plus souvent. D'une manière ou d'une autre, cette théorie affirme: par le passé, qu'on se réfère au Moyen Age, à la Féodalité, à l'ère pré-industrielle ou au pré-capitalisme, la Société était constituée d'un réseau de communautés. Malgré la pauvreté, la maladie, l'oppression, l'homme était essentiellement en accord avec lui-même, vivant dans un réseau de parentés qui le protégeait et définissait son identité. Cette paisible sécurité fut troublée par l'incursion d'une force nouvelle et irrésistible — qu'on l'appelle Réforme, Calvinisme ou Ethique puritaine, Capitalisme, Rationnalité technologique ou encore Révolution industrielle. Cette force dure, sèche, calculatrice détruisit le vieux sens de la Communauté. On ne pouvait plus décrire l'homme comme la somme de ses rapports à la famille, au clan, à la guilde ou au village. Il devenait un atome nu, individuel, rationnel, indépendant, calculateur, dépouillé de ses liens. Il ne pouvait plus trouver de consolation dans la chaleur du tissu familial et dans la protection que celui-ci lui prodiguait contre la froide indifférence du monde extérieur. Tout à coup, tout lui était devenu étranger. Il était seul, à égale distance de tous les humains.

Cette vision, implicitement ou explicitement, revient chez Marx, Weber, Tönnies, Tawney, Sombart et des centaines d'autres auteurs. Disraeli écrivait: «Il n'y a pas de communauté en Angleterre; il y a une agrégation, mais une agrégation qui se réalise dans des circonstances qui en font plutôt un principe dissociateur qu'un principe unificateur». D.H. Lawrence exprime la même idée dans *L'Amant de Lady Chatterley:*

«Même en lui (Mellors), il ne restait plus aucune fraternité. Elle était morte. La fraternité était morte. Il n'y avait plus que séparation et impuissance».

La *Gemeinschaft* laisse la place à la *Gesellschaft*, la communauté à l'association. Selon la description de Mike Nichols et Elaine May, il y a «proximité mais pas relation».

Sir Henry Maine formule cette thèse avec une merveilleuse précision. Dans la société primitive, chaque tribu est perpétuellement en guerre avec ses voisins. Mais au sein de la tribu règnent l'amitié, l'égalité, la fraternité:

«Dans les Communautés primitives, les hommes se sentaient apparentés, au sens le plus littéral du terme; aussi surprenant que cela puisse paraître, une foule d'indices nous permet de penser que, à un stade donné de la pensée, ils doivent s'être considérés égaux».

Mais la société moderne a tout bouleversé:

«Tout comme les concepts de fraternité humaine et, dans une moindre mesure, d'égalité semblent avoir dépassé les limites des communautés primitives pour s'étendre, sous une forme extrêmement diluée, à l'humanité tout entière, de même, la compétition de l'échange privé semble provenir de la belligérance universelle du passé qui a pénétré les anciens groupes de parenté. Les guerres privées du passé, qui obéissaient à leurs propres lois, se sont graduellement effritées en atomes indifférenciés »[12].

En coupant les liens avec les proches et en délaissant les intérêts de la famille, du village, des collègues, de la classe, de la race, de la religion ou de la nation au profit des intérêts d'«autrui», on devient peut-être des frères, mais on diminue d'autant la part qui revenait jadis au groupe restreint des frères. On a dilué la qualité de la fraternité. Ou, comme le formulait Benjamin Nelson, «tous les hommes sont devenus des frères en devenant également distincts »[13].

Ce passage de la fraternité tribale à l'altérité universelle est généralement considéré comme irréversible. Celui qui caresse l'idée de revenir à la chaleur du clan et de la famille est traité de rêveur, d'utopiste, de réactionnaire, de fasciste; on l'accuse d'être de mauvaise foi, — car la solidarité tribale reposait sur un mythe, sur l'illusion des liens du sang. De l'atomisme rationnel, pas de retour possible; et en fin de compte, c'est une bonne chose. Comme le dit Nelson: «Mieux vaut l'horrible 'individualisme atomisé du libéralisme bourgeois' que la belliqueuse 'fraternité du sang et du sol'. Mieux vaut encore la Fraternité humaine».

Pour les psychiatres de l'école de R.D. Laing, ce sont les obligations et les oppressions familiales qui échafaudent en nous ces épouvantables tensions qui éclatent en névroses, amertumes et violence. Laing lui-même a des accents mélodramatiques lorsqu'il dit: «l'acte initial de brutalité commis contre la plupart des enfants est le premier baiser de la mère ...». Et tout en concédant que certaines familles, et d'ailleurs la sienne, sont source d'expériences heureuses et enrichissantes, il pense que ces bénéfices ne sont qu'accidentels; ils ne découlent pas de la nature de la famille en tant qu'institution. Même les familles soi-disant heureuses, où personne n'est ouvertement brisé, dissimulent la terreur et l'oppression. La famille a une tendance inhérente à réifier les personnes, à en faire des objets de propriété privée. Les politiques familiales sont les politiques les plus corrompues. De même que l'oppression sociale trouve son prolongement dans l'oppression familiale, celles-ci se reproduit à son tour au niveau de l'individu. Si la plupart des psychiatres n'hésitent pas à recourir, dans l'intérêt du patient, à des recommandations susceptibles de briser la famille, certains d'entre eux vont maintenant jusqu'à prôner l'émergence d'une personnalité moins «dense». Ils choisissent pour idéal une psyché moins «implosée», une personnalité plus fluide, plus neutre, «diluée», comme dirait Aristote, ou encore moins tordue, moins coincée, moins torturée, pour employer des expressions familières.

On ne veut bien sûr pas exagérer ce processus de dilution; à l'autre extrême, la personnalité court le danger de se dissoudre totalement, en une sorte d'*anorexia psychologica*. De gens qui trouvent la vie vide et sans intérêt, qui n'ont pas d'avis, qui ne ressentent pas et n'inspirent pas l'amour, on dit qu'ils souffrent d'un «rétrécissement de l'affect». Leur personnalité manque de densité; elle aurait besoin de contacts, de relations. La psychologie moderne est dans une telle confusion que parfois (par exemple, dans les «Groupes de Rencontre»), elle va jusqu'à tenter de tempérer les deux extrêmes en même temps; non seulement, elle veut affaiblir les tensions et dénouer les complexes, mais elle veut aussi bâtir un réseau relationnel — et passer ainsi, en une fois, de la famille consanguine à la famille universelle. Les résultats, on le devine, sont assez ambigus.

Le Groupe de Rencontre proclame souvent sa neutralité vis-à-vis de la famille. Certains mariages et certaines familles, nous dit-on, valent la peine d'être maintenus, voire renforcés. Mais parfois, le thérapeute et le groupe sont enchantés lorsque le sujet rassemble la force nécessaire pour couper les ponts. Ce type d'indépendance est souvent le critère d'«affirmation de soi en tant que personne». Carl R. Rogers évoque avec une satisfaction égale ses anciens patients qui ont divorcé et ceux dont le mariage s'est renforcé après la thérapie. En fait, cette neutralité à l'égard de la famille est une pose, qui n'est possible que parce que la plupart des animateurs refusent le débat sur les présupposés de leur pratique. La vérité, c'est que le Groupe de Rencontre et la Famille sont par essence antagonistes. Car le Groupe se concentre uniquement sur le *hic et nunc* affectif, tandis que la famille est essentiellement continuité historique. L'expérience partagée du vécu familial crée des engagements, des obligations, et des liens affectifs — tout comme d'ailleurs, des haines et des ressentiments. Son avenir suppose des projets, des sacrifices, des négociations. Consciemment ou non, les Groupes de Rencontre tentent d'échapper à cet avenir et à ce vécu, les considérant tous deux comme des formes de répression. Pour eux, on ne peut arriver à l'authenticité que par l'expression libre de l'émotion au moment où elle surgit: «*maintenant*, je sens ceci, *maintenant*, je sens cela».

La nouvelle famille universelle n'a ni avenir ni passé. Elle n'a pas besoin de modeler son développement futur, et son histoire ne l'entrave pas. Elle est libre parce que fluide, provisoire, éphémère. La permanence, c'est la fossilisation. Dans la nouvelle familie, aucune relation n'a la permanence pour trait déterminant. L'amour, le mariage, la parenté, l'amitié sont des traits contingents, ouverts. Rien n'y est *donné*, ni par Dieu, ni par la morale, ni même par la biologie, rien, si ce n'est la fluidité.

Les caractéristiques de la Nouvelle Famille sont qu'on y entre et qu'on en sort de son plein gré et que tous ses membres sont égaux. Engels explique :

> Mais ce qui disparaîtra très certainement de la monogamie, ce sont tous les caractères qui lui ont imprimé les conditions de propriété auxquelles elle doit sa naissance; et ces caractères sont, d'une part, la prépondérance de l'homme, et, en second lieu, l'indissolubilité du mariage. La prépondérance de l'homme dans le mariage est une simple conséquence de sa prépondérance économique et disparaîtra d'elle-même avec celle-ci. L'indissolubilité du mariage est en partie la conséquence de la situation économique dans laquelle s'institua la monogamie, et en partie une tradition de l'époque où les connexions entre cette situation économique et la monogamie n'étaient pas encore nettement comprises et subissaient une déformation religieuse[16].

La libération de la femme, le divorce à la demande, le mariage d'amour suivront naturellement l'abolition du capitalisme et des relations de propriété qui en découlent. Mais qu'advient-il exactement de l'amour ? D'après Engels, avant le Moyen Age, on ne peut pas vraiment parler d'« amour individuel », invention et fleuron de l'ère bourgeoise. Bien entendu, cette nouvelle norme n'a pas connu un meilleur sort dans la pratique féodale ou bourgeoise que les autres principes moraux. Elle est certes négligée, mais au moins, elle a le mérite d'exister. Le mariage monogame est un grand pas en avant vers la civilisation et vers un monde vraiment humain, et bien que ce soit aussi un pas en arrière en ce qu'il repose sur l'oppression de la femme, il faut reconnaître la grandeur de cet acquis bourgeois.

Comment y est-on parvenu ? Christopher Caudwell, ce jeune écrivain communiste tué pendant la guerre civile espagnole, déclarait :

> « Dans leurs premiers stades, les relations bourgeoises ont magnifié l'amour physique en privilégiant l'individualisme. Avant de se cristalliser en relations mercantiles, les relations sociales bourgeoises ont sans doute exprimé un besoin de se libérer de liens sociaux obsolètes; ce besoin individualiste était alors une force progressiste. L'amour physique se charge alors, comme en témoigne l'expression artistique, d'une valeur spécifique qui en fait l'expression de l'individualité par excellence. On assiste à l'émergence de ce produit caractéristique de la culture bourgeoise, l'amour-passion, à la fois romantique et sensuel, notion que les Grecs et les Médiévaux ne pouvaient concevoir qu'en opposition. L'amour-passion ajoute de nouvelles nuances à la vie affective et consciente. Ce besoin d'individualité a enrichi d'autres formes d'amour, tant qu'il

est resté révolutionnaire et créatif. Il a donné naissance à une nouvelle tendresse entre les hommes, une tendresse faite de respect pour la liberté de l'autre, pour sa valeur personnelle. Ainsi, dans ses prémices, la culture bourgeoise a fait naître l'amour-passion et le respect de la liberté, au niveau individuel, des autres membres de la société. Ces deux produits de l'ère bourgeoise sont des enrichissements que la civilisation ne peut se permettre de rejeter»[17].

Fort bien, mais quelques lignes plus loin, Caudwell nous explique que «entraîné par la décadence des relations sociales bourgeoises, l'amour-passion bourgeois commence lui aussi à se flétrir, face à l'explosion économique». Si l'amour-passion plonge ses racines dans les relations de propriété de l'ère bourgeoise et qu'il s'épanouit lorsqu'elles sont florissantes, comment peut-il survivre à leur déclin et à leur perte? Pourquoi la civilisation ne «perdrait»-elle pas ses acquis? Ce que le processus historique a apporté, il peut aussi bien le reprendre ou, du moins, le transformer du tout au tout.

Car, nous dit Caudwell, restant un peu évasif, l'«ignoble possessivité des relations sociales bourgeoises a toujours entaché l'amour bourgeois de jalousie et d'égoïsme».

«L'amour-passion bourgeois a creusé sa propre tombe... De nos jours, les relations amoureuses et économiques se sont regroupées en deux pôles... Cette polarisation crée une terrible tension, qui engendrera un bouleversement de la société bourgeoise. Les relations doivent passer par la destruction et la construction révolutionnaire, pour se réunir à nouveau et fusionner en une nouvelle synthèse: le communisme»[19].

Mais à quoi mène cet étonnant cocktail de métaphores électriques et chimiques? L'amour communiste est-il le même que l'amour bourgeois moins «la jalousie et l'égoïsme»? C'est pourtant Engels lui-même qui fait remarquer que «l'amour-passion est par nature exclusif». Engels, dialecticien mâdré, évite de trop approfondir la question, recourant à la tangente marxiste habituelle: on ne peut pas savoir comment ce sera tant qu'on n'y est pas.

Il explique:

Donc, ce que nous pouvons conjecturer aujourd'hui de la manière dont s'ordonneront les raports sexuels après l'imminent coup de balai à la production capitaliste est surtout de caractère négatif, et se borne principalement à ce qui disparaîtra. Mais quels éléments nouveaux viendront s'y agréger? Cela se décidera quand aura grandi une génération nouvelle (...)[20].

Mais même ce vieux routier d'Engels n'échappe pas vraiment au dilemme. C'est par essence que le mariage est privé et séparé du reste de la société. Son «égoïsme» ou son «exclusivité» n'en sont pas des corollaires; ils en sont l'âme et la substance.

Que l'on qualifie l'amour-passion de chrétien ou de bourgeois, il demeure invariablement une affaire de focalisation, d'intimité et d'exclusivité. Quel que soit le genre d'amour qu'une société fondée sur la coopération et la solidarité engendre, il ne s'agira jamais du même amour que celui du mariage bourgeois. Ce nouvel amour, que sera-t-il ? La réponse est, évidemment : dans la nouvelle société, l'amour-passion ne peut se canaliser que vers l'abstraction collective, Dieu, l'Etat ou la Société. A l'égard de ses concitoyens, de ses camarades de servitude ou de sa progéniture, on ne peut ressentir qu'un émotion diluée, au mieux de la «camaraderie», de la «solidarité». Les moines et les maoïstes l'admettent franchement. Ils doivent mettre le même zèle à s'arracher aux attachements particuliers qu'à se détacher des biens matériels. L'austérité de la clôture n'établit pas de distinction entre ces deux types d'attachement. Tous deux sont de ce monde, sont terrestres.

C'est avec une simplicité émouvante que les anarchistes espagnols ont résolu le problème : «pour le mal d'amour, maladie qui rend aveugle et qui tend à s'éterniser, on recommandera un changement de communauté». D'autres partisans de la communauté ont appliqué des peines plus raffinées à ceux qui s'écartaient de la solidarité.

On sait maintenant clairement à quoi ressemblent la solidarité et la camaraderie. La plupart des gens ont goûté aux plaisirs de la solidarité à un moment ou à un autre de leur vie. Le partage d'un projet, d'une association, d'un club, d'une équipe, d'une classe, d'un mouvement ou d'un régiment donne un avant-goût fidèle de l'exaltation et de la satisfaction qu'engendrerait une fraternité plus universelle. Enthousiaste, le premier ministre suédois, Olof Palme, citait les vers d'un poète de son pays :

> La Solidarité est une richesse
> aux possibilités inexplorées.
> L'Avenir, c'est l'Aventure
> et voici la Liberté :
> La Paix par la Fraternité[22].

Mais la vérité est un peu différente. La solidarité n'est pas une aventure totalement neuve. Elle est vieille comme le monde et c'est par essence que la satisfaction et la plénitude qu'elle fait naître sont *subordonnées*. Le sentiment de camaraderie découle du projet, qu'il s'agisse d'exprimer, de réaliser, d'incarner l'amour de Dieu, de l'Etat, de la Nation ou de l'Humanité. Le sentiment de camaraderie est donc subordonné au projet, tandis que l'amour-passion n'a d'autre but que lui-même. Dès que le sentiment de camaraderie sort de son rôle subordonné, il menace le projet et perd de sa fraternité. L'officier qui perd de vue les intérêts de l'armée par affection pour son bataillon faillit à son devoir. Cette menace d'«insubordination» émotionnelle est la hantise des chantres de la fraternité. Comme nous l'avons vu, saint Paul nous met en garde contre «l'affection excessive »[23] — du moins dans la version du Roi Jacques. La version révisée écrit «passions»; J.B. Philips «passion incontrôlée»; la New English Bible dit «luxure» et la version grecque *pathos*. Cette mise en garde m'a toujours déconcerté et je suis soulagé de voir qu'elle ne divise pas seulement les traducteurs, mais aussi les exégètes. Bloomfield (1841) dit qu'elle se limite au désir contre nature. Pour Alford (1871), elle s'applique à la passion érotique en général, comme chez Platon (Phèdre, 265 b). Mais si la version NEB est sans doute la meilleure, la Version Autorisée est très certainement plus révélatrice. Il faut éviter la passion non pas tant parce que la luxure est bestiale, mais plutôt parce que son insubordination peut nous détourner de l'amour de Dieu.

Le caractère subordonné et dilué de la camaraderie imprègne toutes les fraternités, depuis les Boy-Scouts jusqu'aux Communes populaires chinoises. Les tièdes exhortations du Petit Livre Rouge du Président Mao n'ont-elle pas réveillé de vieux souvenirs dans la mémoire de ceux qui ont lu *Scouting for Boys* de Baden-Powell? Ils mettent la même insistance à exalter l'esprit pratique, la résistance et l'endurance, canalisant toute la vie affective vers l'esprit de sacrifice pour le bien de la collectivité. Une fois que ce projet dévastateur, impérieux, omniprésent, superbe, terrible a été adopté, les relations entre ceux qui y participent deviennent purement instrumentales. Peu importe si c'est Dieu, l'Histoire ou la Conscience qui nous a appelé à cette tâche. Lorsqu'on a répondu à l'appel, on est *engagé*, on est un rouage d'un mécanisme. Il y a quelque chose de paradoxal dans le fait de s'engager dans un projet avec l'espoir d'enrichir, d'éclairer, d'intensifier sa propre expérience pour découvrir ensuite que cet engagement exige avant tout la dilution de la part la plus solide, la plus intime de l'expérience. Quelle détresse, lorsqu'on se rend compte que la solidarité ne résiste pas à l'expérience.

Mais cet engagement est bien plus que paradoxal; il est intransigeant et dévastateur. L'idéal révolutionnaire de «dureté» qui prépare le triomphe final de l'amour fraternel, est une des exigences les plus paradoxales et les plus rigoureuses que les hommes se soient jamais imposées. Comment en est-on arrivé à une telle exigence? Le *Oxford Dictionary* donne deux sens au verbe *to fraternise: intransitif*, s'associer ou sympathiser comme avec un ou des frères et *transitif, devenu rare*, introduire dans une association ou une relation fraternelle. Comment passe-t-on de l'intransitif au transitif? A quel moment franchit-on le pas qui sépare la fraternisation volontaire de la fraternisation forcée? Le célèbre refrain allemand illustre le passage avec une clarté brutale:

> Willst du nicht mein Bruder sein
> dann schlag ich Dir dein Schädel ein...

(Si tu ne veux pas être mon frère, je te casse la gueule.)

En anglais, il existe un terme argotique un peu désuet, «*to frat*», qui est en fait une abréviation du mot «*to fraternise*», et qui signifie faire des avances amicales, généralement employé à propos de personnes ou de groupes appartenant à des classes ou à des nations différentes. Il y a loin de cette utilisation du mot au concept de guerre des classes élaboré par la fraternalistes les plus radicaux. Où s'arrête le «*fratting*» et pourquoi, et où commence le fraternalisme léniniste?

On observe avant tout une différence de ton entre ceux qui fraternisent volontairement et ceux qui sont forcés de fraterniser, entre les apôtres de la spontanéité et les partisans de la dictature révolutionnaire, entre les Mencheviks (ou les révisionnistes, ou les sociaux-démocrates) et les Bolcheviks. Cette différence de ton frappe dès l'abord et reste gravée dans la mémoire, bien après que les détails idéologiques et tactiques se soient effacés. Le vrai révolutionnaire se distingue par son âpreté, son profond mépris pour l'ordre établi et la morale, son absence de scrupules bourgeois à l'égard de la violence et de la coercition. Seul celui qui s'est libéré des liens sentimentaux qui le retenaient à la société actuelle possède vraiment cette intransigeance; il ne peut y prétendre tant qu'il n'a pas atteint la libération intellectuelle: il doit pousser le raisonnement de la fraternité jusqu'à sa conclusion logique extrême.

La fraternité volontaire, il faut le souligner, ne peut jamais être que partielle. Les conflits d'ordre économique engendrés par l'ordre social existant sécrèteront toujours des ennemis, des étrangers, des renégats et des traîtres. La fraternité universelle n'est possible que dans un monde social transformé du tout au tout. On est vraiment fraternaliste quand on est prêt à repartir à zéro, par force intellectuelle ou par volonté, et à mener le processus de transformation jusqu'au bout. Pour le révolutionnaire, le moment décisif intervient lorsqu'il *rompt ses attaches* avec les conceptions de la société dans laquelle il a grandi. Le mythe marxiste célèbre ce moment avec lyrisme, y voyant l'aube de la vraie liberté. C'est à ce stade que la conscience brise ses entraves et plane comme un faucon sur la surface de la réalité sociale, sans dévier de sa trajectoire, mais toujours prête à fondre sur cette réalité et à participer à son changement.

On est libre quand on sait comprendre et agir, mais on est également *libéré* de quelque chose que l'on aurait envie d'appeler «l'appartenance à une condition», libéré de la «compassion» au sens plein du mot. Rien n'est plus frappant, au niveau individuel, que cette quête consciente de l'âpreté, chez le révolutionnaire «pur et dur», et rien n'est plus déroutant que le contraste entre cette aridité tant recherchée et le caractère irrésistiblement généreux de certains grands leaders syndicaux et sociaux-démocrates — générosité qui tient autant de la noblesse morale que de la richesse de leur personnalité affective, relationnelle et sensuelle. Les fraternalistes volontaires ont des attaches terrestres. Seuls les partisans d'une fraternisation imposée arrivent à tout quitter pour cet empyrée où séjourne le divin interprète. Si on veut hâter l'aube d'une histoire vraiment humaine, il faut, d'après eux, laisser derrière soi tout ce qu'on a d'humain, y compris la famille.

Mais si la famille sous sa forme actuelle est bien un sous-produit éphémère et récent du capitalisme, on peut alors se demander pourquoi, depuis plus de 2.000 ans, on ne cesse de la critiquer et de proposer, sans beaucoup de succès, des alternatives. Les théologies et les cosmologies anciennes nous semblent parfois primitives et dépassées, mais la lutte entre Famille et Fraternité, elle, est sans fin.

Dans la société rationnelle de Godwin, par exemple, ou dans la *République* de Platon, les liens de paternité doivent rester secrets. Plus récemment, dans *Making Communes*, Clem Gorman conseille: «dans une famille de groupe, il n'est pas souhaitable qu'on sache qui est le père de qui, car cela pourrait encourager le favoritisme et la possessivité»[24]. Le ton froid, distant de la vision fraternaliste, ses formules négatives et son peu d'intensité reviennent avec une constance curieuse. Les formules positives de la Contre-Culture moderne («projeté», «loin», «cool») véhiculent une absence de passion, d'intimité et de tension, finalement très platonicienne. Et on continue à qualifier la famille de rigide, suffocante, fermée, répressive et égoïste. Loin de rattacher la glorification puis le rejet de la famille à des stades de l'apogée et du déclin de la société bourgeoise, la littérature polémique et visionnaire subsistant dans la Société occidentale considère plutôt la famille et l'idéal de fraternité comme des réalités sociales, qui existent depuis toujours. Pour elle, l'antagonisme entre passion et raison, social et individuel, engagement et détachement est inhérent à l'être humain; on ne peut les résoudre ni par des visions utopistes faciles ni par la nostalgie d'un Age d'Or mythique.

Les discours verbeux et confus d'Herbert Marcuse et consorts sur l'Eros et l'Histoire ne peuvent pas dissimuler la logique interne de leurs thèses. Si la famille nucléaire est une aberration historique, l'amour-passion qu'elle a produit en est également une. Car il ne s'agit pas d'une quelconque invention de la bourgeoisie ni d'un enrichissement de la pensée qui pourrait lui survivre. Il s'agit de l'essence spirituelle de l'ère bourgeoise, du cœur même de sa réalité sociale. L'amour privé ne peut pas plus survivre à la Révolution que la propriété privée. La destruction de l'intimité ne peut parfaire l'amour; elle ne peut que le rendre plus diffus. Proclamer la Communauté, c'est condamner la particularité; rechercher la fraternité, c'est fuir l'intimité.

Le fraternaliste, bien sûr, refuse farouchement d'admettre qu'il fuit l'intimité. Il rêve de réconcilier liberté et intimité. L'attitude défensive qu'adoptent souvent les communautards trahit cette difficulté. De l'extérieur, nous disent-ils, personne ne peut comprendre la pureté et la liberté des relations communautaires. Mais l'ambiguïté est souvent trop douloureuse pour qu'on puisse la dissimuler complètement.

Dans *Les Enfants du Rêve*, étude caustique sur l'éducation des enfants dans un kibboutz israélien, Bruno Bettelheim décrit l'angoissant déchirement des mères. D'une part,

Les premiers pionniers n'avaient aucun désir de créer une réplique de la famille telle qu'ils l'avaient connue et de cela, ils étaient entièrement conscients (...) ce que les fondateurs du kibboutz reprochaient le plus à la vie du ghetto, c'était cette limitation de la vie à la cellule familiale qui semblait exclure toute liberté [25].

Les émotions privées tout autant que la propriété ou les repas privés menaçaient la camaraderie du groupe et risquaient de réinstaurer la vieille tyrannie familiale. Ils voulaient ce qu'il y a de mieux pour leurs enfants, mais pas au prix de leur liberté.

D'un point de vue pratique, leur liberté et la liberté de leurs enfants étaient étroitement liées, ce qui arrangeait tout le monde. Les enfants vivaient dans une maison à part qui leur était réservée, sous la surveillance d'une puéricultrice et d'instituteurs expérimentés. Les parents n'étaient pas dérangés par les cris des bébés au milieu de la nuit et les enfants ne subissaient pas le contrôle et les interventions jalouses de l'autorité parentale. En outre, les parents n'étaient supplantés par personne dans le cœur de leurs enfants. Les puéricultrices et les instituteurs se succédaient rapidement, et tant dans le groupe des enfants que dans le groupe des parents, les amitiés privilégiées entre deux personnes étaient sévèrement découragées, parce qu'on y voyait «quelque chose de négatif, une tentative d'échapper au groupe». Toutes ces dispositions participaient nécessairement d'une volonté *consciente* d'organiser une société dans laquelle les satisfactions affectives ne se fondent que sur la solidarité.

Le problème, dans une telle société, c'est qu'en théorie, on valorise l'intimité, mais que dans la pratique, on doit l'éviter à tout prix. Comme l'explique le Dr. Bettelheim :

> Les fondateurs du kibboutz espéraient qu'en faisant disparaître tous les éléments extérieurs qui étaient une entrave aux relations humaines, celles-ci pourraient s'épanouir pleinement. Ce qu'il n'ont pas su voir, c'est que, justement, c'est en partageant tous leurs soucis et tous leurs problèmes et aussi en se disputant, que les membres de la famille du ghetto se révélaient les uns aux autres et, à l'occasion, à eux-mêmes.
>
> C'était tout au bénéfice de l'intimité, parce que les gens dépendaient les uns des autres, non seulement pour la sécurité, mais aussi parce qu'ils étaient les seuls sur qui il était possible de décharger son agressivité et ses frustrations (...). Ce n'est qu'à l'intérieur de la famille — la famille immédiate et la grande famille du ghetto — que leurs pleurs et leurs lamentations pouvaient être accueillis avec sympathie et compassion. Ce n'est que là qu'ils pouvaient se décharger de leurs sentiments négatifs sans mettre en jeu la solidité de leurs relations...
>
> Ce qu'on s'était dissimulé (dans le système du kibboutz), c'est qu'il n'est pas possible de vraiment pleurer avec une trentaine de personnes. On ne peut pas se disputer, on ne peut pas se battre, parce qu'il est trop difficile de se réconcilier avec tant de gens quand la bagarre est finie, quelque étroites que puissent être les relations entre les personnes. Deux ou trois douzaines de gens peuvent chanter et danser ensemble, peuvent rire ensemble, et telle était la vie des premiers temps du kibboutz. Mais la seule satisfaction des bons sentiments ne suffit pas pour créer une véritable intimité. Il faut pouvoir aussi donner libre cours à sa colère, à sa peur, et à son désappointement sans avoir à en redouter les effets[26].

Mais le seul fait de reconnaître cette difficulté reviendrait à saper les bases mêmes du kibboutz — car il ne signifierait rien de moins qu'admettre qu'un vaste réseau d'organisation sociale, conçu pour promouvoir la liberté et l'ouverture dans les relations humaines, a amené, dans la pratique, de nouvelles formes de contraintes et de répression. On n'avoue jamais, pas même à soi-même, les déceptions qu'on a connues au niveau de l'intensité des émotions dans le kibboutz. Autrement dit, la communauté fraternelle reproduit souvent, d'une manière diffuse, toutes les hypocrisies du mariage bourgeois.

Les arguments de Bettelheim ont été critiqués, bien qu'ils confirment dans une large mesure des témoignages antérieurs, tels que celui de Spiro ; pourtant, sa description de la manière dont les kibbutzim masquent la superficialité de leurs rapports par la cordialité de leur attitude sonne assez juste. Elle correspond de manière frappante à ce que nous observons dans les seuls milieux comparables: cafés, clubs, camps, groupes et milieux professionnels. Les amitiés qu'on y noue restent généralement superficielles. On ne peut pas les pousser très loin, à l'intérieur du groupe, sans une certaine hypocrisie.

On peut en fait reconnaître la naissance d'une véritable amitié au fait que deux ou trois personnes restent en dehors du groupe, qu'elles se réservent un espace privé, tant du point de vue physique qu'affectif. Car la proposition inverse est également vraie: établir une intimité revient à fuir la fraternité. Dans une relation vraiment intime, un individu réclame quelque chose d'unique à un autre individu; il revendique des services, une affection, un respect et une attention que seule l'autre personne peut lui apporter. Cet ensemble de revendications, lorsqu'il est reconnu comme « volontaire et de bon droit » (pour reprendre la formule de Hobsbawm) constitue l'autorité mais pas la domination, car l'autorité est à la fois partielle et réciproque, tandis que la domination est par définition à sens unique. Les soins et l'amour que réclame l'enfant, même si ni lui ni sa mère ne les formulent, constituent autant une autorité morale pour le père que son propre besoin d'affection filiale et/ou d'obéissance et de respect. Si les revendications diffèrent d'une partie à l'autre de la relation, si elles sont asymétriques, cela n'empêche pas qu'elles aillent dans les deux sens. Et d'ailleurs, les relations plus symétriques (par exemple, une amitié de longue date ou le mariage moderne) n'excluent pas l'élément d'autorité. Car l'autorité ainsi comprise ne se fonde pas sur l'inégalité et ne dépérit pas au contact de l'égalité. Elle dépend uniquement de la reconnaissance par une personne du droit d'une autre personne d'exiger d'elle certaines choses.

L'autorité de l'intimité possède toujours certains traits qui en font la force. Elle se doit d'être personnelle, irremplaçable et permanente. Sinon, elle est affaiblie tout comme l'autorité d'un chef d'Etat sur le point d'être remplacé est affaiblie parce qu'on imagine déjà son successeur à sa place et qu'on prend ses dispositions en conséquence.

Dans l'amour-passion, on ne peut pas envisager de successeur. L'être aimé est le Seul, l'Unique, à tout jamais. L'intimité est particulière dans tous les sens du mot. La fraternité est indifférente et indifférenciée: la fraternité n'établit pas de distinctions entre les personnes.

C'est ce que Burke reprochait à Rousseau: de pérorer sur la fraternité mais d'envoyer ses enfants à l'orphelinat. C'est le même propos que tenait Dickens dans son inoubliable portrait de Mrs Jellyby qui, tout à sa « philantropie télescopique », négligeait sa progéniture famélique et déguenillée. L'expérience confirme la justesse de ces portraits, mais représentent-ils la *perversion* de l'idéal fraternel ou son *extension logique* ?

Rappelons-nous que Mrs Jellyby est sincèrement dévouée à sa cause. Elle néglige autant sa propre apparence que son mari. Et, après tout, « les indigènes de Borrioboola-Gha, sur la rive gauche du Niger », sont certainement beaucoup plus mal lotis que les petits Jellyby. Si « ses beaux yeux avaient la curieuse habitude d'avoir l'air de regarder très loin, comme si... ils ne pouvaient rien voir de plus proche que l'Afrique », c'est parce que l'Afrique était l'endroit où on avait le plus besoin de son aide. Pouvait-on ne pas approuver sa philantropie — qui était efficace précisément parce que télescopique ? Vivre parmi les indigènes, rentrer dans leur intimité, présente toujours un risque de paternalisme. Il y eut un mouvement de rejet contre Albert Schweitzer lorsqu'on l'accusa simultanément de tenir un hôpital insalubre, d'avoir un sale caractère et de se comporter en père et en patron avec ses lépreux. Sans doute Schweitzer était-il moins bon samaritain que Mrs Jellyby ?

A première vue, la question semble grotesque. Après tout, le Samaritain éprouvait de la « compassion » pour l'homme qui s'était fait attaquer et « il alla vers lui, et banda ses plaies en y versant de l'huile et du vin; puis il le jucha sur sa propre monture, et le conduisit dans une auberge où il s'occupa de lui »[27]. C'est exactement ce que Schweitzer a fait. Mrs Jellyby n'a jamais quitté Holborn. Mais le problème n'est pas aussi simple. La parabole ne s'arrête pas là: « le lendemain, il tira deux deniers et les donna à l'hôtelier: prends soin de lui, dit-il, et si tu as des frais supplémentaires, je te paierai lors de mon retour »[28]. Après avoir accompli son devoir fraternel, y ajoutant le don de l'argent, il reprit son chemin. Sa charité était avant tout efficace et pratique; elle finissait dès qu'elle devenait superflue. Et c'est selon les normes du Samaritain qu'on évalue la charité de nos jours.

L'efficacité est *le* critère. Ce n'est pas la profondeur du sentiment à l'origine de l'acte qui compte, mais ses résultats. Nos devoirs augmentent à la mesure de nos richesses et de nos ressources technologiques. La question à poser à propos de l'acte fraternel est alors: pourra-t-il non seulement profiter à celui qui est visé, mais aussi le dégager de toute obligation ou dépendance ? D'après ces normes, le projet de Mrs Jellyby constitue peut-être le modèle à suivre (en supposant bien sûr qu'il soit économiquement viable, qu'il ne s'agisse pas d'un fantasme victorien). Il fallait apprendre aux indigènes à faire pousser le café et à se défendre; il ne fallait pas les soumettre à une constante promiscuité avec un vieux père blanc tyrannique et malpropre, présence malsaine pesant sur la brousse. Le bon Samaritain est une parabole de fraternité, mais elle est aussi une parabole d'altruisme.

L'idée de fraternité contient implicitement l'avance et le retrait, comme dans le cas des soldats qui se mettent en rang. La distance entre les personnes doit être strictement égale. Permettre une proximité indue, c'est courir le risque de voir réapparaître l'ancienne domination et l'ancien égoïsme. Ces éléments d'intensité, de constance et de concentration qui caractérisent l'amour-passion sont aussi les éléments les plus nuisibles à la solidarité. Réciproquement, la tiédeur, la mobilité et la dilution sont les qualités nécessaires des relations fraternelles.

Il ne faut pas se demander pourquoi même les plus fervents défenseurs de la fraternité répugnent autant à l'analyser, préférant maintenir les limites de l'idéal dans le vague. Les idéaux de Liberté et d'Egalité sont beaucoup plus gratifiants, car la rhétorique peut les sublimer. L'orateur peut en promettre davantage, tout comme il peut promettre plus de canons ou plus de beurre, sans que la qualité de ce qu'il promet diminue.

Mais promettre une fraternité plus générale revient à promettre l'affaiblissement du lien unissant chaque couple de frères particulier. C'est promettre de baptiser le vin plutôt que de changer l'eau en vin. On finit par avoir des noces bien tristes.

Ceux qui ont vécu selon l'idéal de la fraternité ont goûté au vin baptisé. Au-delà des inconvénients pratiques de la Communauté — l'hostilité du monde extérieur, les problèmes de santé et de goûts alimentaires, les disputes — il y a souvent une déception encore plus amère, mais rarement admise, devant la tiédeur de la vie en commun. Pour Frank Musgrove, l'une des dures leçons que la contre-culture a dû apprendre ces dernières années, est que «au lieu d'enrichir les relations, les communautés doivent souvent entretenir des relations creuses pour survivre. La vie ouverte, sans attache, souple, se crée ses propres limites. La Communauté libère des liens traditionnels, mais au prix de la superficialité. Etablir des relations plus profondes, c'est réinstaurer les anciens liens; en effet, c'est exactement cette idée du lien, d'attachement à une autre personne qu'on appelle «amour». Le langage de l'amour est celui des liens: attachement, affection, étreinte. «Ceux que Dieu a unis, l'homme ne pourra les séparer». Mais la Communauté est séparation ou elle n'est pas. C'est un pays de désolation.

Les vieux moralistes se plaisent à imaginer que les communautés sont perpétuellement déchirées par les conflits. Divisées, elles le sont sans doute, mais plus par le mouvement que par l'explosion. Les gens s'en vont, tout simplement... Après tout, rien ne les retient à un endroit plus qu'à un autre, rien ne les force à aimer une personne plutôt qu'une autre. La superficialité devient sécheresse et indifférence. En fin de compte, rien n'a d'importance puisque tout revient au même. La tragédie du fraternalisme, c'est que le désir d'une vie plus remplie aboutit souvent au vide, et que ce qui a commencé dans l'enthousiasme finit dans l'apathie.

NOTES

[1] E.J. Hobsbawm, 'Fraternity', *New Society*, 27 novembre 1975.
[2] P.B. Shelley, *Prometheus Unbound*, III, ix, 194-98.
[3] Edward Bond, 'Scènes of Death and Money', *Bingo*, Londres, 1974.
[4] Galates 3:28.
[5] Enoch Powell, *The Times*, 20 juillet 1973.
[6] John Locke, *Two Treatises of Government*, Ed. Peter Laslett, Cambridge, 1960, II, p. 58.
[7] *Ibid.*, p. 59.
[8] *Ibid.*, p. 65.
[9] Aristote, *Politics*, trad. Jowett, Oxford, 1921, II, p. 4.
[10] Shelley, *Prometheus Unbound*, III, iv.
[11] D.H. Lawrence, *Lady Chartterley's Lover*, Londres, Ed. Phoenix, 1963, p. 204.
[12] Sir Henry Maine *Village Communities*, Londres, 4ᵉ édition 1881, pp. 226, 228.
[13] B.N. Nelson, *The Idea of Usury*, Princeton, 1949, p. 136.
[14] Ibid, p. 137.
[15] Carl R. Rogers, *Encounter Groups*, Harmondsworth, Ed. Penguin, 1973.
[16] Friedrich Engels, *The Origin of the Family, Private Property and the State*, Londres, 1972, p. 145.
[17] Christopher Caudwell, *Studies in a Dying Culture*, Londres, 1938, pp. 152-53.
[18] *Ibid.*, p. 155.
[19] *Ibid.*
[20] Engels, *Origin of the Family*, p. 145.
[21] Cit. in James Joll, *The Anarchists*, Londres, 1979, p. 253.
[22] Cit. in *Guardian*, 26 août 1974.
[23] Colossiens 3:5.
[24] Clem Gorman, *Making Communes*, Bottisham, Cambridge, 1972, p. 90.
[25] Bruno Bettelheim, *The Children of the Dream*, Ed. Paladin, 1971, p. 31.
[26] *Ibid.*, p. 222.
[27] Luc 10:34.
[28] Luc 10:35.
[29] Frank Musgrove, *Ecstasy and Holiness — Counter Culture and the Open Society*, Londres, 1974.

Chapitre 12
Le retour du divorce

Cette dilution ressemble davantage à une vertu lorsqu'on la compare à une institution qui est son contraire absolu. Un des principaux arguments fraternalistes consiste d'ailleurs à présenter le mariage et la famille nucléaire comme une horrible prison exiguë de laquelle on ne peut s'échapper. A moins de rassembler assez de courage pour couper complètement les ponts avec la famille, on ne sera jamais vraiment libre.

Observons la famille traditionnelle, où l'on est entassés dans un taudis enfumé, entourés du matin au soir de frères et sœurs, adultes et mariés et même de grands-parents. Comme nous l'avons vu, il s'agit là d'une caricature de la vie familiale en Occident. Il y a toujours eu plus d'indépendance et de liberté qu'on ne le pensait généralement. Les fils et filles adultes quittaient la maison; en fait, ils y étaient souvent obligés parce qu'ils devaient travailler dès leur plus jeune âge; les grands-parents vivaient rarement sous le même toit que leurs petits-enfants. Dans la plupart des sociétés, il était peu fréquent de trouver plus d'un couple marié par maisonnée, sauf en cas de nécessité absolue.

A tous ces arguments, on répliquera certainement: *«mais il n'y avait pas de divorce»*. Excepté chez les gens très fortunés, on restait lié au conjoint toute sa vie. Même en admettant que dans la pratique, les mariages se défaisaient très souvent, que les femmes étaient souvent abandonnées et qu'elles se retrouvaient dans la misère si elles n'avaient pas de parents vers qui se tourner, il reste que le mariage était indissoluble et le remariage impossible.

Mais si l'on supprime cette indissolubilité et qu'on permet le remariage, ne détruit-on pas l'essence même du mariage traditionnel ? Même si les hommes et les femmes continuent à décider de vivre ensemble, d'échanger des serments et d'élever des enfants, leur relation ne s'écarte-t-elle pas assez du mariage traditionnel pour qu'on lui donne un autre nom ? Le « mariage » peut-il n'être qu'un contrat privé auquel l'une et l'autre parties peuvent mettre fin dès qu'elles en ont envie ?

On peut répondre que c'est cette situation qui a presque toujours prévalu, tout au long de l'histoire.

Le caractère le plus récurrent et le plus universel du mariage préchrétien ou non chrétien est la relative facilité du divorce. Il est certain qu'en Europe occidentale, ce qui distingue l'ère chrétienne des époques antérieures ou ultérieures, c'est l'insistance sur le « jusqu'à ce que la mort nous sépare » du mariage. C'est par ce point précis que se distinguent les usages matrimoniaux de presque tous les peuples christianisés à travers les âges, qu'il s'agisse des Romains, des Anglo-Saxons, des Celtes ou de la plupart des habitants d'Afrique et d'Asie qui ont été convertis par les missionnaires quelque mille ans plus tard. Seuls les hindous semblent avoir maintenu la même intransigeance que l'Eglise catholique à l'égard du divorce.

Les habitudes de mariage étaient si différentes qu'il fallut souvent des siècles avant que les chrétiens arrivent à exercer un contrôle effectif. Prenons l'exemple de l'Irlande : de nos jours, l'Irlande est la fille la plus obéissante de l'Eglise et aujourd'hui encore, elle n'a toujours pas assoupli sa législation sur le divorce, contrairement aux autres pays d'Europe du nord.

Et pourtant, plusieurs siècles après la christianisation de l'Irlande, le divorce était toujours accordé librement. On pouvait toujours mettre fin au mariage par consentement mutuel[1]. Au Pays de Galles aussi, pendant toute la période médiévale, le couple pouvait se séparer à la demande d'un partenaire ou par consentement mutuel ; la répartition des biens du ménage dépendait du moment et des circonstances de la séparation, de la durée du mariage, de la raison de la séparation, etc. La garde des enfants était répartie entre les parents.

Les usages étaient fort semblables chez les Anglo-Saxons. Le « jugement d'Ethelbert », quoique chrétien, reconnaît le divorce par consentement mutuel ou même à la demande d'une des parties. Même le *Penitential* du grand archevêque Théodore, au 7ᵉ siècle, établit une liste de motifs de divorce, dont l'adultère; il n'imposait qu'un an de viduité à la femme qui en était à son premier mariage et dont l'époux était condamné aux travaux forcés. Dans *Anglo-Saxon England*, F.M. Stenton dit de Théodore: «La teneur de ses canons reflète un désir constant de ne pas refuser une vie morale à ceux dont le mariage a été brisé par un désastre»[2].

On songe encore aux Visigoths qui ont créé en Espagne, au Portugal et dans le sud de la France le plus sophistiqué des Etats semi-romains, semi-barbares qui allaient naître des ruines de l'Empire d'Occident. Chrétiens, ils étaient aussi adeptes de l'hérésie arienne. Pour les Visigoths, le mariage ou *coniugum* «décrivait, comme au temps des Romains, une union existant en tant qu'état de fait social, créé par la seule volonté manifestée par l'acte d'individus particuliers»[3]. Ce n'était ni un sacrement religieux ni une institution d'Etat — même si, bien sûr, il avait des conséquences légales à la fois pour le couple marié et pour la société.

Selon le sexe, on appliquait à l'extrême la règle des deux poids, deux mesures. Le mari qui surprenait sa femme avec un amant avait le droit de les tuer tous deux; par contre, l'époux n'était pas puni du tout s'il commettait l'adultère avec une esclave, mais il pouvait être puni pour bigamie s'il s'agissait d'une femme libre. Toutefois, en matière de divorce, la femme avait vraiment des droits comparables. Elle pouvait se remarier si son mari était homosexuel ou bigame. Et ni le mari ni la femme ne pouvaient répudier le conjoint innocent sans son consentement; le mari qui recourait à la ruse pour extorquer le consentement de sa femme risquait la confiscation de ses biens au profit de celle-ci ou de leurs enfants. Le droit obligeait le mari à entretenir son épouse et ses enfants et, à sa mort, ils avaient droit à son héritage. Le mode de divorce le plus courant dans la plupart des sociétés préchrétiennes et non chrétiennes était le consentement mutuel, soit par écrit, soit devant témoins.

Loin d'être la particularité des tribus teutonnes ou celtes de l'Europe du nord, ces coutumes ont toujours existé et sont celles de la grande majorité de l'espèce humaine. Le divorce par consentement mutuel existe presque partout en Afrique. Généralement, le mari peut divorcer unilatéralement et sans formalités légales, tandis que la femme a besoin de la permission de son tuteur.

A partir d'Auguste, les empereurs romains ont défini les différents motifs de divorce dans une série d'édits. Dans la forme la plus courante de mariage, l'une et l'autre parties pouvaient y mettre un terme à n'importe quel moment.

On peut remonter jusqu'aux Hittites, 1200 av. J.-C., et même jusqu'au code babylonien d'Hammurabi en 2000 av. J.-C.; en gros, les modalités sont toujours les mêmes. A Babylone, l'homme pouvait divorcer quand il le voulait, mais il devait reconstituer la dot de sa femme et lui donner de quoi entretenir les enfants. Toutefois, pour recevoir cette pension alimentaire, l'épouse devait prouver qu'elle avait rempli son devoir. Elle pouvait également obtenir une séparation juridique pour cruauté ou négligence, mais elle intentait le procès à ses risques, car si on prouvait que c'était elle la fautive, elle encourait la peine de mort par noyade.

Presque partout, on trouve des dispositions de divorce par consentement mutuel à la demande du mari et aussi à la demande de la femme, mais dans un cadre beaucoup plus strict, ce qui reflète l'infériorité de sa position sociale. Presque partout aussi, on trouve des dispositions plus précises pour l'entretien de la femme divorcée et celui des enfants.

Les sociétés préchrétiennes reconnaissent en général deux droits : le droit implicite des individus de divorcer et de se remarier, et le droit à des compensations et à une pension pour celui/celle qui subit le divorce.

Petit à petit, le droit au divorce a été grignoté par l'Eglise, qui mena une longue lutte pour dominer l'institution du mariage. Comme on l'a vu, l'objet de cette lutte n'était certainement pas d'élever le mariage et d'en faire quelque chose de sacré. Ce n'est qu'au 12e siècle que fut instaurée la formule des 7 sacrements et au 16e siècle, au Concile de Trente, qu'elle devint obligatoire. Le but de ce contrôle était de minimiser l'impureté des rapports sexuels, d'encadrer la vie sexuelle de ceux qui n'aspiraient pas à l'état supérieur du célibat. Concile après concile, le clergé tenta d'interdire, ou de faire interdire par l'Empereur régnant, le divorce par consentement mutuel et le remariage. Mais les anciennes coutumes ont perduré tout au long de l'Age des Ténèbres. Le mariage était tellement loin d'être un sacrement qu'il n'était pas nécessaire de se marier à l'église. Jusqu'au 10e siècle, le divorce continua presque partout d'être une affaire privée et séculière, presque domestique. Ce n'est qu'au 11e siècle, lors des réformes hildebrandines, que la papauté (en la personne de Hildebrand, pape sous le nom de Grégoire VII) arriva à la fois à dominer l'institution du mariage et à imposer son indissolubilité. Vers 1700, le contrôle de l'Eglise était absolu.

Dans cette Europe sans divorce, les deux siècles qui suivirent ne se distinguèrent pas par la pureté de leurs mœurs. La licence du clergé — et celle des laïques — ainsi que la scandaleuse attitude des agents du pape, qui monnayaient son ascendant spirituel en dispenses d'annulation (le palais des Papes en Avignon aurait été largement financé par ces bénéfices) furent parmi les premières causes de la Réforme. Et l'une des toutes premières exigences des réformistes fut la restauration du divorce. Trois ans après avoir placardé ses thèses à la porte de l'église de Wittenberg, Luther déclara que le mariage était «sacré» mais non sacramentel et que le divorce pour raison d'adultère était tout à fait admis dans les Evangiles. Par la suite, il alla plus loin et déclara le mariage «de ce monde, extérieur au même titre que l'épouse, l'enfant, la maison, le jardin, etc. et donc du ressort des autorités séculières». La plupart des Réformistes en ont tiré la conclusion logique que l'homme et la femme devaient avoir accès au divorce. Dans une grande partie de l'Europe du nord, Hollande, Suisse, Danemark, Norvège, Suède, le mariage redevint bientôt civil, et on s'attela à l'élaboration de lois sur le divorce.

En Angleterre, le projet de Cranmer de «Réforme des Lois ecclésiastiques» envisagea la dissolution pour adultère, désertion, cruauté et «lorsqu'il y a une inimitié fatale entre les époux». Hélas, Edouard VI mourut trop tôt pour que ce projet prenne force de loi; et l'Angleterre garda jusqu'au 20e siècle une juridiction presque inchangée par rapport au droit canon.

Jusqu'au 19e siècle, par le contrôle de la chose écrite, l'Eglise sut parfaitement faire taire les ressentiments des ménages mal assortis.

Ce n'est qu'indirectement que l'on peut se faire une idée de ce que le commun des mortels pensait à propos des restrictions imposées par l'Eglise en matière de divorce; qu'il s'agisse de récriminations sur l'hypocrisie et la licence régnant dans les ordres monastiques, de la résistance à l'application du célibat des prêtres ou encore des critiques visant la politique de dispenses papales, tous ces éléments font songer à une obéissance pour le moins réticente.

En ce qui concerne l'annulation du mariage, les critiques n'ont jamais manqué, tant de l'intérieur que de l'extérieur de l'Eglise. Tout au long du Moyen Age, il était extrêmement compliqué et coûteux de déterminer la validité d'un mariage. Il s'avérait parfois nécessaire de recourir à la casuistique pour éviter les écueils. Ceux qui s'étaient mariés à la hâte pouvaient encore utiliser la commode possibilité de faire déclarer leur mariage non valide, pour des raisons de parenté trop proche. Comme le fait remarquer le professeur Colin Morris:

«On observe qu'entre 1066 et 1216, presque tous les rois d'Angleterre se sont trouvés dans un imbroglio juridico-matrimonial de ce genre, et l'Angleterre était loin d'être l'exception... Guillaume Ier et Henri Ier eurent l'un et l'autre beaucoup de difficultés à obtenir l'accord de l'Eglise pour leurs projets de mariage. Henri II épousa une divorcée, Richard eut le plus grand mal à signer son mariage avec la maison royale de France, et Jean, divorcé, contracta un second mariage d'un légitimité douteuse»[4].

L'exemple le plus célèbre des extrêmes atteints par l'interdiction du mariage pour affinités était celui de l'homme épousant sa filleule; si on découvrait un tel rapport entre les époux, la mariage était frappé de nullité.

Le droit canon avait en fait donné naissance à une florissante industrie du divorce. Pour obtenir le divorce de Catherine d'Aragon, Henri VIII déploya des efforts sans nom, mettant à contribution l'Europe tout entière. Comme l'écrit J.J. Scarisbrick:

«Une kyrielle d'érudits connaissant l'hébreu ou le grec, Chrétiens et Juifs, théologiens et canonistes, universitaires et religieux, furent appelés à la rescousse, d'Angleterre d'abord, puis du continent, pour aider le roi à obtenir le divorce. Bientôt, des agents anglais partirent à l'étranger, en France et en Italie surtout, flattant et questionnant, pillant les bibliothèques, interrogeant les savants des universités, dressant des listes de signataires de telle ou telle abbaye, pressant les canonistes et les exégètes de prendre leur plume. Ils avaient fini par rassembler un volumineux dossier de *libelli*, de pamphlets, d'avis et *obiter dicta* de dizaines d'érudits et d'institutions. Evidemment, l'autre partie n'était pas en reste. Grands et petits s'étaient ralliés à la cause de Catherine, opposant les tracts aux tracts, les avis aux avis. En 1529-30, le divorce du roi était devenu l'objet d'un débat international d'une violence et d'une rapidité d'évolution égales, quoiqu'à une moindre échelle, à celles du conflit qui opposait les polémistes catholiques et protestants»[5].

Pouvait-on dire que le mariage d'Henri et de Catherine était nul parce qu'elle était déjà veuve d'Arthur, le frère d'Henri? Leur mariage avait-il été consommé? Si oui, le pape avait-il le droit de lui accorder une dispense pour épouser Henri? La réponse dépendait de l'interprétation du Lévitique et du Deutéronome. L'interdiction du Lévitique d'épouser la femme du frère décédé était-elle parole divine et l'ordre du Deutéronome de l'épouser (pour perpétuer la famille) une coutume essentiellement juive, comme l'affirmaient les défenseurs d'Henri VIII? Ou le Deutéronome était-il également parole divine et qui plus est, une parole divine s'appliquant parfaitement au cas d'Henri VIII, comme le soutenaient les partisans de Catherine, beaucoup plus nombreux et bien plus éminents? L'évêque Fischer de Rochester réalisa l'exploit d'écrire pas moins de 7 livres en faveur de Catherine; comme le fait remarquer le professeur Scarisbrick, «on ne peut que s'étonner que son dernier paiement ait été retardé jusqu'en 1535»[6].

Est-ce vraiment une coïncidence si le schisme est né d'un divorce (ou si, du moins, il a été déclenché par un divorce) — et un divorce motivé, non seulement par des considérations dynastiques ou politiques, mais également par les désirs d'un personnage débauché? Un divorce, en somme, qui allait être *le* scandale de l'Europe. En droit canon, la cause d'Henri n'était guère défendable; si Catherine n'avait pas été la tante de l'Empereur et que l'Italie n'avait pas été sous la coupe de celui-ci, le divorce aurait peut-être été accordé — encore que, à ce sujet, les historiens ne soient toujours pas d'accord. Mais que faut-il conclure de la relative facilité avec laquelle Henri s'affranchit des lois de Rome? Car les historiens ne s'entendent pas non plus sur les origines précises de la révolte du «*Pèlerinage de Grâce*»; s'agissait-il d'un mélange de mécontentement régional et d'attachement à l'ancienne religion? Mais rétrospectivement, c'est l'absence de réaction qui frappe le plus. Les monastères furent dissous, l'évêque de Rome renvoyé et les Anglais firent preuve d'un flegme imperturbable.

S'agissait-il d'une indifférence générale à l'égard de la religion? Ou de l'aboutissement d'une hostilité très ancienne à l'encontre de Rome et de ses lois (l'Angleterre était pourtant l'un des royaumes les plus catholiques d'Europe)? Ou faut-il déceler, dans l'irrésistible poussée de l'anticléricalisme une opposition à la prétention que l'Eglise avait de régenter tout ce qui touchait au mariage? Cette intrusion précise dans la vie privée a-t-elle confirmé le sentiment que le pape était un pouvoir étranger s'immisçant dans des domaines qui, somme toute, ne le regardaient pas?

Sur ce point, les documents dont on dispose sont rares et peu probants. La seule chose qu'on puisse affirmer, c'est que tous les textes qui adoptent une vision humaniste du mariage nous apparaissent étonnamment modernes.

En effet, alors qu'Henri lutte pour obtenir le divorce, Erasme a déjà jeté le droit canon au rebut:

«Il est dangereux d'obliger des époux à rester unis quand ils se détestent. Cela peut se terminer par le poison. Il faudrait accorder le divorce et la possibilité de se remarier à ceux dont le mariage va à la dérive. Le conseil de saint Paul selon lequel il vaut mieux se remarier que souffrir les tourments de la passion peut s'appliquer aux personnes qui se sont séparées après un mariage malheureux»[8].

Loin de s'opposer au mariage, ce texte exprime la haute opinion qu'Erasme en avait, même si, pour sa part, il ne se maria jamais:

« Quoi de plus doux que de vivre avec celle à qui vous êtes uni, corps et âme, celle qui vous parle avec une affection secrète, vis-à-vis de laquelle vous avez engagé votre foi et votre fortune ? Qu'y a-t-il de plus charmant dans la nature ? On est lié à ses amis par l'affection. Mais l'amour que l'on voue à sa femme est d'une nature supérieure, à cause de l'union des corps, du lien du sacrement et du partage des biens ! Comme les autres amitiés cachent souvent la simulation et la perfidie ! Les amis voltigent comme les hirondelles. Rares sont ceux qui restent jusqu'à la fin. Mais l'épouse est fidèle et seule la mort rompt le mariage, et encore... Vous dites « Les enfants peuvent mourir », mais croyez-vous que le célibat vous garde des chagrins ? Rien n'est plus sûr, plus heureux, plus tranquille, plus plaisant ni plus agréable que le mariage »[9].

Erasme fut fort contrarié par le conflit qui opposa Henri et Catherine ; il les appréciait tous deux. Il avait dédié son *Traité sur le Matrimoine* à Catherine. Il tenta de s'esquiver lorsque, inévitablement, on voulut connaître son opinion sur l'affaire, mais en privé, il lança vertement : « Je préfèrerais que Jupiter ait deux Junon, s'il fallait en renvoyer une » — en d'autres termes, il optait pour la bigamie.

Toutefois, il établissait une distinction entre la position d'un roi devant perpétuer la dynastie et assurer la sécurité de son royaume et celle du citoyen ordinaire. Dans ses *Colloques* — saynettes didactiques et humoristiques, — les arguments en faveur du mariage l'emportent toujours. Elles sont truffées d'anecdotes qui expliquent que le pardon et la tolérance mutuelle peuvent réparer les éclats conjugaux, de réflexions sur la nécessité d'être patient avec ses beaux-parents et de comprendre leur position, et de propos sur les délices de l'amour physique et spirituel. Parfois, son discours rappelle le courrier des lectrices d'*Intimité*.

A Xantippe qui veut savoir comment rendre son mari bon et fidèle, Eulalie répond :

« ... Ayez soin que tout soit propre et en bon ordre dans la maison, et qu'il ne s'y passe rien de désagréable qui l'en chasse. Montrez-vous toujours de bonne humeur, mais sans relâcher rien d'un certain respect que la femme doit au mari. Ne soyez point triste, mais aussi ne soyez point effrontée ; et fuyez autant le reproche d'être chagrine et fâcheuse, que le reproche de pencher à ce qu'on nomme lubricité. Faites bon visage à ceux qu'il aime, invitez-les souvent à manger, et durant tout le repas, montrez-vous la plus joyeuse à table. Enfin, s'il vient quelquefois de la débauche plus gaillard qu'à l'ordinaire, et qu'il prenne sa guitare, accordez votre voix à ce qu'il joue. C'est de la sorte que vous accoutumerez insensiblement votre mari à demeurer au logis, et à faire moins de dépenses dehors. Car après tout il donnera lieu à cette pensée : il faut avouer, se dira-t-il à soi-même, que je suis bien insensé, de prodiguer dehors tout mon argent et ma réputation avec une garce, tandis que j'ai chez moi une femme beaucoup plus gentille, qui m'aime cent fois plus, et me reçoit proprement et avec meilleur visage »[10].

Influencé peut-être par son expérience malheureuse de la vie monastique, Erasme ne cesse de répéter qu'à moins d'avoir vraiment la vocation, le monastère est une prison et que, de toute façon, la virginité n'est pas un état supérieur... Dieu ne demande pas et ne désire pas que l'homme reste célibataire.

Les historiens et les théologiens ont généralement réagi à ces propos en les taxant d'extrémisme intellectuel; ils trouvaient que les thèses d'Erasme constituaient une provocation et une offense au Fidèle, mais ils ne définissaient pas le Fidèle. On voudrait nous faire croire que le commun des mortels gobait ce que le prêtre disait; pourtant, le ton des *Colloques* donne une impression assez différente: ses images et ses allusions sont *populaires*. Erasme se réfère constamment à l'expérience des gens ordinaires. Il évoque les relations conjugales, le partage des problèmes — les bébés nés après trois mois de mariage, les belles-mères hostiles, les maris égoïstes; il conseille aux femmes de ne pas commencer de disputes dans la chambre et de ne pas faire des remarques indélicates pendant les rapports sexuels. Il conseille surtout aux gens de faire confiance à leur propre expérience, de prendre leur vie en main, et de ne pas craindre de fonder leurs valeurs morales sur leurs instincts, parmi lesquels le désir tient autant de place que la charité, l'altruisme ou l'abnégation. Ne serait-ce qu'implicitement, Erasme désire faire partager aux gens ses réflexions sur la vie, tout en sachant qu'ils en ont déjà une connaissance intuitive. Il cristallise les impressions quotidiennes du discours ordinaire sous une forme littéraire.

Mais s'il faut classer Erasme parmi les extrémistes extravagants, que faut-il penser de Thomas More? Par miracle, l'intégrité, la fermeté d'esprit et le caractère heureux de More ne peuvent être remis en question; ils ressortent très clairement de ce que l'on connaît de sa vie et de son procès; c'est précisément son honnêteté, son refus de la flatterie et de la mode qui l'ont rendu immortel. Pourtant, le mariage tel qu'il le décrit dans *L'Utopie* correspond assez bien au modèle proposé par Erasme:

«Le lien conjugal n'est guère rompu que par la mort, sauf en cas d'adultère ou de mœurs tellement insupportables de la part de l'un des conjoints. Dans ces derniers cas, le Sénat donne à la personne offensée la permission de changer de conjoint, tandis que le coupable est frappé définitivement d'infamie et doit observer un célibat perpétuel.

A part ces exceptions, on n'admet absolument pas qu'une femme n'ayant commis aucune faute soit répudiée contre son gré, pour la simple raison qu'elle est atteinte d'une infirmité quelconque, car rien n'est plus cruel, estime-t-on, que d'abandonner quelqu'un au moment même où il a le plus besoin de consolation, et de n'offrir à ceux qu'atteint la vieillesse, mère de la maladie et maladie elle-même, qu'une fidélité incertaine et trompeuse.

Cependant, il arrive parfois que des époux, qui manifestent une totale incompatibilité d'humeur, découvrent l'un et l'autre des personnes avec lesquelles ils espèrent pouvoir mener une vie plus agréable; dans ce cas, les deux parties se séparent d'un commun accord et contractent un nouveau mariage, non sans avoir obtenu l'autorisation des membres du Sénat. Ceux-ci n'admettent le divorce qu'après avoir soigneusement instruit la cause par eux-mêmes et avec le concours de leurs épouses. Bien plus, même dans ces conditions, il leur répugne de prendre une telle décision car ils savent que l'espoir de contracter facilement de nouvelles noces n'est pas du tout le moyen de renforcer l'amour conjugal»[11].

A bien des égards, *L'Utopie* est un monde cruel et puritain. L'adultère, par exemple, y est puni d'emprisonnement; la récidive mène à la condamnation à mort. L'Etat idéal selon Thomas More présente des points communs avec la Nouvelle-Angleterre, et aussi avec *1984*. Par contre, sa vision du mariage et du divorce — et en particulier du sort de l'épouse abandonnée — est empreinte de compassion et de sympathie. Il ne faut pas toujous prendre les utopies littéraires à la lettre, mais il me semble clair que dans cette partie de son œuvre, More a exposé ses idées d'une manière très franche. On ne trouvera jamais conception moderne du mariage plus «humaine» que celle des humanistes de la Renaissance. Car les humanistes ne se contentaient pas de critiquer la rigidité du droit canon et la corruption de l'Eglise. Ils construisirent une critique systématique du contrôle exercé par l'Eglise sur le mariage et de la manière dont ce contrôle avait ravalé les qualités naturelles du mariages. En fin de compte, ils accusaient surtout l'Eglise d'avoir souillé le lien du mariage en le réduisant à l'accomplissement d'un devoir sexuel.

Ces critiques s'emplifièrent au siècle suivant, lorsque des érudits tels que Fagius, Grotius et Selden y joignirent leur voix, jusqu'au moment où la rumeur devint tumulte, puis coup de clairon avec John Milton.

Nul n'a jamais défendu le droit pour chacun de divorcer librement en termes aussi éloquents, aussi précis et aussi justes. Comparés à *The Doctrine and Discipline of Divorce*, bien des plaidoyers en faveur du régime du divorce sembleront tièdes et timorés. La véhémence de Milton fut-elle influencée par le tour catastrophique que prit, dès le début, son premier mariage (sa femme l'abandonna au bout de quelques mois)? C'est possible. Quoi qu'il en soit, on reconnaît généralement que ses arguments sont dans la ligne de ceux de Grotius et de Selden; se battre pour le droit de conscience était chez lui comme chez ses contemporains une préoccupation constante.

Milton veut établir que :

« Cette aversion, cette inaptitude ou cet esprit contraire, dont la cause est par nature inaltérable et embarrassante, toujours capable d'entraver les principaux avantages de la société conjugale, qui sont le réconfort et la paix, cette aversion est une raison plus importante de divorce que la froideur naturelle, surtout s'il n'y a pas d'enfant et que le consentement est mutuel »[12].

A plusieurs reprises, Milton déclare que certains conjoints ne sont pas faits l'un pour l'autre, ni pour le mariage en général. Ils ont un « tempérament non conjugal ». Il arrive souvent que « ceux qui ont percé à jour le caractère le plus intime de l'autre, ce qui souvent n'est possible qu'après le mariage, éprouvent l'un pour l'autre un puissant et profond dégoût ruinant tout le plaisir de la compagnie mutuelle »[13]. Le problème, c'est que « ceux qui se marient n'ont pas tous la vocation ».

Milton se livre alors à une énumération, fort intéressante pour le lecteur moderne, des conséquences du mariage malheureux. « Tout délice physique perd bien vite sa saveur et devient méprisable ». Celui qui est mal marié est plus solitaire que le célibataire :

« Car l'éloignement ou l'absence d'un soutien pourraient accoutumer le célibataire à puiser en soi le réconfort ou à garder l'espoir ; mais ici, la pensée continuelle de ses espoirs irrémédiablement déçus doit signifier pour lui, surtout si, par nature, il est enclin à la mélancolie, une affliction quotidienne et un chagrin comparable à celui que ressentent les réprouvés »[15].

Souvent, il tente de « retrouver son bonheur perdu en allant au bordel, ou en se glissant entre les draps de son voisin, car c'est à cela que mène cette infortune, ou en acceptant de gaspiller sa précieuse vie »[16].

Ici, Milton rejoint des idées modernes qui ne seraient pas déplacées dans les œuvres de R.D. Laing : « Voilà sans doute la raison de ces écarts et de cette mélancolie désespérée si fréquente chez les personnes mariées, quand bien même elles ne le comprennent pas ou en donnent d'autres causes, parce qu'elles ne connaissent aucun remède, et c'est extrêmement dangereux »[17].

Et si, dans sa référence à ceux qui « n'ont pas la vocation du mariage à moins qu'on ne voie en celui-ci qu'un simple instrument », on peut considérer que Milton pense aux vrais célibataires et même aux homosexuels ; comme le médecin moderne, il établit un rapport direct entre la santé physique et le bonheur conjugal : « Quelle cruauté que d'obliger quelqu'un à n'avoir que cet état comme joie dans l'existence alors que lui-même et ses amis savent qu'il signifie le chagrin et la ruine de toute sa vie »[18].

On est loin des « tu ne forniqueras pas » et des « croissez et multipliez », deux des trois premiers objectifs du mariage selon l'Eglise. Pour Milton, « la compagnie, l'assistance et le réconfort mutuels » ne sont pas les buts fondamentaux de l'union conjugale; car le mariage est sans doute ce qu'il y a de plus central, de plus crucial dans la vie de l'homme. Il imprègne et irradie tout son être, ses émotions, son corps et son esprit. En fait, on pourrait presque dire que le mariage *est* la vie de l'homme. Enfermer quelqu'un dans un mariage malheureux, c'est signer son arrêt de mort.

Cette vision puritaine du mariage a des conséquences extrêmes : « Dans le mariage, l'amour ne peut exister et subsister s'il n'est pas mutuel; et là où il n'y a pas d'amour, il ne peut rester du lien conjugal que l'écorce vide d'une union extérieure, aussi déplaisante et désagréable à Dieu que n'importe quelle autre hypocrisie »[19].

Mais seul l'individu peut décider s'il aime ou s'il n'aime pas. Or, nous explique Milton, l'amour ne s'impose pas, fût-ce à soi-même; lorsque surgit une incompatibilité entre les époux ou que l'un des deux manifeste un tempérament non conjugal, chacun devrait garder le droit de décider s'il veut rester marié. Le mariage ne peut pas être intégré dans une structure sociale ou sacramentelle; c'est une affaire d'ordre strictement privé et individuel, qui ne concerne que le mari et la femme :

« Le pape a également usurpé le droit d'arracher le pouvoir et la décision de divorcer au chef de famille, car c'est dans les mains de celui-ci que Dieu et les lois de toutes les nations ont déposé ce droit, et de même le Christ ne prêcha qu'à la conscience, et n'autorisa aucun tribunal à divulguer la raison secrète et inexplicable de la désaffection entre mari et femme, car aucun type de jugement ne peut la déterminer. Mais les papes de Rome, comprenant que des revenus abondants et une autorité puissante — même sur les princes — pourraient découler d'un pouvoir de jugement et de décision sur une affaire aussi importante dans la vie de l'homme que le divorce, utilisèrent la superstition de l'époque pour dépouiller les hommes de ce droit que Dieu, depuis le début des temps, a confié à l'époux : par ce moyen, ils soumirent cette prérogative, depuis toujours privée, à une judicature extérieure et inappropriée »[20].

La compétence des tribunaux est pratiquement limitée aux conséquences sociales du mariage et du divorce :

« Car s'il ne faut pas taire au magistrat des raisons de divorcer aussi différentes que les problèmes de dot, de douaire ou d'adultère, la décision finale d'interdiction absolue ne peut appartenir à aucun pouvoir civil ou terrestre, contre la volonté et le consentement des deux parties, ou de l'époux »[21].

Ce n'est que par ses opinions sur la suprématie masculine que Milton s'écarte de l'attitude moderne. Les tribunaux sont là pour fixer le montant de la pension alimentaire et déterminer à qui revient la garde des enfants; «la loi ne peut invoquer aucun motif rationnel pour interdire le divorce; son rôle se limite à veiller à ce que les conditions du divorce ne soient pas injustes»[22]. Ajoutons que sa conception de la suprématie masculine reste limitée et variable; l'importance qu'il attache au consentement mutuel et à la conscience individuelle implique forcément que les femmes ont la liberté de choix entre le mariage et le célibat.

Ces idées si résolument modernes sont vieilles de trois siècles. Et Milton lui-même les considérait comme beaucoup plus anciennes. Il partageait l'opinion des radicaux du 17e siècle, pour qui les lois sur le divorce, comme d'ailleurs toutes les contraintes, immixtions et dominations, étaient un héritage du «joug normand». Il méprise l'«ignorance canonique» et dénonce le petit esprit des exégètes; il en appelle au Parlement anglais («Sénateurs Illustres») pour sauver Moïse des commentaires spécieux des scolastiques et des canonistes, pour tendre la main à l'homme épuisé et malheureux, pour rendre cet héritage perdu au monde du foyer»[23].

Dans une splendide envolée patriotique, Milton ne s'arrête pas aux Normands; il remonte jusqu'aux pères anglais du véritable christianisme:

«Qui d'autre que notre Constantin a baptisé l'Empire Romain? Qui d'autres furent les premiers apôtres de Germanie que Willibrod de Northumbrie, Winifred du Devon et leurs disciples? Et qui d'autres que Alcuin et Wickliff, nos concitoyens ont éveillé l'Europe, l'un a l'Art, l'autre à la religion? N'oublions pas la grandeur de l'Angleterre, de ce pays qui apprit à vivre aux autres nations»[24].

Parmi tous ceux qui ont cité cet hymne de gloire, combien se rappellent qu'il figure dans l'introduction d'un fougueux plaidoyer en faveur du divorce par accord mutuel? Car ce qui donnait cette primauté à l'Angleterre, c'était sa législation libérale en matière de divorce. Notre «héritage perdu», c'est l'héritage du divorce facile.

D'un point de vue historique, il est sans doute audacieux de revendiquer une telle primauté, mais Milton n'en a pas moins raison, lorsqu'il déclare que le divorce était plus facile avant la conquête normande. Peut-on en déduire que les Saxons étaient d'aussi fervents partisans du mariage que Milton? Ce serait sans doute s'avancer, mais il reste certain que la théorie du joug normand est antérieure à l'époque puritaine. D'après Christopher Hill, cette théorie existe probablement, de manière plus ou moins souterraine, depuis 1066. Moins de cinquante ans après la conquête normande, Henri Ier essayait de se gagner l'appui du peuple en reconduisant les lois que l'on attribue à tort à Edouard le Confesseur, contribuant ainsi à l'édification du mythe de l'âge d'or saxon, qui eut son importance dans la conquête de la *Magna Carta*. En ce qui concerne les deux siècles suivants, on tombe de temps à autre sur des documents isolés où perce une vague nostalgie au souvenir de la justice démocratique des lois et des parlements saxons. Les traces de cette tradition égalitaire et libertaire sont rares, certes; mais combien de plaidoyers pour la restauration de la propriété privée trouvera-t-on dans les vieux numéros de la *Pravda* ? On peut raisonnablement supposer que l'approche plus souple ou plus réaliste du divorce en vigueur chez les Saxons représentait pour les gens une des libertés perdues.

On pourrait sans doute ajouter que la montée du pouvoir séculier de l'Eglise, puis l'émergence du pouvoir absolu de l'Etat et la collusion des deux ont imposé un double joug à l'indépendance et au caractère privé du mariage. Il y a une caractéristique commune à tous les systèmes juridiques saxons et préchrétiens les distinguant de la tradition du droit canon qui a régi le mariage en Angleterre jusqu'en 1969, date de la réforme de la législation sur le divorce. Les lois saxonnes — comme les lois celtes, ou romaines — sont *extrinsèques*; elles fixent les dispositions matérielles du mariage et la transmission de la propriété; elles ne semblent pas tellement correspondre à une volonté d'atteindre l'aspect *intrinsèque* du mariage, d'exercer un contrôle sur la vie affective des époux. L'Etat moderne, sécularisé, est revenu aux anciennes limites de l'ingérence — de mauvais gré, mais il y est revenu. Le caratère strictement privé de la vie affective des conjoints est maintenant reconnu par tous. Le seul rôle de l'Etat, comme disait Milton, c'est de «veiller à ce que les conditions du divorce ne soient pas injustes».

Mais l'Establishment du 17e siècle avait raison de voir dans le retrait de l'Eglise et de l'Etat un désastre stratégique. Car en concédant que le mariage est *trop important* pour qu'on laisse les politiciens, les hommes de loi et le clergé s'en mêler, l'Establishment a accepté et légitimé un pôle de pouvoir rival. Ce pôle de pouvoir rival, qui est actuellement la seule opposition véritable menaçant toutes les idéologies, toutes les religions et tous les patriotismes, c'est la famille. Et le droit de divorcer librement — c'est-à-dire le droit de décider ce qui fait la validité et la viabilité d'un mariage — est la marque de ce pouvoir.

Ce n'est qu'en 1981 que le Synode de l'Eglise d'Angleterre a enfin reconnu que dans certaines circonstances, le prêtre a le droit de remarier une personne divorcée. Il a fallu neuf siècles pour le culte anglican réintègre le divorce; les catholiques n'ont toujours pas récupéré ce droit.

On nous dit qu'il faut voir dans cette évolution un symptôme ou une cause du *déclin* du mariage. Deux groupes distincts formulent cette critique. D'une part, il y a les hommes d'Eglise traditionnels et les conservateurs qui déclarent que le divorce facile préfigure « la faillite de la vie familiale » et constitue une « menace pour la stabilité sociale ». En soulignant « l'effroyable coût social » de l'échec d'un mariage, et en particulier des effets psychologiques sur les enfants, ils rejoignent le second groupe, et d'ailleurs l'opinion générale.

Le second groupe, celui des marxistes, des radicaux et autres communautaires, considère le mariage comme une étape passagère de l'histoire humaine, liée au capitalisme, à la répression ou à une autre ingérence. Pour ce groupe, le mariage est en déclin, et c'est une très bonne chose pour notre santé psychique à tous. Le droit au divorce est une étape nécessaire, sans plus, vers la destruction de l'idéal de l'indissolubilité des liens conjugaux et vers la disparition de l'égoïste familiale nucléaire.

Jusqu'ici, nous n'avons étudié le divorce que de l'intérieur, mettant en lumière la longue lutte menée par les couples pour retrouver le droit de décider quand ils convient de mettre un terme au mariage. Ne devrions-nous pas également aborder le problème de l'extérieur, dans « une vision plus large, englobant toute la société » ?

Certainement. Mais nous voudrions d'abord faire remarquer que ceux qui font cette démarche, ceux qui attirent notre attention sur les aspects sociaux, forment une curieuse coalition, composée d'une part, des tenants du « mariage sacré et indissoluble », sauf circonstances exceptionnelles, et d'autre part, des adversaires du « mariage, institution répressive », carcellaire, sclérose du cerveau, poison de l'âme et torture de l'esprit. En fait, ils ont en commun le refus d'un mariage conçu comme une cellule de pouvoir indépendante. Chacun à sa façon, ils souhaitent soumettre nos décisions sexuelles et parentales privées à un contrôle moral, social et légal plus strict.

Leurs critiques sont donc suspectes dès le départ. Celles de l'Eglise sont suspectes parce qu'il faudrait d'abord que le clergé accepte de battre sa coulpe, qu'il reconnaisse son énorme culpabilité accumulée au cours de siècles de cruauté et de barbarie envers les enfants illégitimes, les filles mères, les couples mal assortis et, en fait, tous ceux qui «s'écartaient du droit chemin». Les traumatismes psychologiques provoqués par l'endoctrinement religieux rivalisent certainement avec ceux que l'assouplissement de la législation sur le divorce a entraînés. Pour oser une comparaison entre un passé mythique plein de couples heureux en mariage et un monde moderne où s'accumulent les désastres conjugaux et les abandons, il faut une solide mauvaise foi ou un aveuglement total.

La mauvaise foi du second groupe est d'un ordre différent. Le divorce est une situation que les matérialistes historiques sont très peu enclins à analyser dans une perspective historique ou économique.

Ce qui s'est passé, c'est que, pour la première fois au cours de ce millénaire, les travailleurs ont acquis le contrôle du mariage et du divorce. L'ascension foudroyante du nombre de divorces n'est pas due au fait que la vie bourgeoise est par essence insatisfaisante, que le mariage, c'est l'enfer, ou que l'homme s'égare si on ne lui impose pas de garde-fous. Le divorce est tout simplement devenu facile et bon marché.

Au Moyen Age, seuls obtenaient le divorce les princes qui louaient les services d'un bon canoniste. Aux 17e et 18e siècles, quelques nobles obtinrent le divorce grâce à des décrets ruineux. Au 19e siècle et au début du 20e, on pouvait obtenir le divorce dans les milieux bourgeois; les avocats et les hommes de loi se faisaient grassement payer pour ce genre de causes. Au Moyen Age, et encore aujourd'hui dans le culte catholique, on obtenait le divorce (ou plutôt, l'annulation) à coup de subtiles arguties démontrant l'invalidité du mariage; au 19e siècle et au début du 20e, on l'extorquait en arrangeant des adultères fictifs dans les hôtels de Brighton.

Cette lente progression du divorce à travers les classes sociales s'est irréversiblement emballée après la seconde guerre mondiale. En Angleterre et au Pays de Galles, le nombre de divorces est passé de moins de 10.000 par an avant 1939 à 58.000 en 1970 et à quelque 140.000 par an à la fin des années 70. Nous voyons à cette évolution au moins quatre raisons précises.

Tout d'abord, la création, en 1950, de l'assistance juridique au divorce. Les conditions financières ont été modifiées en 1960, et l'ont encore été depuis; les frais de justice imposés aux couples qui désirent divorcer sont devenues négligeables.

En deuxième lieu, la *Loi sur la Réforme du Divorce* de 1969 a facilité et simplifié la procédure et l'a rendue moins pénible. Non seulement, on a élargi le nombre des motifs de divorce recevables, mais on a également adouci le caractère conflictuel, hostile de la procédure de divorce. L'introduction du concept d'«échec irrémédiable» a fort allégé le climat d'hypocrisie. Les formules de divorce par consentement mutuel au bout de 2 ans de séparation et à la demande d'un partenaire au bout de 5 ans a également réduit les frais d'avocat.

Troisième facteur de progression du nombre des divorces, dès 1948, l'Etat Providence a créé, à l'intention des femmes divorcées, un régime de sécurité sociale qui, indubitablement, représente un progrès par rapport à l'ancienne «Poor Law» et à l'assistance publique d'avant la guerre. Lorsque l'ex-mari ne peut pas — ou ne veut pas — verser de pension alimentaire à son ex-femme, celle-ci échappe au moins à la misère. Les ménages de la classe ouvrière ne sont plus obligés de rester soudés pour des raisons de survie.

Enfin, la prospérité générale a entraîné une plus grande précocité des mariages. Il ne faut plus attendre si longtemps pour pouvoir monter un ménage à soi; en contribuant à la poussée générale du mariage, cette tendance a également augmenté le nombre d'unions hâtives, fragiles, mal assorties.

Ce sont là des changements énormes et qui, à peu de choses près, se sont produits dans presque tous les pays d'Europe occidentale; presque partout en Europe du nord, ou du moins dans les pays à prédominance protestante, existent des législations qui sont au moins aussi laxistes, en matière de divorce, que la législation britannique; les pays catholiques, méditerranéens, suivent plus lentement.

Pour expliquer cette évolution, nous ne parlerons pas d'un changement d'«attitudes». Car à l'évidence, il s'agit plutôt d'un changement au niveau de l'équilibre du *pouvoir* social. C'est le suffrage universel qui, au départ, a donné à tous l'accès au divorce naguère réservé aux riches; la prospérité a permis une organisation du divorce fondée sur l'aide publique.

On a donc sauté le pas, définitivement; on est passé de la mainmise de l'Etat et de l'Eglise à un pouvoir de décision privé, personnel. On ne peut même pas comparer le comportement du citoyen moyen actuel à celui des princes et des nobles des temps jadis, car même les aristocrates les plus puissants se mariaient et divorçaient dans le cadre strict de ce qui était permis par les autorités; la liberté dépendait d'une manière générale de la piété et de l'observance des pratiques religieuses.

L'accès libre et universel au divorce est un élément nouveau dans l'ère chrétienne; ce changement est aussi capital que l'accès libre et universel à une contraception fiable. Pour la première fois dans l'histoire moderne, le couple marié jouit du pouvoir de prendre ses propres décisions au niveau légal.

Dès lors que le changement intervenu dans les rapports de force entre le couple marié et la société est sanctionné, d'autres éléments font leur apparition.

Tout pouvoir reconnu, tangible, entraîne inévitablement la responsabilité. Quand le pouvoir d'agir, de ne pas agir ou d'agir différemment repose spécifiquement sur l'individu, le cadre dans lequel celui-ci peut commettre des erreurs s'agrandit, et sa propre marge d'irresponsabilité se réduit.

D'une part, le libre accès au divorce diminue vraiment la honte associée à l'échec conjugal. Le divorce devient plus banal; «tout le monde divorce, de nos jours». La loi elle-même tente d'atténuer l'humiliation en utilisant les termes «incompatibilité» ou «échec» plutôt que «faute». On compare les couples qui se séparent à des couleurs mal assorties, ou à des voitures qui se déglinguent. Les Américains vont jusqu'à emprunter un terme à la terminologie des assurances automobiles : on parle de divorce «à torts partagés» à propos de la séparation du Sénateur Edward Kennedy et de sa femme.

Mais à un autre niveau, l'humiliation est bien plus cuisante qu'auparavant. Car les couples mariés ont maintenant un contrôle absolu du mariage: les unions ne sont plus décidées par les familles; il est rare qu'on demande l'accord des parents — parfois, ceux-ci ne sont même pas mis au courant. Quand on se marie à l'église, c'est normalement dans les termes choisis par le couple, ceux d'une célébration familiale; l'engagement religieux n'est plus systématique. Ces signes apparents reflètent la conviction profonde que le mariage est trop important pour qu'on laisse une autorité extérieure s'en mêler; cette vision miltonienne renforce à la fois l'engagement et les attentes. Quand un mariage échoue, c'est aussi grave que d'être chassé du paradis.

C'est souvent à l'ampleur du choc ressenti par le couple et par son entourage que l'on mesure la catastrophe que représente l'échec conjugal. Juste après la séparation, il arive souvent que des personnes au tempérament apparemment stable sombrent dans une profonde dépression, ou une terrible folie, ou les deux à la fois. Cela surprend, sans doute parce que la simplicité de la procédure de divorce fait croire que le problème s'est banalisé; ne dit-on pas que «les mœurs ont bien changé», que «le mariage n'est plus qu'un bout de papier» — et le divorce aussi ? Mais en général, ce n'est pas du tout ainsi que les choses se passent.

On ressent souvent le divorce comme l'échec de l'«affaire» la plus importante de sa vie. Ce glissement de pouvoir relatif au mariage est en effet comparable au passage du statut d'employé à celui d'indépendant. Les satisfactions augmentent, mais les soucis et les risques également. Le mariage devient une carrière, une «entreprise»; il n'est plus un état.

Nombreux sont ceux, surtout aux E.-U., qui disent que les exigences du mariage sont beaucoup trop lourdes. Le taux d'échec est trop élevé; à les en croire, une relation moins intense, plus lâche, partagée avec plusieurs personnes serait souvent préférable.

Avant de s'aventurer trop loin dans l'étude des alternatives au mariage, il faut se rappeler le contexte historique dans lequel nous vivons. La libération des contraintes religieuses, civiles et financières s'est opérée très rapidement et elle est encore toute récente; en Grande-Bretagne, elle a 10 ans à peine. La progression fulgurante du nombre de divorces est surtout imputable à une demande longtemps réprimée. Des milliers de personnes ont divorcé ces dernières années, mais elle l'auraient fait bien plus tôt si elles en avaient eu la possibilité. Ces 40 dernières années, on a assité à une augmentation en flèche des mariages avant l'âge de 25 ans; cette tendance est en rupture totale avec la tradition d'Europe occidentale. Il faut associer ce boom à la liberté économique et sociale dont jouissent les jeunes d'aujourd'hui, liberté qui, à son tour, a contribué à l'augmentation du nombre de divorces. Et surtout, beaucoup plus de gens se marient, à un moment ou à un autre de leur vie. Tout simplement, le nombre de mariages est beaucoup plus élevé. Bref, la vertigineuse ascension des taux de divorce est attribuable à quantité de raisons pratiques qui n'ont rien à voir avec la teneur émotionnelle du mariage moderne. Comme le dit si bien Ronald Fletcher dans *The Family and Mariage in Britain*, rien, absolument rien ne permet de parler d'un échec de la famille ou d'une aggravation de l'instabilité de la vie familiale.

La liberté est angoissante; tout pouvoir individuel entraîne une certaine solitude. La liberté de se marier implique le risque de l'échec, comme n'importe quel engagement. En fait, ce risque est inhérent à tout engagement — à une cause, à un groupe, à une conviction, à une autre personne. C'est une partie de la vie qui est en jeu. Le risque peut s'exprimer en termes d'émotion, de temps ou d'argent, mais il reste un élément inévitable.

Le taux de divorce n'est pas en soi un argument contre le mariage, pas plus que la quantité de mauvaix poèmes n'est un argument contre la poésie. Il ne faut pas esquiver le risque de l'échec. Les législations modernes ont au moins le mérite de faire connaître les risques encourus. Si, en régime démocratique, malgré toute l'information disponible, les jeunes persistent à se précipiter dans cette périlleuse entreprise, il n'y a plus grand-chose à dire. Tout effort qui viserait à ramener le mariage sous le contrôle d'une quelconque autorité serait purement et simplement illégitime. Car si la liberté est périlleuse, elle est également incontestable et irremplaçable.

NOTES

[1] Voir Myles Dillon et Nora Chadwick, *The Celtic Realms*, Londres, 1967.
[2] F.M. Stenton, *Anglo-Saxon England*, Oxford, 1943, p. 140.
[3] P.D. King, *Law and Society in the Visigothic Kingdom*, Cambridge, 1972, p. 224.
[4] Colin Morris, *The Discovery of the Individual 1050-1200,* New York, 1972, p. 107 + note infrapaginale.
[5] J.J. Scarisbrick, *Henry VIII*, Londres, 1968, p. 219.
[6] Ibid, p. 167.
[7] Voir Scarisbrick, op. cit.; G.R. Elton, *Reform and Reformation*, Londres, 1977; et C.S.L. Davies, *Peace, Print and Protestantism*, Londres 1977, pour les divers points de vue.
[8] Roland H. Bainton, *Erasmus of Christendom,* Londres 1970, p. 278.
[9] *De Conscribendis Epistolis*, abrégé, ibid., pp. 71-2.
[10] Erasmus, *Colloquies*, Ed. Craig Thompson, Chicago, 1965, pp. 126-27.
[11] Thomas More, *Utopia*, trad. Paul Turner, éd. Folio Society, 1965, pp. 104-05.
[12] John Milton, *Prose Writings*, Ed. Everyman, 1927, p. 259.
[13] *Ibid.*, p. 277.
[14] *Ibid.*, p. 280.
[15] *Ibid.*, p. 261.
[16] *Ibid.*
[17] *Ibid.*, p. 267.
[18] *Ibid.*, p. 280.
[19] *Ibid.*, p. 268.
[20] *Ibid.*, p. 309.
[21] *Ibid.*
[22] *Ibid.*, p. 313.
[23] *Ibid.*, p. 252.
[24] *Ibid.*, p. 253.
[25] Christopher Hill, *Puritanism and Revolution*, Ed. Panther, 1968, p. 65.

Chapitre 13
Les femmes, le pouvoir et le mariage

L'histoire de la famille ressemble plus à une guerre de tranchées qu'à une longue marche. D'après tous les éléments que nous avons rassemblés jusqu'ici, la lutte entre la famille et « la famille alternative » de la fraternité — qu'il s'agisse de l'Etat, de l'Eglise ou de la Communauté — a existé de tout temps, aussi loin que l'on remonte. Pendant certaines périodes, parfois longues de plusieurs siècles (au Moyen Age, le contrôle de l'Eglise sur le mariage), c'est la famille alternative qui a la cote. Selon l'idéal monastique, les frères et sœurs sont plus près de Dieu que les époux. En Angleterre, entre la conquête normande et la dissolution des monastères, il devait sembler fort improbable que la vision populaire du mariage puisse jamais retrouver des lois et des coutumes qui lui soient favorables. Effectivement, il a fallu neuf siècles pour que le droit du divorce tienne enfin compte des aspirations humaines plutôt que des désirs divins. Si, au 20e siècle, la vision populaire du mariage est enfin arrivée à dominer l'esprit de la loi et de la politique, chez les jeunes, la vieille impatience à l'égard des contraintes et des obligations de la vie familiale a refait surface. Les familles alternatives poussent de nouveau comme des champignons : ateliers, squats et communautés, tous rayonnent de l'innocente présomption que leur formule est totalement neuve. La guerre de tranchées continue.

On peut trouver que le matériel étudié ici correspond à un choix très partial, voire discutable. C'est à peine si j'ai abordé les sujets classiques d'une étude sur le mariage : endogamie ou exogamie, tabou de l'inceste, propriété et mariage — prix de la fiancée, dot, douaire —, et surtout la position sociale et juridique de la femme. Simone de Beauvoir et Germaine Greer se sont longuement étendues sur ces sujets.

Ce n'est pas que je considère que l'« histoire féministe » et l'approche économique de l'histoire soient déplacées ou négligeables dans une étude historique de la famille. Mais ces deux approches présentent le risque d'occulter les signes de la vie intérieure de la famille. On risque également de considérer que la vie intérieure est directement et exclusivement modelée et contrôlée par les circonstances économiques et politiques.

Si, par exemple, on choisit comme critère d'analyse les transferts de propriété, on arrive à la conclusion que dans la société traditionnelle, les femmes étaient totalement considérées comme des biens. D'un point de vue juridique, c'est peut-être exact pour certaines sociétés — encore que, là aussi, il faudrait revoir le point de vue traditionnel — mais les dispositions financières préalables au mariage ne doivent pas et ne peuvent pas déterminer ce qui arrivera après le mariage. La cohabitation crée inévitablement des liens affectifs. Cela se vérifie même lorsqu'il s'agit d'une relation d'oppression sanctionnée par la loi. Le potentiel des relations est tellement plus riche entre deux, et seulement deux, adultes de la même classe vivant ensemble depuis vingt ans ou trente ans, et qui resteront ensemble jusqu'à ce que la mort les sépare.

L'intensité de l'émotion est proportionnelle aux dimensions de la famille. Vouloir ramener les dimensions du foyer à un détail statistique, c'est nier toute l'expérience humaine. Or, on sait qu'en Occident, la famille conjugale a été la norme tout au long de l'histoire. Mieux encore, Peter Laslett estime qu'en Angleterre, entre 1500 et 1849, les gens vivaient en moyenne vingt ans avec leur premier conjoint[1], même si l'espérance de vie était alors plus courte. Contrairement aux dires de Philippe Ariès, pour qui les mariages duraient rarement plus de vingt ans, un cinquième de tous les mariages dans l'Angleterre traditionnelle durait 35 ans ou plus — une bonne moyenne, même pour aujourd'hui. Il est tout à fait faux de prétendre, comme l'a fait une génération d'historiens, que le mariage ne pouvait pas durer assez longtemps pour assurer la base d'une vie familiale ou pour socialiser l'enfant.

D'ailleurs, aussi loin que l'on remonte dans l'histoire, les gens ont toujours parfaitement compris que la vie commune crée des liens affectifs. Dans un de ses dialogues sur la famille, Léon Battista Alberti, excellent architecte, mais écrivain « bourgeois » et prosaïque, dont on n'attend pas d'analyses psychologiques très subtiles, prête à l'un de ses personnages les propos suivants sur l'état du mariage en 1432 :

On peut considérer que l'amour entre mari et femme est le plus grand de tous. Si le plaisir engendre la bienveillance, le mariage prodigue d'innombrables plaisirs et délices; si l'intimité favorise la bonne volonté, personne ne peut nous être plus familier et plus proche que notre femme; si l'intimité et la communauté de pensée découlent du partage des sentiments et des désirs, qui pourrait mieux entendre nos confidences et comprendre le fond de notre pensée que notre femme, notre compagne de toujours... Les enfants naissent et que dire de la force du lien mutuel qu'ils tissent entre les époux? Ils créent chez leurs parents une union de pensée et de volonté[2].

On a vu qu'en Occident, les mariages malheureux ont de tout temps éveillé la préoccupation des gens; le bonheur conjugal a toujours été hautement apprécié, même par l'Eglise. Prétendre que le bonheur ou le malheur jouaient un rôle mineur dans la vie des gens par rapport au salut de l'âme, c'est préjuger de sentiments que l'on ne connaît pas.

Les historiennes du féminisme, et plus particulièrement ses pionnières, ont souvent étayé leurs propos de preuves contestables. A quelques exceptions près, elles ne se sont guère écartées des sentiers battus : la famille patriarcale, les troubadours, l'ascension du capitalisme, Engels. On ne s'en étonnera pas, car après tout, on voit mal sur quelle autre histoire elles auraient pu fonder leurs travaux. Il faut remarquer d'ailleurs que les écrits les plus récents, par exemple ceux de Sheila Rowbotham et de Betty Friedan adoptent un ton plus prudent et plus nuancé.

Mais si certaines de leurs sources historiques sont suspectes, elles n'ôtent pas toute crédibilité à la thèse générale : la sujétion économique et juridique des femmes a modelé au cours des siècles un certain type de personnalité «féminine». Le système économique, nous dit-on, pousse les femmes — ou les oblige — à se montrer subalternes, négatives, modestes, passives, à ne penser qu'au mariage, au plaisir et au bien-être des hommes. Le système est parvenu à les rendre conformes, à leur faire jouer leur rôle si parfaitement qu'il devient leur *véritable* identité. Même si les historiennes féministes ont donné un compte rendu imparfait des causes de l'oppression subie par les femmes, cette oppression n'en existe pas moins et n'en résulte pas moins d'un processus historique.

Mais l'effet de l'oppression sur le comportement n'est pas toujours aussi simple et aussi direct que le pensent les historiens. Les féministes elles-mêmes ont souvent relevé des exemples troublants de femmes qui arrivaient à s'affirmer à l'intérieur de structures dont le caractère oppressif est indéniable, comme le harem. De temps en temps, on tombe sur des documents qui laissent supposer que l'oppression extérieure des lois et des commandements n'est jamais parvenue à museler totalement les femmes. Au Moyen Age par exemple, on est presque assourdi par les plaintes de maris dominés, par les récriminations de femmes lasses ou dégoûtées de leur triste époux, et par les revendications d'autres femmes qui exigent le droit de se choisir un mari ou un amant. Les hommes sont constamment ridiculisés, comme dans n'importe quelle comédie hollywoodienne. Tout ceci ne signifie pas que le traitement infligé aux femmes n'était pas oppressif, injuste et parfois horriblement cruel; mais on ne peut pas dire que les femmes n'étaient que maltraitées ou prétendre qu'elles l'étaient toutes.

Ce qui me semble contestable, c'est moins l'exactitude de cette analyse historique que la facilité avec laquelle on établit un lien de cause à effet entre le traitement réservé aux femmes et la mentalité féminine. Cette analyse matérialiste mène à ce que j'appelle la thèse du «mutisme» des femmes d'avant ce siècle.

D'après cette thèse, les femmes étaient comme les hommes les voulaient, silencieuses et dociles. Elles se taisaient et faisaient ce qu'on leur demandait. Elles ne choisissaient pas leur mari; jusqu'à tout récemment, elles ne pensaient pas trouver dans le mariage une relation satisfaisante, d'égal à égal. Elles n'exerçaient aucun pouvoir dans le mariage; elles n'étaient jamais que la créature de leur époux, juste un rang au-dessus des servantes.

Et, nous dit-on, comme elles n'attendaient guère de satisfactions affectives du mariage, leur affect avait tendance à s'atrophier; elles devenaient des êtres humains appauvris. Elles exprimaient peu d'émotions, même à la mort de leurs enfants. Et à la mort de leur époux, les pleurs qu'elles versaient étaient purement formels et correspondaient aux normes de deuil prescrites par les mâles de la famille.

Il existe même un mythe, qui a eu la vie longue, selon lequel les femmes ne connaissaient généralement pas le plaisir sexuel; on dit que le même droit à l'orgasme est une découverte du 20e siècle. Bien sûr, ce mythe ne résiste pas à l'analyse historique; cette thèse ne peut sembler plausible que si on limite les recherches à la propagande officielle de la bonne société de l'époque victorienne. Aussi loin qu'on remonte, on trouvera difficilement des preuves d'un appétit sexuel moins fort. Au contraire, la littérature a toujours présenté les femmes comme naturellement plus ardentes. Les œuvres de Chaucer, de Boccace, de Montaigne ou de Brantôme regorgent d'histoires d'hommes trop vieux ou trop faibles pour satisfaire leur femme. Lorsque Montaigne s'interroge sur l'opportunité d'éveiller le désir sexuel chez la femme, ce n'est pas parce qu'il l'estime faible ou contre nature, mais au contraire d'une force terrible, susceptible d'entraîner toutes sortes de calamités.

Même Simone de Beauvoir rappelle le jugement de Montaigne sur les femmes: «elles sont sans comparaison plus capables et plus ardentes aux effets de l'amour que nous...»[3]. Madame de Beauvoir n'a pas le goût des comparaisons vulgaires; mais sa description n'en est pas moins insécurisante pour les hommes:

«Parce qu'aucun terme fixe ne lui est assigné, le plaisir vise l'infini: c'est souvent une fatigue nerveuse ou cardiaque ou une satiété physique qui limitent les possibilités érotiques de la femme plutôt qu'un assouvissement précis; même comblée, même épuisée, elle n'est jamais tout à fait délivrée: *lassata necdum satiata*, selon le mot de Juvénal»[4].

Pour en finir définivement avec les mythes de l'ignorance de l'homme occidental à propos de la sexualité féminine, ou du caractère secret de celle-ci, rapportons-nous à Brantôme, soldat, courtier et voyageur comblé du 16e siècle. Dans *Les Dames galantes*, ce joyeux drille de la Renaissance s'est amusé à réunir toutes les anecdotes scabreuses et toutes les histoires grivoises qui ont couru en France pendant un demi-siècle. Ici, il invente un dialogue entre un homme et une femme se demandant qui doit se tenir en dessous pendant les rapports sexuels; il cite le cas d'une dame qui:

«une fois, son mary l'ayant esveillée d'un profond sommeil et repos qu'il prenoit, pour faire cela, après qu'il eut fait elle luy dit: 'Vous avez fait et moi non'. Et, parce qu'elle estoit dessus luy, elle le lia si bien de bras, de mains, de pieds et de ses jambes entrelassées: 'Je vous apprendrai à ne m'esveiller une autre fois'; et, le démanant, secouant et remuant à outrance, son mary qui estoit dessous, qui ne s'en pouvait défaire et qui suoit, ahannoit et se lassoit, et crioyt mercy, elle lui fit faire une autre fois en dépit de luy, et le rendit sis las, si atténué et si flac, qu'il en devint hors d'aleine et luy jura un bon coup qu'une autre fois il la prendroit à son heure, son humeur et son appétit»[5].

La description d'Aubrey d'une aventure de Sir Walter Raleigh donne une idée de la vision vulgaire des 16e et 17e siècles:

«Il y avait une fille qui lui plaisait bien; un jour, il arriva à coincer la demoiselle d'honneur contre un arbre dans le bois (c'était sa première fille), qui, au début, semblait craindre pour sa vertu et, effarouchée, criait: 'Cher Sir Walter, cher Sir Walter, que me demandez-vous là? Allez-vous me déshabiller? Nenni, Sir Walter, cher Sir Walter!' A la fin, alors que le danger et le plaisir s'intensifiaient, elle cria dans son extase: 'Cheralter, cheralter'[6].

La description la plus intéressante est peut-être celle que l'abbesse Hildegarde a consignée dans son livre médical, au milieu du 12ᵉ siècle :

> « Car lorsque la tempête de la passion monte chez l'homme, elle l'aspire comme un tourbillon. Ses organes sexuels sont comme la forge dans laquelle la moëlle envoie son feu. Alors, cette forge met le feu au membre viril et l'embrase puissamment. Par contre, lorsque le souffle du désir monte de la moëlle de la femme, il va dans le ventre, en dessous du nombril, et stimule le sang de la femme, l'amenant à l'état d'excitation. Mais comme le ventre occupe un espace important et relativement ouvert dans l'abdomen, cette force peut se répandre dans toute la région abdominale de la femme et l'embraser d'une passion moins violente, mais plus fréquente, à cause de la moiteur »[7].

Abbesse de Rhénanie, sainte Hildegarde (1098-1179) était une personne pieuse et respectée qui entretenait une correspondance suivie avec papes et empereurs. Son livre contient les meilleurs conseils médicaux disponibles à l'époque. Loin de la prendre pour une excentrique, abbés et évêques recherchaient sa compagnie et ses conseils. Apparemment, sa description des effets physiologiques de l'acte sexuel ne faisait sourciller personne.

Mais l'intérêt de Hildegarde pour le sexe n'était pas uniquement d'ordre physiologique. Elle plaidait avec éloquence la réciprocité de l'amour entre homme et femme, une réciprocité reposant sur l'union physique. « C'est le pouvoir de l'éternité lui-même qui a créé l'union physique et qui a décrété que deux êtres humains doivent devenir un ». Chacun des partenaires peut atteindre la divinité par l'amour de l'autre. « L'homme et la femme sont alors tellement unis que chacun est le chef-d'œuvre de l'autre et qu'il ne pourrait donc exister sans l'autre ».

Elle étaie sa foi dans le mariage en tant qu'acte réciproque de création en recherchant de quelle manière les différents types d'hommes influencent les femmes dont ils tombent amoureux. Les hommes les plus aptes pour l'amour, par exemple,

> « peuvent avoir des associations honorables et fructueuses avec les femmes, mais ils savent également se retenir, et les regarder avec affection et modération. Car les yeux de tels hommes sont en symphonie parfaite avec ceux des femmes, tandis que les yeux d'autres hommes sont fixés sur elles comme des flèches. Et alors que les voix des autres ressemblent, pour les femmes, à une tempête qui fait rage, la leur est comme le son du luth; alors que les pensées des autres claquent comme des ouragans, chacun reconnaît et honore la sensibilité de ces amants. Souvent, ils souffrent profondément de se retenir si longtemps, mais il y a en eux une tempérance et une prudence qui sont un art féminin et qu'ils tirent de l'élément féminin de leur nature. Car ils possèdent une compréhension des sens »[9].

Est-il un seul traité moderne sur le mariage écrit par un prêtre, un médecin ou un conseiller, qui décrive aussi justement ce que l'idéal de l'amour mutuel signifie pour les femmes? La vision que l'on avait du mariage au début du 12ᵉ siècle, de ses aspects physiques et de ses aspects affectifs, semble nettement moins étriquée que ce qu'on nous en avait dit. Et c'est encore beaucoup plus tôt que l'on a découvert l'élément féminin qui existe en tout homme et qu'on a encouragé son épanouissement. Il en va de même pour la conception du mariage comme d'un processus symphonique.

Aujourd'hui, les historiens ne prétendent plus que les femmes étaient ignorantes dans le domaine sexuel, qu'elles feignaient l'ignorance ou qu'elles n'avaient guère de plaisir. De ce mythe, il ne reste que la coquille, l'idée que les hommes sont toujours restés *maîtres* de la jouissance féminine. Mais alors, comment se fait-il que tant d'hommes aient été terrifiés et épuisés par les exigences sexuelles des femmes — comme le veut la tradition populaire?

Mais, bien sûr, le mythe de la non-sexualité est vital pour la cause féministe en général. Car si on admet que les femmes connaissaient le plaisir sexuel, qu'en fait, elles l'exigeaient et se plaignaient quand elles ne l'obtenaient pas, leur infériorité dans les aspects les plus intimes et les plus importants du mariage n'était pas celle que l'on nous a décrite. Et puisqu'elles exprimaient leurs exigences sexuelles aussi librement, on peut raisonnablement supposer qu'elles s'exprimaient également par d'autres biais, en faisant savoir à leur mari si elles l'aimaient ou pas, en se fâchant, en aimant et en choyant leurs enfants, et en les pleurant quand ils mouraient. Si les femmes du Moyen Age étaient aussi libres sur le plan sexuel, que reste-t-il de la thèse du mutisme?

Je ne prétends nullement — je m'empresse de le répéter — que l'oppression subie par les femmes — ou par tout autre groupe — soit atténuée ou qu'elle devienne plus tolérable, du simple fait que les victimes ne sont pas totalement écrasées. Mon argumentation vise uniquement le matérialisme primaire, presque toujours marxisant, quand il n'est pas explicitement marxiste. Ce que je critique, c'est la thèse selon laquelle les circonstances matérielles écrasent et déforment presque toujours les gens, selon un processus uniforme et historiquement prévisible. Les gens résistent généralement de manière sporadique; certains résistent toujours. On présume que les femmes résistent moins que les hommes. Je ne veux pas dire par là que tout le monde a la même capacité de résistance; certains sont complètement écrasés, perdent tout ressort; et cela leur coûte très cher, au point de vue affectif. Mais prétendre que les femmes n'ont d'autre vitalité que celle que leur prête la société ou celle qu'elle leur apprend à exprimer, c'est *déshumaniser* les femmes en les assimilant à des robots manipulés par les hommes.

Je ne veux me fier qu'aux documents. Or, dans la mesure où on peut se fier à des textes d'une époque lointaine, relatifs à des pensées ou à des sentiments qui ont peu de chances d'apparaître dans les annales publiques, les documents montrent deux choses bien précises. Premièrement, les plus anciens font déjà allusion aux idéaux d'amour *et* d'égalité dans le mariage en Europe occidentale; deuxièmement, le commun des mortels a toujours considéré le bonheur conjugal comme l'une des plus grandes chances qui soient. L'Eglise, l'Etat, les lois sur l'héritage, et le droit coutumier lui étaient souvent hostiles, mais personne n'a jamais pensé que le mariage n'avait pas d'importance.

Tout au long du Moyen Age, et à d'autres époques d'ailleurs, le mariage a été le centre d'une controverse. Mais ceux qui prétendent que la misogynie et l'opposition au mariage ont été la seule attitude de l'époque escamotent la moitié de la réalité, et passent à côté du ton du débat : agressif, ironique, indigné, passionné, enjoué.

Au début du 14ᵉ siècle, la deuxième partie du *Roman de la Rose* de Jean de Meung donne une idée exacte des plaisanteries qui couraient sur les femmes et le mariage, et fait l'apologie du libertinage. Pendant tout le siècle, cette déplorable tradition française fut perpétuée par des auteurs tels que Eustache Deschamps, l'auteur de *La Nuit du Mariage, La Complainte du jeune Epoux* et *Le Miroir du Mariage*. Les femmes ne sont jamais qu'imprévisibles, bavardes et infidèles, toutes des mégères ou, bien sûr, des putains. La lecture de ces ouvrages est aussi pénible que celles des plaisanteries éculées qui circulent sur les épouses et les belles-mères. Mais une vigoureuse contre-attaque apparut rapidement. La féministe la plus célèbre de l'époque, Christine de Pisan (1364-1430) était la fille d'un médecin italien au service de Charles V. Elle grandit à Paris, et devint une vraie Française. Lorsque, à l'âge de 25 ans, elle se retrouva veuve, il lui sembla tomber «en esclavage»; elle se sentait comme «une tourterelle sans compagnon», «une brebis sans berger», «un bateau sans capitaine», se languissant de solitude. Elle adopta ce qu'elle appelait un rôle d'homme avec énergie, composant des poèmes et rédigeant des traités sur divers sujets, depuis l'éducation des femmes jusqu'aux lois de la chevalerie; mais elle n'en continua pas moins à soutenir qu'elle eût préféré être épouse à nouveau.

Christine de Pisan tenta de mettre en évidence la lamentable vanité de l'admiration que Jean de Meung vouait au Don Juanisme: «Souffrirais-tu vraiment moins en faisant semblant de m'aimer pour jouir de mon corps qu'en perdant temps et argent, corps et âme par amour?»[10].

Pour sa part, elle déclare qu'elle préférerait voir son fils tomber amoureux fou d'une seule femme plutôt que d'en tromper plusieurs. Après tout, qui étaient ces femmes à tromper? Etait-ce là des bêtes sauvages, des proies à capturer? «Par Dieu, elles sont vos mères, vos sœurs, vos filles, vos femmes, vos amies; elles sont vous-mêmes et vous êtes elles-mêmes. Allez-y donc; trompez-les si vous voulez».

Christine de Pisan n'était pas — et ne prétendait pas être — la seule de cet avis. Ses arguments étaient également ceux, par exemple, de Jean Charlier de Gerson, chancelier de l'Université de Paris, un des plus grands humanistes de son temps. Gerson demandait: «est-il homme assez stupide pour dire à un prince que sa femme est une putain, ou dire à des filles de prince: 'je vous conseille de vous adonner totalement au plaisir de la chair et de satisfaire tout homme qui vous paiera un juste prix?' Il ne faut pas considérer les femmes comme des instruments du plaisir masculin; le meilleur moyen de faire apparaître l'hypocrisie du débauché, c'est de lui demander: 'Et si c'était ta fille qui...?'"[12].

Choisir Jean de Meung et Deschamps pour seuls ou pour principaux représentants de leur époque, c'est un peu comme décider que la «philosophie» *Playboy* de Hugh Hefner représente l'attitude dominante à l'égard des femmes au 20e siècle. A un autre niveau, c'est pourtant ce que fait Kate Millett dans *Politiques sexuelles*, lorsqu'elle choisit D.H.Lawrence, Henry Miller et Norman Mailer comme principaux représentants de l'attitude masculine à l'égard des femmes. Car, me semble-t-il, n'importe quel lecteur sensé remarquera que les talents créateurs de Lawrence, et, dans une moindre mesure, ceux de Mailer, sont continuellement sapés, si pas détruits, par une épouvantable insensibilité à l'autre entraînant une incapacité presque totale à représenter les personnages ou les relations qui leur sont proches; leurs écrits sur les femmes sont, au mieux, paternalistes, au pire bestiaux, et toujours tirés par les cheveux. Le narcissisme adolescent qui a produit ces déplaisants fantasmes n'est pas neuf; il n'est d'ailleurs pas la marque des bons écrivains.

Il ne serait pas honnête de voir dans ces écrivains, pas plus aujourd'hui qu'au 13e et au 14e siècles, des observateurs impartiaux et fiables des réalités affectives du mariage; on pourrait d'ailleurs difficilement dire que les mariages de Lawrence, Mailer ou Miller sont des mariages types.

Mais si on admet que le mariage traditionnel, malgré toutes ses failles, contenait toute une vie émotionnelle — or, il ne pouvait qu'engendrer des liens et une vie affective entre les époux —, on doit alors partir de cette vie conjugale pour analyser le rapport mariage/société. Il faut cesser de voir dans le mariage un spectacle de marionnettes créé par le sempiternel, mythique et tout-puissant ennemi masculin, pour son seul plaisir et à sa seule convenance; on découvrira alors une institution autonome, naturelle et morale, menacée et souvent opprimée par toutes sortes d'ennemis produits par l'histoire. Ainsi, ce n'est pas la famille qui représente un épisode historique, ou une suite d'épisodes, mais plutôt ses ennemis.

Observons, par exemple, au 16e siècle, la manière dont l'Eglise et l'Etat s'entendaient pour mettre l'accent sur l'autorité suprême du Père et du Mari. Le chef de ménage était censé refléter, à l'échelle du foyer, l'autorité du roi sur son royaume et, au-dessus du roi, celle de Dieu sur son univers. Toute veilléité d'égalité au sein de la famille aurait miné la nécessaire symétrie de la pyramide hiérarchique. Aux 16e et 17e siècles, à mesure que les dernières traces de démocratie disparaissent, et que des monarchies absolues s'installaient un peu partout en Europe, les rois et les évêques encourageaient de plus en plus l'autorité du pater familias sur le foyer.

L'autorité paternelle, bien sûr, n'était pas une innovation. Elle était déjà présente dans l'Ancien et le Nouveau Testament, dans l'image de Dieu le Père, puis dans l'institution de la Papauté. Mais au cours du Moyen Age, il y eut un modèle alternatif de mariage — un modèle d'égalité entre homme et femme. Sans cette égalité, comment expliquerait-on les débats interminables et souvent fastidieux sur l'autorité dans le ménage? Cette égalité semblera certes partielle et factice aux féministes modernes; en termes concrets, il s'agissait surtout de reconnaître et de délimiter la sphère domestique dans laquelle la femme assumerait seule l'autorité. A l'extérieur, rien ne devait menacer la suprématie masculine. Pourtant, on tenait toujours l'égalité (voir Chaucer) pour une vertu spirituelle et affective et l'Eglise ne pouvait la rejeter complètement, puisqu'elle est implicite dans le dogme chrétien de l'égale valeur de toute âme humaine et qu'elle était la norme dans les premiers temps de l'Eglise.

Et dans la pratique, il était impossible que les hommes règnent en maîtres sur *tous* les foyers. De nombreux ménages étaient dirigés par des veuves; ailleurs, l'homme était parti à la guerre. Il y avait des hommes faibles, comme les maris de *La Femme de Bath*. Les pouvoirs féminins ne se limitaient pas toujours au foyer; elles tenaient souvent les cordons de la bourse. Dans certaines circonstances, elles s'occupaient de la ferme. Nombreuses étaient les situations qui échappaient à l'orthodoxie officielle.

C'est d'ailleurs généralement la voix officielle qui parvient jusqu'à nous. Nos sources d'information peuvent être comparée à la *Pravda* et aux *Izvestia*; seuls quelques rares samizdats rendent compte de la complexité de la réalité ou du degré de résistance au régime.

Il est toujours dangereux de se fier naïvement à la propagande officielle, d'accorder confiance à l'Eglise ou à l'Etat lorsqu'ils prétendent avoir rallié la moitié de la race humaine à une institution aussi strictement réglementée que le mariage.

On est tous d'accord sur le fait que, en Union Soviétique, seuls les arrivistes croient au communisme; le citoyen ordinaire, on le sait, est cynique, alcoolique; il s'occupe surtout de ses enfants, de sport ou de religion. Et pourtant, l'idée est largement répandue que de tout temps, l'Homme est parvenu à dominer complètement la Femme, arrivant non seulement à la confiner aux tâches ménagères et à l'éducation des enfants, mais aussi à régner totalement sur son esprit.

Mais si on admet que les femmes ont toujours gardé une part considérable d'autonomie émotionnelle, on doit remettre en question les idées reçues sur leur dépendance physique et matérielle.

En fait, si on consulte vraiment les écrits des médiévistes, au lieu de se fier aux mythes sentimentaux qui entourent le Moyen Age, on risque d'être fort surpris. Dans son *Histoire du Droit anglais*, le célèbre F.W. Maitland souligne que, même si elle ne pouvait pas occuper de fonction officielle, «après la conquête normande, en Angleterre, la femme adulte et sans mari est une personne entièrement responsable en matière de droit privé; sa capacité civile est entière, elle donne des terres en fief, appose son propre sceau, tout cela sans aucune tutelle...»[13].

Plus tard, au 13ᵉ siècle,

«Les femmes sont désormais présentes dans le droit privé, et elles y sont les égales des hommes. Il est vrai que les lois de l'héritage favorisent les hommes, mais cette discrimination n'est pas très forte, car la fille passe avant le frère du défunt et si les lois relatives à la tutelle et au mariage établissent une différence entre le pupille et la pupille, leur sévérité est à peu près la même pour tous. Mais les femmes peuvent posséder des terres, même des fiefs militaires, avoir des serfs, tester, ester en justice et signer des contrats. Elle poursuit et est poursuivie en justice personnellement, sans l'intermédiaire d'un tuteur; elle peut plaider sa cause elle-même si elle le souhaite; et même — exemple révélateur — on voit parfois l'épouse plaider la cause de son mari. La veuve a souvent la tutelle de ses enfants et la seigneuresse est souvent la tutrice des enfants de ses fermiers »[14].

Dans *The Origin of English Individualism*, le Dr Alan Macfarlane donne d'autres preuves encore d'une certaine indépendance de la femme. Quant à Eileen Power, à propos de « La Position des Femmes »[15], elle fait observer qu'il y avait des fermières et des métayères dans tous les domaines; certaines étaient veuves, mais d'autres, de toute évidence, étaient célibataires. Au 15e siècle, les moissonneuses recevaient souvent le même salaire que les hommes. Dans les cours, non seulement les femmes estaient en justice, mais il leur arrivait d'être les prêteuses du village. Au château de Battle, dans le Sussex, au 13e siècle, des femmes non mariées restaient propriétaires, achetant et vendant des terres et louant les charges avec la même liberté et souvent la même rigueur que les hommes[16].

Ce pouvoir et cette influence n'étaient pas une nouveauté liée à la conquête normande. Dans l'Angleterre anglo-saxonne, tout comme chez les Francs, c'était souvent à la reine que le Pape s'en remettait pour obtenir la conversion du roi. Le Pape écrivit par exemple à Ethelburga, épouse chrétienne d'Edwin, roi païen de Northumbrie, lui offrant un miroir d'argent et un autre d'ivoire et d'or, et lui demandant d'user de son influence pour convertir son mari. Edwin fut effectivement converti, mais on ne sait si ce fut par sa femme ou par le missionnaire Paulinus. Ethelburga était la fille de Ethelbert, roi du Kent, dont la conversion par saint Augustin avait elle-même été favorisée par sa femme chrétienne, Berthe. Berthe, elle, était la petite-fille de Clovis, roi des Francs, dont la conversion devait beaucoup à son épouse Clotilde. Si l'on remonte à la première grande conversion royale, celle de l'empereur Constantin, sous l'influence de sa mère Hélène, on ne peut manquer de voir l'importance fondamentale de ces conversions en chaîne pour la diffusion du christianisme ni le rôle énorme des femmes dans les domaines spirituels et domestiques. Dans des pays comme le Danemark ou la Norvège, où cette influence féminine a fait défaut, le christianisme ne s'est implanté que deux ou trois siècles plus tard.

Et lorsqu'un décès précipitait ces femmes à des postes de pouvoir suprême auxquels le système leur barrait normalement l'accès, elle n'hésitaient pas à exercer leur autorité. Après la mort de son père, la fille aînée d'Alfred le Grand dirigea la Mercie avec une poigne de fer et opposa une résistance farouche aux Vikings. Entre le milieu du 9e siècle et le milieu du 10e, le Saint Empire Romain, dans la pratique, fut gouvené la plupart du temps par une succession de reines-mères, qui régnaient sous des titres tels que *imperatrix augusta*. Avant même d'être veuves, ces puissantes reines, épouses d'Otto Ier, Otto II, Otto III et Henri II partagèrent souvent le pouvoir avec leur époux.

Dans le monde de l'Eglise, les abbesses avaient autant de chances que les abbés de devenir des autorités toute-puissantes. Le pape dut prier Charlemagne de passer un édit interdisant aux abbesses de garder une meute de chiens de chasse ou d'avoir un bouffon privé. Il arrivait que des abbesses se rebellent contre leur exclusion de la prêtrise. A ce propos, Charlemagne dut également passer un édit interdisant aux abbesses de bénir, d'imposer les mains, ou de poser le voile aux novices.

Dans l'Angleterre d'avant la conquête normande, il y avait de nombreuses propriétaires de plein droit, comme l'attestent des noms tels que Wolverhampton (domaine de Wulfrum) et Adderbury, dans le comté d'Oxford (manoir de Eadburg). On sait également que les femmes étaient libres de disposer à leur guise de leur domaine, comme en témoigne le jugement suivant:

«Lors d'un conseil du Comté, à Aylton, dans le Herefordshire, au début du 11e siècle, un certain Edwin, fils d'Enniaun, porta plainte contre sa mère, lui contestant la propriété d'un terrain. Le conseil délégua trois comtes pour entendre la version de la mère, qui se fâcha fort contre son fils et manda sa parente Leofflaer, épouse de Thorkil, et lui déclara devant eux: 'Voici ma parente Leofflaed, à qui je lègue après ma mort mes terres, mon or, mes vêtements, mes parures et tous mes biens'. Puis elle déclara aux comtes: 'Agissez en comtes et rapportez fidèlement mon message aux valeureux membres du Conseil. Apprenez-leur à qui j'ai légué mes terres et tous mes biens, ne laissant rien à mon propre fils. Demandez-leur de témoigner de ceci'. Les comtes firent leur rapport, et Thorkil revendiqua les terres, demandant au conseil de débouter Edwin, ce qu'ils firent»[17].

Ces droits de propriété correspondaient et s'intégraient naturellement à un métier et à une fonction, alors que les grandes cités marchandes du Moyen Age commençaient à s'épanouir. Dans le droit de nombreuses villes médiévales allemandes, on trouve la notion explicite de l'égalité entre hommes et femmes, en matière de commerce; à Munich, par exemple, «une femme qui se tient au marché pour vendre et acheter doit jouir des mêmes droits que son mari quant à l'héritage et à la propriété». Comment pouvait-il en être autrement, alors que mari et femme étaient si souvent associés en affaires? La femme dirigeait le commerce lorsque le mari se rendait à Venise ou à Gênes pour renouveler les stocks; elle pouvait traiter en son propre nom pour les textiles fins et c'était souvent elle qui tenait les comptes. Ses droits naquirent du fait qu'elle était indispensable, et ils mirent en péril la suprématie mâle, tout comme le pouvoir concret de l'abbesse constitua une menace sérieuse pour la théorie phallocrate de l'Eglise. Si l'Homme a lutté sans relâche pour empêcher la femme de dresser la tête en public, les hommes n'ont jamais voulu — ni pu — imposer le joug de leur prétendue suprématie.

Dans l'Antiquité, que ce soit à Rome ou en Grèce, l'Homme ne cessa de passer des lois restreignant les droits de la Femme à l'héritage, à la propriété et à la gestion, et pourtant la Femme continua d'accumuler des terres. Ce sont les hommes eux-mêmes qui contournaient la loi, pour protéger leur femme et leurs filles. A Rome, par exemple, le père d'une fille unique pouvait léguer tous ses biens en fidéicommis à un ami, étant entendu que ce dernier ferait ensuite passer tout le domaine à sa fille, sous forme de donation. Le mécanisme comportait des risques, car le fidéicommis n'était pas prévu par la loi, et un allié peu scrupuleux pouvait parfaitement garder les biens.

Au début de l'Empire, la loi fut modifiée et les filles purent hériter directement. Des lois complexes entravaient la volonté des femmes mariées, mais les célibataires et les femmes sans enfant étaient libres de disposer de leurs biens comme elles l'entendaient.

En Grèce, du moins à la période hellénistique, la situation était assez comparable. Les impératifs personnels — c'est-à-dire le désir, de la part d'un homme, de protéger les femmes sous sa dépendance et de les récompenser pour leur affection et leur amour, le pouvoir établi de la femme sur ses biens, et aussi celui de l'héritière sur l'homme qui l'avait épousée pour son argent — tous ces impératifs allaient à l'encontre du pouvoir officiel de l'Homme par lequel il maintenait les femmes dans une condition de servilité et d'irresponsabilité.

Ce conflit entre la condition publique et la condition privée des femmes ne passa pas inaperçu. Cela ressort clairement des conseils aux époux que donne Plutarque dans ses *Œuvres morales*:

«... il est excellent que la femme s'intéresse aux affaires de son époux et que l'époux s'intéresse de même aux affaires de sa femme. Ainsi, de même que les cordes entrelacées gagnent de la force l'une de l'autre, chaque époux apportera sa part de bonne volonté et leur action commune protégera leur association»[18].

Cette description surprendra certainement ceux qui se rappellent avoir appris à l'école qu'à Rome, les femmes devaient être des épouses serviles et complaisantes. Mais la conception du mariage de Plutarque dépasse la camaraderie et le respect mutuels:

> «L'homme et la femme s'unissent physiquement, de telle sorte que la femme prenne et mélange les éléments provenant de chacun, qu'elle donne ainsi naissance à un enfant qui leur est commun et que ni l'un ni l'autre ne puisse distinguer ce qui est sien dans l'enfant. Il est également très juste que les époux aient la même part d'association dans leurs biens. Ils devraient mettre en commun tout ce qu'ils possèdent; aucun ne devrait penser qu'une partie lui appartient et l'autre pas; au contraire, chacun devrait considérer que tout lui appartient et qu'il n'est aucune chose qui ne lui appartienne»[19].

Des générations de professeurs ont décrit Plutarque (45-125) comme un philosophe superficiel, de deuxième ordre. Pourtant, Plutarque préfigure ici la conception moderne du compte en banque commun. Notre lecture des classiques est tellement influencée par les œuvres politiques, militaires et philosophiques de Platon, Thucydide et César qu'on risque de se forger une image peu réaliste des attitudes populaires à l'égard du mariage et de la famille; un peu comme si dans 500 ans, les gens devaient se fier aux œuvres de Winston Churchill et de Wittgenstein pour connaître la conception du mariage et de la famille au 20e siècle.

Mais Plutarque devait également tenir compte de la condition publique de la femme. Il ajoutait donc rapidement que: «Tout comme on appelle le mélange d'eau et de vin 'vin', même s'il contient plus d'eau, on dit que le mari est propriétaire des biens, même lorsque la femme y a apporté la plus grosse part»[20].

Les féministes n'ont pas tort de reconnaître dans ces propos la typique fourberie masculine, et de penser que l'égalité au foyer est une piètre consolation à l'asservissement public. Et pourtant, il est évident que Plutarque voulait dire que le mariage était essentiellement privé, et que les arrangements publics n'étaient qu'une affaire de convenances. Car il poursuit:

> «Le couple amoureux forme une unité organique; ceux qui se marient pour des raisons de dot ou pour avoir des enfants forment une union de parties distinctes; et ceux qui partagent la même couche forment une relation d'individus qu'on décrira plus justement en disant d'eux qu'ils 'couchent ensemble' plutôt qu'en disant qu'ils 'vivent ensemble'. Les savants nous disent que lorsqu'on mélange des liquides, le résultat est un mélange total et indivisible. Il devrait en aller de même des époux — une union mutuelle des corps, des biens, des amis et des relations»[21].

Le prosaïsme de Plutarque en fait un témoin fiable de la manière dont le commun des mortels concevaient le mariage, au 1er siècle après Jésus-Christ. On est loin de la désinvolture des débauchés de l'Empire; et s'il faut une preuve du mépris général suscité par les mœurs de la cour, il suffit de se tourner vers des auteurs comme Juvénal et Tacite, qui regrettaient les mœurs plus saines de la République et idéalisaient le traitement que certaines nations barbares, dont les Germains, réservaient aux femmes.

La position des femmes a certainement connu des périodes noires et des embellies. Maitland nous met en garde contre l'idée reçue selon laquelle «depuis l'âge de la barbarie, toute modification du droit conjugal aurait été favorable à l'épouse». La théorie d'une évolution historique rectiligne est erronnée, qu'on l'applique à la condition féminine ou à tout autre sujet. Les droits de la femme se seraient plutôt érodés progressivement jusqu'à la fin de l'époque victorienne. Mais de tout temps, il semble y avoir eu ce que E.P. Thomson appelle «une considérable présence féminine». On perçoit un certain malaise chez ce brillant historien marxiste lorsqu'il doit faire cadrer cette observation avec les théories traditionnlles de l'assujettissement *total* de la femme. Thompson s'élève avec force contre l'idée reçue selon laquelle, pour la femme, la jouissance d'un bien était fictive:

> Ce n'est certainement pas le cas dans les couches supérieures de la société, qui comptaient des figures telles que Sarah, la duchesse de Marlborough, ou de Ruperta, conservatrice de la Forêt d'Alice Holt. Tout le monde a déjà eu sous les yeux des documents attestant que des femmes de la classe des petits propriétaires terriens ont dirigé des fermes avec une vigueur égale. Au début du 18e siècle, un intendant de St John dut négocier interminablement avec une fermière irritante qui, grâce à ses faux-fuyants, gardait toujours le dernier mot: «J'aurais préféré avoir affaire à trois hommes, plutôt qu'à cette femme»[22].

Dans les testaments du Berkshire des années 1720, Thompson n'a pu trouver aucune preuve de parti pris contre la gent féminine. Et si le nombre de franc-fiefs tenus par des femmes diminua pendant cette période, il faut imputer cette baisse au déclin général de la classe des petits propriétaires terriens. Pendant tout le Moyen Age et encore par la suite, d'après Cicely Howell, dans les Midlands anglais, on laissait généralement la propriété à la veuve, qu'elle partageait avec le fils; il était très rare que la terre ne passât qu'au fils[23].

Dans les testaments anglais de cette époque, la femme n'est donc pas lésée; parfois, le mari la désigne pour seule exécutrice. D'après *Fifty Earliest English Wills*, dans plus de la moitié des cas où il y avait une épouse parmi les héritiers, c'était elle qui était la légataire universelle; dans les autres cas, elle partageait presque toujours l'héritage, soit avec les enfants, soit avec l'aîné, des parts moins importantes étant distribuées au reste des enfants[24].

Cette tendance reflète non seulement le désir de l'époux de combler une dette affective à l'égard de sa femme et de veiller à son avenir, mais aussi la reconnaissance de son rôle dans la *gestion* de la fortune familiale, qui dépassait de loin les biens qu'elle pouvait avoir amené dans le mariage.

Dans sa correspondance, Honor Lisle nous a laissé un portrait particulièrement fidèle de la vie et des devoirs d'une femme de la bonne société, au début du 16e siècle. Non seulement elle devait éduquer et établir sa nombreuse famille, tenait deux ménages, en Angleterre et à Calais, mais elle gérait également d'une main ferme ses domaines en Angleterre. Elle secondait son mari, courtier et soldat expérimenté, dans toutes les affaires diplomatiques et militaires, qui avaient souvent une importance vitale, à l'époque mouvementée de la fin du règne d'Henri VIII.

Comme l'observe Muriel St Clare Byrne dans son introduction aux *Lisle Letters*, la vie d'Honor « reflète remarquablement la différence entre la position théorique de la femme telle qu'elle apparaît dans la masse des traités du 16e siècle, et la vie réelle des dames de la noblesse telle qu'elle ressort de leur correspondance »[25]. En théorie, la femme était soumise, dépendante. Elle occupait un rang inférieur dans la hiérarchie de l'absolutisme qui subordonnait le roi à Dieu et le vilain au roi. Dans la pratique, elle était libre d'agir indépendamment et capable de contracter et d'ester en justice. Honor Lisle traitait et négociait avec des hommes de sa classe sociale d'égale à égal, et en affaires, elle agissait en qualité d'associée de son mari, et non de subalterne.

Il faut absolument se défaire de l'idée que notre époque est le point culminant d'une évolution stable et rectiligne. Par exemple, le 20e siècle ne détient pas le record du nombre de propriétés détenues par des femmes (plus de la moitié aux E.-U.). Au 4e siècle avant Jésus-Christ, presque la moitié des terres cultivables de Sparte aurait appartenu à des femmes.

S'il est faux de croire que les femmes ont progressivement acquis leur indépendance au fil des siècles, il est encore plus inexact de prétendre que cette indépendance s'est peu à peu étendue du monde anglo-saxon aux cultures méditerranéennes, aux traditions de suprématie masculine. Emmanuel Le Roy Ladurie a identifié un nombre considérable de « matriarches » à Montaillou, village des Pyrénées françaises, au début du 14ᵉ siècle. Ces femmes possédaient une maison, soit héritée de leur famille ou d'un époux décédé, soit bâtie par leur soins. On reconnaissait ces femmes au fait que leur nom, terminé par le suffixe féminin a, était précédé de Na, abréviation de *domina*, ou maîtresse. Leurs fonctions étaient variables : Na Roqua, une des mères de l'hérésie cathare, était également conseillère des chefs de famille, ce qui devait correspondre à la position d'Ancien dans l'Eglise presbytérienne. Na Ferriola possédait une maison et un troupeau de chèvres. Les auberges étaient souvent tenues par des hôtesses. Dans d'autres cas, c'étaient elles qui approvisionnaient le village en vin ou en fromage.

Le cas le plus intéressant que nous livrent le rapport de l'Inquisiteur, c'est peut-être celui de Guillemette Maury. Elle épousa Bernard Marty de Montaillou, qui possédait un *domus* dans ce village. Après les persécutions de 1308, les Marty fuirent Montaillou, errèrent en Catalogne de ville en ville, de logement en logement... Bernard mourut. Avec ses deux fils devenus adultes, Guillemette s'installa à San Mateo, ville plus « lucrative ». Ils gagnaient bien leur vie et purent s'acheter une petite propriété comportant une ferme avec une cour, un jardin, un champ de blé, des vignobles, des pâtures, un âne, une mule et des brebis. Guillemette hébergeait généralement entre 12 et 15 hôtes. La famille gagnait encore quelque argent en exploitant la laine des brebis et en travaillant chez d'autres fermiers à l'époque des moissons. Leur ferme n'avait rien à voir avec le défunt Bernard, d'ailleurs tellement oublié que Guillemette avait repris son nom de jeune fille, Maury, nom sous lequel on connaissait aussi ses fils. Guillemette devint « Sa Grâce, Madame Guillemette », autrement dit, maîtresse du nouveau ménage. Son frère Pierre jouait un rôle essentiel dans le ménage, mais c'était elle la maîtresse, elle qui acceptait ou refusait les offres de mariage pour ses fils.

Ce qui ressort de ces instantanés de la vie médiévale, c'est la distinction entre le domaine public et le domaine privé. Les femmes étaient largement, et parfois totalement, exclues de la vie publique de l'Eglise et de l'Etat. Mais pour les affaires privées de propriété et de mariage, les femmes avaient des droits légaux et coutumiers clairement établis et elles les exerçaient pleinement. Il est certain qu'elles venaient après les hommes pour la plupart des questions d'héritage et de préséance, mais elles n'étaient ni exclues, ni considérées comme des objets ou du bétail. En fait, en ce qui concerne la gestion des terres, la distinction la plus importante s'établissait plutôt en fonction de l'âge ou de l'état civil, qu'en fonction du sexe. La femme venait après le mari, mais avant le fils ou la fille célibataire. La hiérachie de la sujétion était autant parentale que sexuelle. L'âge conférait autorité et respect aux femmes comme aux hommes. Mais en Angleterre, même les filles à marier n'étaient pas, comme on le pense souvent, des «objets» de propriété sexuelle. Il était fréquent qu'elles possèdent et gèrent leurs biens, aussi librement que n'importe qui.

Je ne veux pas pêcher par excès contraire. Il serait malvenu de fabriquer un contre-mythe d'égalité civile officieuse entre hommes et femmes. Mais il semble vraiment que nos idées reçues sur la femme de jadis — objet sexuel totalement impuissant — proviennent d'une volonté d'imposer une approche historique rectiligne; l'image du patriarcat et de l'assujettissement féminin s'est gravée dans nos esprits, parée d'une aura sentimentale.

Cette inadéquation entre l'image qu'on s'est faite de la condition féminine et la réalité, frappe autant les sociologues modernes que les historiens. Le classique le plus remarquable de la sociologie britannique d'après-guerre est sans doute *Family and Kinship in East London*, de Michael Young et Peter Willmott, description de la vie de la classe ouvrière à Bethnal Green et dans un nouvel ensemble de logements sociaux de l'Essex. Le ton qui domine ces recherches est celui de la surprise. «Nous avons eu la surprise de découvrir que la famille élargie, loin d'avoir disparu, était encore très vivante au cœur de l'Angleterre». Le prétendu rétrécissement de la famille n'avait tout simplement pas eu lieu; la Révolution Industrielle n'était pas parvenue à séparer les familles les unes des autres.

Deuxième surprise, celle du partage des responsabilités entre mari et femme; «nous ne pouvons concilier nos impressions avec les stéréotypes sur l'homme de la classe ouvrière» — violent, souvent ivre, brutal et négligent — «un mari toujours absent, qui ne témoigne à sa femme ni solidarité ni affection, et ne partage avec elle que le lit».

Non seulement la vie à Bethnal Green semble plutôt correspondre au schéma que l'on croyait révolu de la «famille élargie», mais aussi, on sait très bien qui est le chef de famille:

«La mère est la tête et le centre de la famille élargie, son foyer est le lieu de rencontre. 'C'est chez Maman que la famille se donne rendez-vous'. Les filles se réunissent chez leur mère; elles sont beaucoup plus souvent chez la mère que le contraire: 68 % des femmes mariées avaient vu leur mère pour la dernière fois chez celle-ci, et seulement 27 % dans leur propre maison...
En plus des visites hebdomadaires, on se réunit chez la mère à l'occasion des anniversaires, celui de la Maman étant l'événement familial le plus important de l'année...

Il va sans dire que comme la Mère joue un rôle très important dans la vie de ses enfants, elle mérite qu'on lui rende hommage. Le nom même 'Maman', et la chaleur avec laquelle il est prononcé, trahit tout le respect qu'on lui porte »[26].

Cette image est certainement idéalisée, elle aussi. Elle reproduit, sous une forme reconnaissable, nos instantanés de la vie médiévale. L'épouse et la mère n'a toujours pas de pouvoir public *formel*. Son mari reçoit toujours la paie, distribuant parcimonieusement l'argent du ménage sans dire à sa femme combien il gagne; aux yeux de la loi, il est le chef de ménage et le contribuable. Mais officieusement, elle est la «matriarche» du foyer, le cœur et l'intelligence veillant sur la famille.

Ceci dit, Bethnal Green est peut-être un lieu en voie de disparition; d'après Young et Willmott, dans les années 50, bon nombre de familles avaient émigré vers des logements sociaux de l'Essex où ils trouvaient espaces verts, salles de bains, téléphones mais où il y avait moins de chaleur humaine et moins de «contacts familiaux». Mais le fait est que ce sont des endroits comme Bethnal Green qu'on a toujours choisis comme exemples classiques de l'aliénation féminine.

Il serait absurde d'utiliser cette preuve à contrario pour affirmer qu'historiquement, le pouvoir privé est un substitut du pouvoir public, ou qu'il a la même valeur. Rien de ce qui précède n'altère ni ne diminue d'un iota la nécessité d'une égalité des droits dans tous les domaines: politique, propriété, imposition, religion, éducation des enfants ou gestion d'un ménage. Si on veut la démocratie, on doit en vouloir les moyens; et la démocratie reste un vain mot tant qu'elle ne vise pas une liberté et une égalité civiques optimales.

Dans certains domaines, tels que l'enseignement ou l'imposition sur le revenu, il est très difficile de déterminer la meilleure combinaison de liberté et d'égalité. Quand porte-t-on gravement atteinte à la liberté individuelle? Dans quelle mesure l'égalité des revenus fait-elle partie du statut de citoyen à part entière? Dans le cas des droits de la femme, ces questions ne se posent même pas. Car liberté et égalité civique impliquent, directement et inconditionnellement, une participation pleine et égale des femmes à toutes les institutions civiques. Il est insensé de se demander si les femmes sont capables ou non d'y participer totalement; même si on arrivait à démontrer que les femmes font de piètres agents de change, qu'elles sont incapables de dresser des chevaux de course, qu'elles ne valent rien aux poids et haltères ou que l'habit d'évêque ne leur sied pas, ce ne serait pas une raison de les évincer de ces postes ou de ces fonctions, ou de leur nier la possibilité d'apprendre ces disciplines ou de les pratiquer.

Mais cela ne signifie pas que les droits civiques et le pouvoir public soient les conditions *sine qua non* d'un véritable exercice du pouvoir privé. C'est là un des points de l'argumentation féministe : les femmes sont des eunuques parce qu'on leur nie l'égalité des droits civiques; le mariage est une prison et la famille un enfer inique parce que les femmes sont des citoyens de deuxième catégorie.

Cette approche passe totalement à côté de l'*opposition* entre famille et société. Certains féministes présument de l'existence d'une continuité parfaite, depuis le cœur même de la famille jusqu'aux réseaux les plus étendus des obligations civiques; leur attitude reproduit exactement les arguments de l'Ennemi, c'est-à-dire de la Phallocratie, qu'elle se manifeste par le biais de l'Etat ou de l'Eglise. Car ce sont l'Eglise et l'Etat qui s'arrogent constamment le droit de réglementer les relations privées et de pénétrer jusqu'aux recoins les plus intimes des esprits et de la vie conjugale. C'est comme si les féministes souhaitaient l'avènement d'un nouveau christianisme, d'une nouvelle *Respublica Christiana*, avec un Tout-Puissant au féminin.

Les partisans de la famille défendent exactement la thèse inverse. Ils réaffirment sans cesse le caractère indépendant et intime de la famille, son individualité biologique et son droit de vivre en fonction de ses instincts naturels. Ainsi, même dans les sociétés officiellement phallocratiques, la famille sait faire respecter ses propres valeurs maternelles. Les anthropologues brouillent les cartes lorsqu'ils qualifient certaines sociétés de «matriarcales» ou de «matrilinéaires», comme si ces épithètes, à elles seules, suffisaient à décrire les aspects privés et publics de la vie, comme si vraiment il était superflu d'établir une distinction entre ces deux domaines. C'est ici qu'apparaît le mythe de l'Intégrité; on nous explique que dans les sociétés primitives, il n'y a pas de distinction entre la vie publique et la vie privée, et donc pas de sentiments de honte, de jalousie ou de possession. Ce mythe devrait, lui aussi, être soumis à une analyse plus critique. Mais il ne nous intéresse pas directement, car si l'histoire et la réalité occidentales nous apprennent quelque chose, c'est que chez nous, il y a *toujours eu* une distinction entre vie publique et vie privée.

La distinction que le Moyen Age établissait entre droit public et droit privé montre indiscutablement que pour les femmes, il y avait deux mondes : d'une part, le monde public, où elles devaient se montrer discrètes, modestes, soumises et d'autre part, le monde privé, où elles étaient responsables des enfants et du ménage, où elles avaient le droit d'être propriétaires, d'ester en justice, de gérer un commerce et aussi, un droit de discussion et de décision au sein du couple.

Les droits de la femme à l'égalité sont irréfutables parce que la femme est un être humain. On peut espérer et désirer que l'esprit de l'égalité civique pénètre jusqu'au cœur de l'institution du mariage et qu'il en déloge les restes d'inégalité et les rancœurs qui la défigurent encore. Mais on doit également reconnaître que ces inégalités proviennent de l'extérieur, du monde public. Car c'est du mariage que nous sont venues les notions d'égalités et d'ouverture, bien avant qu'elles figurent dans des programmes politiques. Ce qui ne veut pas dire, bien sûr, que ces idéaux étaient toujours (ou même souvent) réalisés. Mais ils restaient des modèles de ce qu'on pouvait réaliser et goûter.

Personne n'a jamais prétendu qu'ils étaient réalisables sans sacrifice ou sans patience. Dans les textes du Moyen Age et de la Renaissance que nous avons cités, la patience et le respect mutuel apparaissent indissociablement liés à l'égalité dans le mariage véritable et en sont une conséquence. Les vieux idéaux du mariage n'ont jamais été contraires aux droits de la femme; en fait, c'est en eux que l'on trouve la première affirmation de ces droits. Le défaut auquel les vieux idéaux s'opposent, c'est l'égoïsme, qu'il soit masculin ou féminin. Car ils impliquent une éthique biologique, une série de devoirs — il faut fonder un foyer, nourrir, élever, protéger, éduquer —, qui exigent le sacrifice de soi.

Si on établit une distinction entre les rôles publics et les rôles privés des femmes de jadis, on voit plus clairement que les féministes extrémistes luttent sur deux fronts totalement distincts: sur le front «public», elles luttent contre le patriarcat, contre l'Homme et elles luttent pour l'égalité des droits. Dans cette lutte, les valeurs de la famille offrent un appui supplémentaire; elles illustrent et rappellent l'égalité naturelle et complémentaire des sexes.

Mais certaines féministes se battent également sur le front privé, contre l'éthique biologique, contre le sacrifice de soi pour l'époux et les enfants, et pour l'épanouissement libre et sans contrainte de l'ego. La différence entre ces deux luttes, c'est, si on veut, la différence entre Mme Pankhurst et Shulamith Firestone, la différence entre le féminisme réformiste et le féminisme utopiste.

Dans *La Dialectique du Sexe*, Shulamith Firestone adjure les femmes de «se libérer de la tyrannie de la reproduction par tous les moyens possibles». La grossesse pourrait être prise en charge par la technologie. Et l'éducation des enfants deviendrait une responsabilité de toute la société, des hommes, des autres enfants et aussi des autres femmes. Le « processus de socialisation répressif » de la vie familiale que nous connaissons « deviendrait superflu dans une société où les intérêts de l'individu coïncideraient avec ceux de toute la société ». Le lien du sang finirait par disparaître,

> « de sorte que la grossesse, enfin reconnue dans toute sa disgrâce, son absurdité et sa souffrance, ne sera plus utilisée — si elle l'est encore — que comme un archaïsme ridicule, comparable à l'usage actuel de porter le blanc virginal le jour de son mariage. Le communisme cybernétique abolirait les classes, et toute forme d'exploitation des travailleurs, car il assurerait à chacun un moyen de subsistance déterminé par les seuls besoins matériels. Le travail (abrutissant) finirait par être éliminé, au profit du jeu (complexe), d'une activité ludique sans autre finalité qu'elle-même, pratiquée tant par les adultes que par les enfants. La disparition de la maternité et de l'entrave du tabou de l'inceste permettra de réintégrer la sexualité et l'amour pourra s'épancher en toute liberté »[27].

Dans *La Femme Eunuque*, on nous propose une version plus attirante, moins mécanique, de cette utopie : méditant sur les moyens de persuader « des femmes brillantes de procréer », Germaine Greer écrit :

> Je ne pense pas qu'il soit bon qu'un enfant grandisse dans la seule compagnie d'une mère célibataire obligée de lutter pour subvenir à leurs besoins. Je me suis souvenue des enfants que j'ai connu en Calabre et j'ai pensé que je pourrais acheter, conjointement avec des amies qui ont les mêmes problèmes, une ferme en Italie, où nous pourrions séjourner chaque fois que nous en aurions l'occasion, et où nous pourrions donner naissance à nos enfants. Leurs pères et des amis pourraient y venir aussi fréquemment qu'ils le désirent pour s'y reposer, profiter de la compagnie des enfants, éventuellement travailler. Certains d'entre nous pourraient y vivre pendant des périodes prolongées. La maison et le jardin seraient entretenus par une famille de paysans locaux. Les enfants disposeraient d'un espace à explorer et à dominer, et nous leur transmettrions nos connaissances manuelles ou intellectuelles. Ce ne serait pas le paradis terrestre, mais une petite communauté qui aurait une chance de survie avec des parents des deux sexes, et une multitude de rôles entre lesquels les enfants pourraient choisir »[28].

Tout ce qui relève de la possessivité maternelle pourrait se dissoudre dans cette formule souple de société : « L'enfant n'aurait même pas besoin de savoir qui est sa véritable mère et je pourrais avoir les mêmes relations d'affection avec les autres enfants. Si mon enfant manifestait le désir de vivre à Londres ou à New York ou de fréquenter un établissement scolaire de type traditionnel ailleurs, il pourrait le faire »[29].

Voilà qui reproduit exactement les buts et les méthodes des utopies masculines des siècles passés : on abolit la responsabilité en l'étendant à toute la communauté; «le mien» et «le tien» sont supprimés; nul n'est lié à une personne plus qu'à une autre; les liens sont affaiblis et diffus. Les enfants ne sont attachés ni à des gens, ni à un lieu; quand ils s'ennuient, ils vont voir ailleurs. Parallèlement, le travail devient un jeu; la pénurie ne se fait plus sentir; le travail devient un «rôle» que l'on choisit ou que l'on repousse selon ses désirs; implicitement, on sait bien que toutes les corvées seront prises en charge par «la famille locale» — vestige d'une classe d'esclaves commune à de nombreuses utopies, vouée à une rapide disparition puisque petit à petit, la technologie remplace l'homme pour les travaux fastidieux. Ces communautés doivent bien sûr se situer dans un cadre idyllique. Ce n'est que logique, car si on est libéré de la lutte, du conflit et de l'effort, on a enfin le temps et la sérénité de jouir, d'absorber et de percevoir, ce qui suppose que l'on soit entouré de belles choses : des enfants dorés par le soleil, des cyprès, des fiasques de chianti en quantités illimitées...

Cet anarchisme utopiste n'est étranger aux générations passées que parce qu'il range la grossesse, l'accouchement et l'éducation des enfants parmi les besognes à supprimer. La béatitude, c'est l'éternité, l'absence de contraintes, l'asexualité. Les femmes, et les hommes également, doivent devenir éthérés, irresponsables, des êtres indifférenciés comme ... mais oui, comme les anges.

«... Il n'y a plus ni hommes ni femmes : car vous êtes tous un en Jésus-christ »[30]. En fin de compte, les ennemis de la famille se confondent. Et toutes les libérations sont la même libération, la même volonté de sortir de sa peau et de planer. Et tous les paradis reviennent au même, un paradis où les intérêts individuels coïncident naturellement et miraculeusement avec tous ceux de la société.

Le féminisme utopiste *a besoin* du Marxisme. S'il ne s'appuie pas sur la théorie selon laquelle les conditions économiques déterminent fondamentalement l'existence sociale, le féminisme se heurtera à la biologie. Il faut que la famille soit totalement créée par le processus économique et qu'elle en porte la marque; sinon, il faudra admettre que la famille a une vie propre, qu'en un sens, elle est *naturelle*. Voilà pourquoi on insiste tellement sur le caractère accidentel, flottant et artificiel de la famille nucléaire, et aussi, sur le lien nécessaire et suffisant entre la naissance de la famille nucléaire et celle du capitalisme. Il faut qu'il y ait une force impersonnelle, inhumaine, qui endosse la responsabilité de l'oppression et du confinement des femmes. Ce lien doit absolument être préservé, quels que soient les arguments historiques qui le contredisent.

Mais si le monde public et le monde privé n'évoluent ni au même rythme ni dans la même direction, on a vraiment tout intérêt à les étudier séparément. Nombreuses sont les féministes réformistes qui acceptent les devoirs de l'éthique biologique; toutefois, elles ne voient pas pourquoi ces devoirs devraient les priver de l'égalité civique, ni comment l'inégalité devant la loi pourrait saper l'égalité dans le couple.

Cette distinction, les féministes utopistes n'en veulent à aucun prix. La Misère de la Femme est une et indivisible; sa condition forme un tout. Consciemment ou non, la féministe utopiste saisit la nécessité tactique de ne pas disperser ses doléances. Germaine Greer, par exemple, dresse la longue liste des risques médicaux et des misères physiques de la contraception féminine:

« Tant que la femme devra penser chaque jour à sa contraception, se préoccuper de pillules, de préservatifs et autres systèmes, et en plus s'inquiéter à chaque retard de règles, elle restera plus irrationnelle. Le problème presque universel de la tension menstruelle est certainement plus grave pour la femme d'aujourd'hui, et la neurasthénie qui s'y greffe l'aiguise encore. Misère, misère, misère »[31].

Il est exact que la femme doit supporter ce fardeau; mais les problèmes menstruels ont des aspects biologiques qui ne peuvent pas être reprochés à l'Homme. Pourtant, le Docteur Greer ne s'arrête pas en si bon chemin et poursuit ses attaques:

« Il y plus de suicides féminins que masculins, plus de femmes que d'hommes dans les hôpitaux psychiatriques. Chaque année des centaines d'enfants sont maltraités par des parents exaspérés, et dans certains cas, des femmes atteintes de démence tuent sauvagement des nouveau-nés. La dépression post-partum est un syndrome officiellement reconnu, dont certaines femmes souffrent pendant une année entière. La minuscule minorité des femmes qui martyrisent leurs enfants ou assassinent leur mari a droit à des articles dans la presse. Mais la majorité des femmes traînent jour après jour une existence crépusculaire en espérant qu'elles font pour le mieux et qu'elles en seront récompensées un jour. La femme qui travaille attend que ses enfants grandissent en souhaitant qu'ils auront une belle situation en compensation de son esclavage. Mais elle s'aperçoit qu'il n'en font qu'à leur tête, quittent le domicile familial, adoptent des attitudes étranges, rejettent leurs parents... »[32].

Ce réquisitoire amalgame trois types de malheurs distincts: le malheur qui provient de l'injustice subie par les femmes, le malheur de sa condition biologique et le malheur de la condition humaine. On peut soigner ou guérir la dépression post-accouchement par les médicaments; la possibilité de sortir pour travailler, se détendre ou s'instruire allège certainement la misère des femmes et leur confère plus d'égalité par rapport aux hommes. Mais il reste encore bien des maux, qui n'épargnent pas les hommes.

Qu'en est-il des *hommes* suicidaires, besogneux, désespérés, déçus, malades mentaux, de ceux qui battent leurs enfants, de ceux qui tuent leur femme, ou de ceux que leurs enfants rejettent? Peut-on dire que toutes ces misères sont spécifiquement et exclusivement féminines? On ne peut certainement pas imputer tout le malheur à la seule corruption des relations entre les sexes. Et plus les femmes se libéreront de leur condition d'eunuques et d'aliénées, plus elles partageront les malheurs des hommes. Des malheurs — ou même des bonheurs — n'ayant rien à voir avec l'appartenance à un sexe ou à une famille sont-ils tellement inconcevables?

Dans la petite et moyenne bourgeoisie du siècle passé, il est évident que dans les familles à problèmes, le malheur risquait davantage de se concentrer sur l'épouse ou sur la fille, qui n'avaient guère de possibilités pratiques de s'échapper. Mais même la théorie de R.D. Laing, du «bouc émissaire familial», sur qui la misère et la tension accumulée dans la famille se concentre jusqu'à la folie (ou, dans la version de Laing, la santé) ne considère pas que les femmes sont des victimes privilégiées.

La fin des injustices civiques entraînera peut-être le nivellement des taux de «malheur». Ce n'est plus toujours la femme qui reste à la maison, ou qui s'occupe du grand-père malade; les risques d'être le maillon faible de la chaîne familiale sont plus partagés — encore que les femmes libérées subissent de nouvelles tensions hors de la famille.

Mais alors que les conditions se nivellent, que les droits civiques des femmes deviennent des faits incontestés, le féminisme utopiste connaît une crise. Car il s'est toujours fondé sur la réalité, sur le scandale de l'oppression civique pour étayer ses arguments apocalyptiques. C'étaient les mariages arrangés, l'absence du droit de vote, l'inégalité devant la loi, la brutale phallocratie de l'Eglise et de l'Etat, qui nourrissaient l'utopie du non-mariage, de l'asexualité.

La variante utopiste du féminisme a survécu plus longtemps que d'autres utopies parce qu'elle est née beaucoup plus tard et qu'elle a produit les preuves irréfutables de la brutalité et de l'oppression masculines.

Dans sa frénésie destructrice, elle veut balayer non seulement les classes, la pauvreté, la cruauté et le travail obligatoire, mais aussi toute distinction de sexe ou d'âge, car les enfants doivent être libérés de leur dépendance, si les femmes veulent un jour se libérer de la maternité. C'est l'utopie ultime, qui irrite et stupéfie la plupart des hommes, à dessein d'ailleurs.

Mais toutes les utopies, à l'instar des étoiles filantes, sont éphémères. Elles finissent par lasser, comme on finirait par se lasser de tourner sur orbite. Leur vitalité provient de la lutte, du choc contre les forces hostiles : les organisateurs de concours de beauté, les politiciens réactionnaires, les maris brutaux.

Je ne dis pas que les communautés, coopératives et ateliers féministes vont disparaître du jour au lendemain, dès que l'égalité civique sera complète. Mais ce qui est probable, ce qui se passe peut-être déjà, c'est qu'on n'accordera plus d'attention aux thèses extrêmes de l'utopie féministe. Pour la grande majorité des gens, parmi lesquels de nombreuses féministes, le débat sur l'avenir du mariage est bien plus intéressant.

NOTES

[1] *Encounter*, mars, 1976.
[2] Leon Battista Alberti, *I Libri della famiglia*, trad. R.N. Watkins, *The Family in Renaissance Florence*, Columbia, Caroline du Sud, 1969, p. 98.
[3] Simone de Beauvoir, *The Seconds Sex*, Ed. Penguin, 1972, p. 415.
[4] Ibid, p. 416.
[5] Brantôme, *Les Dames galantes*, Paris, 1962, p. 43.
[6] John Aubrey, *Brief Lives*, Michigan, 1962, pp. 255-56.
[7] Cit. in, Barbara Beuys, *Familienleben in Deutschland*, Hambourg, 1980, p. 189.
[8] Cit. in, Peter Dronke, *Medieval Latin and the Rise of European Love-lyric*, Oxford, 1965, p. 68.
[9] Abbesse Hildegard, *Causae et Curae*, Ed. Kaiser, Leipzig, 1903, p. 136.
[10] R. Rigaud, *Les Idées féministes de Christine de Pisan*, Neuchâtel, 1911, p. 66.
[11] *Ibid.*, p. 67.
[12] *Ibid.*, p. 101.
[13] F.W. Maitland, History of English Law, Vol. 1, p. 482.
[14] Ibid.
[15] Eileen Power, 'The Position of Women', in G.C. Crump et F.F. Jacobs (ed.), *The Legacy of the Middle Ages,* Oxford, 1926.

[16] Alan Macfarlane, *The Origin of English Individualism*, Oxford, 1978, p. 134.
[17] R.I. Page, *Life in Anglo-Saxon England*, Londres, 1970, p. 71.
[18] Plutarque, *Moral Essays*, trad. Rex Warner, Ed. Penguin, 1971, p. 18.
[19] *Ibid.*
[20] *Ibid.*
[21] *Ibid.*, p. 23.
[22] E.P. Thompson, in Jack Goody, Joan Thirsk et E.P. Thompson (eds), *Family and Inheritance*, Cambridge, 1976, p. 349.
[23] *Ibid.*, pp. 112-55.
[24] *Fifty Earliest English Wills*, Ed. F.J. Furnivall, 1882.
[25] *Lisle Letters*, Ed. Muriel St Clare Byrne, Chicago, 1981, 6 vol. I, p. 28.
[26] Michael Young et Peter Willmott, *Family and Kinship in East London*, Ed. Pelican, 1962, p. 49.
[27] Shulamith Firestone, *The Dialectic of Sex*, Ed. Women's Press, 1979, p. 224.
[28] Germaine Greer, *The Female Eunuch*, Ed. Granada, 1971, p. 235.
[29] *Ibid.*
[30] Galates 3:28.
[31] Greer, *Female Eunuch*, p. 281.
[32] *Ibid.*

Chapitre 14
Et après?

Il est fort passionnant de sonder l'avenir; décrire le présent est nettement plus compliqué. Mais il est certainement plus compliqué encore d'être précis, car on court toujours le danger d'être leurré par des images faussées du passé ou distrait par des projections séduisantes. La meilleure attitude devant l'avenir, c'est donc de décrire la situation actuelle avec une prudence et une précision extrêmes.

Sous le titre « *The continuing Decline of Mariage* », le *Times* du 11.5.1981 publiait un important article qui nous explique que « pour autant qu'on puisse le mesurer, le mariage est en déclin ». Au cours des années 70, le nombre de personnes qui se sont mariées en Angleterre et au Pays de Galles n'a cessé de décroître. « Les célibataires se marient moins et l'âge du mariage est plus tardif ». La cohabitation non conjugale est mieux acceptée. « Les grossesses hors mariage n'encourent plus la même réprobation; d'ailleurs, plus d'une naissance sur dix est maintenant illégitime ». La procédure du divorce est devenue rapide et facile; pour les enfants, les séquelles psychologiques de l'échec conjugal restent traumatisantes. « D'autre part, en revenir à une procédure compliquée de divorce ferait certainement remonter les taux de mariage, mais personne n'y gagnerait, ni la société, ni ces infortunés, ni leurs enfants, coincés dans une union sans amour ».

Voilà, me semble-t-il, le tableau que les gens ont généralement à l'esprit : déclin du mariage, poussée du divorce, augmentation du nombre d'enfants traumatisés par la séparation de leurs parents. Mais pas de retour possible à l'indissolubilité légale. Le tableau n'est évidemment pas totalement faux, mais il n'est pas tout à fait juste non plus. Observons les chiffres d'un peu plus près.

En Angleterre et au Pays de Galles, les taux de nuptialité ont connu des hauts et des bas au cours du dernier siècle (voir l'appendice). Pendant les deux guerres mondiales, et juste avant et après, on a atteint des sommets, le taux le plus élevé se situant entre 1936 et 1940. Après la guerre, on observe une nouvelle poussée dans les années 60 et au début des années 70. Ces chiffres sont sans doute comparables, en gros, à ceux des autres pays d'Europe occidentale, encore que des comparaisons précises s'avèrent difficiles en raison de la différence des contextes sociaux et légaux.

Cependant, ces taux ne représentent que le nombre de *célébrations de mariage* par année. Si l'on prend la *condition conjugale* — le nombre de personnes mariées —, on obtient un tableau quelque peu différent. Le pourcentage de population mariée n'a cessé de croître entre 1901 et 1971, et reste stable depuis.

L'année qui enregistra le plus grand nombre de mariages, 1971, le rapport entre les personnes mariées, veuves ou divorcées et les célibataires, dans la population totale, était très comparable au rapport actuel. Ce qui s'est passé, ce n'est pas tant que le mariage a perdu de son attrait, mais bien que le divorce est devenu beaucoup plus accessible aux couples malheureux.

Parmi ces totaux, on observe un changement important au niveau de la fréquence et de l'âge des mariages. L'âge moyen a baissé régulièrement entre 1907 et 1971. Cette tendance s'explique en partie par le fait que les mariages, pour les deux sexes, sont de nouveau plus tardifs, et en partie par l'augmentation du nombre de remariages. Même ainsi, les célibataires d'aujourd'hui se marient *plus tôt* que ceux du début du siècle: à 25 ans pour les hommes contre 27 en 1901, et à 22 ans pour les femmes, contre 25 en 1901.

Il me semble que les raisons de ces phénomènes n'échappent à personne. Tout d'abord, raison financière, les gens ont pu se permettre de se marier plus tôt. Deuxièmement, la liberté sexuelle permet maintenant aux personnes respectables de vivre ensemble sans être mariés.

Actuellement, beaucoup plus de gens sont ou ont été mariés. L'augmentation du nombre des « qui ont été » par rapport au nombre des « qui sont » est due à l'accessibilité du divorce et ne permet donc pas de parler d'un déclin du mariage. Il n'y a aujourd'hui que 1,9 % de divorcés dans la population, contre 2,8 % de veufs, 51,8 % de mariés et 43,6 % de célibataires (dont les 3/4 sont des enfants). On ne s'étonnera pas qu'une forte augmentation du nombre de mariages entraîne une augmentation du nombre d'échecs conjugaux.

Il faut également garder à l'esprit que, comme le dit Lawrence Stone, «le divorce moderne ressemble fort à un substitut fonctionnel de la mort». Les mariages modernes durent beaucoup plus longtemps que jadis, même en Grande-Bretagne ou aux Etats-Unis, parce que la longévité a considérablement augmenté.

En Angleterre, par exemple, il n'y a que quelques années que les taux d'hommes divorcés ou veufs ont rattrappé ceux du début du siècle — qui, bien entendu, comptaient surtout des veufs. Chez les femmes, les chiffres sont encore plus surprenants. La proportion des femmes mariées et des veuves a augmenté de 50 %, depuis 1900.

Mais ce que les chiffres de la condition conjugale ne montrent pas, c'est la fulgurante ascension du nombre de remariages au 20e siècle. Dans un quart du nombre total des mariages, soit un des époux, soit les deux, ont déjà été mariés. Au début du siècle, ces cas ne représentaient qu'un huitième du nombre total des mariages. Par contre, cette proportion était beaucoup plus importante au 19e siècle, juste avant la brusque amélioration de l'espérance de vie.

La société médiévale était un véritable réseau de mariages. Aux 16e et 17e siècles, à peu près un quart de tous les mariages étaient un remariage pour l'un des époux — exactement la même proportion que dans les années 80. A Manchester, en 1650, c'était le cas d'un mariage sur trois.

On ne peut prétendre que le remariage ait été, ou soit, un signe du déclin de l'institution. Que les gens se remarient dès qu'ils le peuvent, dès qu'ils ont enterré ou quitté leur premier conjoint, n'indique certes pas une violente répulsion à l'égard du mariage, même si, à l'époque, les considérations financières n'étaient pas étrangères à la cour faite à une veuve nantie. En fait, on voit généralement dans un prompt remariage un compliment à l'époux décédé.

Faut-il expliquer, comme le fait Shorter, la crête de 1850 par une révoluton dans le comportement sexuel, et voir dans la diminution consécutive du nombre de naissances illégitimes le résultat d'une meilleure contraception, tendance qui ne se renversa qu'à partir de 1940, au moment où la deuxième révolution sexuelle libéra enfin les rapports sexuels préconjugaux? L'explication est intéressante, mais pour notre propos, le point le plus important, c'est de savoir pourquoi les femmes d'aujourd'hui se soucient moins d'être mariées avant de faire un enfant, et pourquoi, du moins au cours des 10 dernières années, elles ont souvent choisi le risque de la grossesse illégitime malgré les possibilités de contraception et d'avortement.

Trois facteurs peuvent intervenir. Premièrement, le relâchement de la pression sociale qui poussait au mariage : l'affaiblissement des interdits moraux et religieux qui pesaient sur les naissances illégitimes est autant perceptible au niveau de l'opinion publique qu'au niveau du droit. Deuxièmement, on attend plus du mariage; le mariage « par obligation » n'est guère plus apprécié que, jadis, le mariage arrangé. La mère, avec l'appui de ses parents parfois, préfère élever seule l'enfant que l'élever dans un couple malheureux ou instable. Enfin, certaines mères considèrent que le mariage est hypocrite et contraignant; elles préfèrent élever leur enfant dans un milieu où les relations, parce qu'elles ne sont pas permanentes, sont sincères et spontanées. Il me semble que cette attitude est celle d'une minorité et que, dans la plupart des cas où la mère a vraiment le choix, elle préfère s'occuper seule de son enfant parce qu'elle croit que son partenaire ne ferait pas un bon mari, et pas parce qu'elle refuse le mariage en général.

Ce dernier choix révèle un très grand respect pour le mariage, et non un rejet. Car les avantages du mariage restent considérables, en termes matériels, surtout en ce qui concerne la charge de l'enfant, et pourtant, la mère préfère refuser un mariage motivé par des raisons purement matérielles.

Mais on peut aussi bien utiliser les statistiques pour défendre la thèse inverse. Jamais autant de gens ne sont ou n'ont été mariés qu'aujourd'hui; jamais on n'a vu autant de remariages; apparemment les gens ne se laissent pas rebuter par un, voire plusieurs échecs conjugaux. Et pourtant, le mariage présente de moins en moins d'avantages matériels. On n'a plus besoin de passer devant le curé ou le maire pour avoir des relations sexuelles. De plus en plus de femmes travaillent et, même si l'évolution est lente, les salaires féminins s'alignent peu à peu sur ceux des hommes. Même lorsque le mariage présente des avantages considérables, c'est-à-dire lorsqu'il y a un enfant, les femmes répugnent à épouser quelqu'un qu'elles n'auraient pas choisi s'il n'y avait pas eu de bébé en route. Aucun de ces éléments ne permet de conclure à un déclin de l'idéal du bonheur conjugal.

Mais si les statistiques nous donnent des indications précieuses, on ne peut pas attendre d'elles une réponse à la question fondamentale : qu'attend-on du mariage ?

Tant qu'on n'aura pas défini le mariage, on ne pourra pas se prononcer sur son déclin. Parlons-nous du « mariage chrétien », union indissoluble, à vie, bénie de Dieu, qui contient *toute* l'activité sexuelle et par laquelle passe *toute* procréation ? Cet idéal irréaliste et irréalisable est en voie de disparition. Mais il ne faut pas croire qu'il ait un jour dominé complètement l'esprit des gens. Bien entendu, on espérait et on souhaitait rester marié toute sa vie; bien sûr, c'était la solution la plus désirable, tant pour les parents que pour les enfants; elle le reste d'ailleurs. Mais on savait aussi que le mariage tournait souvent en eau de boudin, quoi qu'en disent l'Eglise et l'Etat; on savait que les filles tombent facilement enceintes et on connaissait des méthodes plus ou moins légales pour mettre un terme aux grossesses.

Le nombre de naissances illégitimes, par exemple, a presque toujours été supérieur à ce que l'Eglise voulait bien admettre; l'attitude populaire à l'égard des mères célibataires était d'ailleurs souvent plus charitable que celle des défenseurs officiels de la charité. Il est du reste fort probable que le taux actuel de concubinage ne soit vraiment remarquable que par rapport aux normes puritaines officielles de l'Europe du 19e siècle. En dehors de ce contexte précis, les frontières du mariage étaient beaucoup moins nettes; même s'il n'a jamais été aussi important que maintenant, le nombre de couples vivant ensemble sans sanction religieuse ou civile a toujours représenté une partie inexplorée de l'édifice social.

Par exemple, les registres de Montaillou nous montrent que vers 1300-1320, parmi les quelque 55 couples du village, 5 ou 6 étaient illégitimes. Malgré une domination que l'Eglise prétendait absolue, au moins 10 % des couples vivaient dans le péché. A des époques plus prudes, la proportion reste sans doute aussi forte, mais les pécheurs se dissimulent plus, et les gens respectables détournent plus les yeux.

Dans certaines régions, ces attitudes moins conformistes à l'égard du mariage ont persisté jusqu'à tout récemment. Dans le New York des années 1890, par exemple, la règle était que «si deux personnes vivant ensemble, s'appellent l'un l'autre mari et femme, aux yeux de la loi, cette reconnaissance publique suffit amplement pour constituer un mariage valide». La notion du «mariage coutumier» par laquelle le droit reconnaît qu'un couple est marié *de facto* même en l'absence de toute cérémonie, survit parce que sa réalité reste très vivante. Cette conception du mariage, reconnaissance d'un fait social plutôt que conclusion d'un contrat, remonte à la Grèce classique et à Rome, et sans doute à des époques encore plus reculées.

Les historiens scandinaves vont jusqu'à dire que «dans la vieille société paysanne, la naissance d'un enfant était souvent l'occasion de célébrer officiellement le mariage». Peter Laslett qualifie cette attitude de «célébratoire, au sens plein du mot». Le mariage existe bel et bien; le rôle des festivités du mariage ou du baptême, c'est principalement la célébration d'un état de fait.

Pendant les siècles où, théoriquement, elle dominait le mariage, l'Eglise est parvenue à imposer son code de conduite avec plus ou moins de succès. Au 19ᵉ siècle, les taux de naissances illégitimes allaient de 0 % en Irlande à quelque 50 % dans la province autrichienne catholique de Styrie. Dans la puritaine Angleterre du 19ᵉ siècle, Laslett estime que la proportion de premiers enfants conçus hors du mariage (enfants naturels ou conçus avant le mariage) était d'à peu près trois sur cinq. Les historiens s'interrogent même sur l'existence d'une «sous-société bâtardisante» où les femmes mettaient au monde des enfants illégitimes qui avaient à leur tour des enfants illégitimes.

Il ne faut pas oublier que de tout temps a existé une importante frange de population «peu convenable», faite d'époux séparés, de mères célibataires et de bâtards, jeunes et vieux, qui avaient leurs propres règles, et restaient joyeusement indifférents aux préceptes de l'Eglise ou de l'Etat. Du reste, leurs opinions et leurs attitudes à l'égard de la famille et du mariage étaient aussi celles des gens «vraiment» mariés, avec la bénédiction du clergé. Dans ces fatras d'habitudes et d'attitudes conjugales, on peut discerner ce qu'on pourrait appeler le «mariage populaire» — à la fois plus réaliste, plus prosaïque, plus tolérant envers l'échec et plus soucieux du bien-être de la famille, moins attaché à la pureté spirituelle, moins ambitieux et moins éthéré.

Une société où moins de 2/5 des femmes sont vierges le jour de leur mariage ne peut prétendre être en accord total avec les idéaux de chasteté préconjugale prônés par l'Eglise. Quand tant de filles se retrouvaient enceintes, leurs mères ne pouvaient guère croire — on en a le preuve — que la chair de leur chair était vouée à la damnation éternelle pour avoir péché.

Parmi l'abondante littérature sociologique témoignant de la tolérance de la classe ouvrière dans ce domaine, j'ai choisi le remarquable ouvrage de Christopher Smout, *Le Comportement sexuel en Ecosse au 19ᵉ siècle*, pour montrer le peu d'impact qu'avait l'extrême intransigeance de l'Eglise auprès des femmes des classes laborieuses, en pleine époque victorienne. Au terme de recherches exhaustives menées sur le sujet, le Dr. J.M. Strachan écrivait dans le *Scotsman* qu'il n'y avait guère de barrières contre les naissances illégitimes dans l'Ecosse rurale parce que «les expériences sexuelles préconjugales, même avec quelqu'un d'autre que le futur mari, ne constituent pas un obstacle grave au mariage». En 1886, dans *Illegitimacy in Banffshire*, William Crammond rapportait les réponses suivantes à un questionnaire sur les raisons de l'immoralité locale:

«Nonobstant tous nos prêches et nos enseignements, ce péché n'apparaît pas dans toute sa lumière; en fait, on n'y voit guère de péché du tout, à peine une faute, plutôt gênante et pénible lorsque le père ne veut pas reconnaître l'enfant et payer pour lui...» (un pasteur de paroisse).

«Un jour, à propos de sa fille qui s'était méconduite, une femme m'a dit que 'c'est moins grave que de voler, ne serait-ce que deux sous'. Cette femme était une paroissienne comme les autres, ni pire, ni meilleure» (un pasteur de paroisse).

«J'ai souvent entendu, dans la bouche des mères qui se trouvaient dans cette situation: 'C'est moins grave que de voler, ou de se débarrasser du pauvre gosse'» (un employé de banque).

La Commission de Religion et de Morale de l'Eglise Libre dut même admettre, à propos de la «souillure» de la bâtardise, que «les gens y voient à peine un péché. Pour eux, le mariage répare tout».

A la lumière de ces aveux, émanant de personnes que leur statut pousserait plutôt à nier l'échec de leurs prédications auprès de leurs paroissiens, on s'aperçoit que le contrôle du pasteur ou du curé était plus formel que réel. Avoir un enfant hors du mariage représentait bel et bien une terrible erreur, d'un point de vue légal et financier, mais rien n'aurait pu convaincre la classe laborieuse que c'était aussi grave que de voler quelques sous. La tolérance du mariage populaire ne se laissait pas écraser.

Par mariage, faut-il donc entendre, plutôt que le mariage chrétien officiel, le «mariage populaire», relation scellée par un vœu de fidélité éternelle entre deux adultes responsables, mais qui, comme toutes les relations, porte en elle un risque non négligeable d'échec? Le mariage populaire partage deux objectifs avec l'institution chrétienne: d'une part, la procréation et la protection des enfants, et d'autre part, l'assistance et l'affection mutuelle, mais il est plus réaliste; il ne prétend monopoliser ni la procréation, ni l'affection. Le mariage populaire se définit moins comme un idéal spirituel que comme le meilleur et le plus naturel des contrats sociaux. Avant tout, c'est un accord *volontaire* qui tire sa vertu de l'exercice du libre choix.

En toute logique, on ne peut pas prétendre que l'état conjugal épuise tous les comportements actuels, si on accepte que le mariage est une institution indépendante qui n'est soumise qu'à l'association volontaire de deux personnes. Dès lors que la possibilité existe de se marier, de choisir son partenaire et de divorcer, il faut se rendre compte que de nombreux individus choisiront le célibat ou le remariage. La liberté engendre la diversité. Si je me suis attaché dans cet ouvrage à souligner l'indépendance naturelle de l'impératif biologique, je ne veux pas tomber dans le travers de substituer la détermination biologique à la détermination économique. Le mariage est un puzzle, fait de choix, de hasard et de circonstances. La plupart des gens en sont bien conscients.

Pourtant, il reste vrai que la force principale du monde occidental est le désir de la classe ouvrière de satisfaire ses aspirations. Et parmi les plus importantes, les plus fondamentales et les plus anciennes, il faut citer l'aspiration à l'égalité, à l'intimité et à l'indépendance *dans le mariage*. Comment se fait-il que le désir d'un mariage indépendant reste plus fort que le désir d'indépendance personnelle — si souvent désigné comme la tendance dominante de notre époque? Pourquoi les gens continuent-ils à vouloir fondre, ne fût-ce que partiellement, leur personnalité dans le mariage et consacrer une grande partie de leur vie, peut-être la plus importante, à bâtir ce modèle rebattu de relation humaine?

On peut seulement avancer, avec toute la prudence requise, que pour la plupart d'entre nous, le mariage reste l'entreprise la plus *intéressante*. Malgré ses ennuis et ses misères, il offre plus de variété et de continuité que n'importe quel autre engagement. Sa dimension temporelle est beaucoup plus importante; il y a encore des couples plus vieux que la révolution bolchevique. Ses descendants — enfants, petits-enfants, la chair de notre chair — essaiment aux quatre coins du monde; pour la plupart d'entre nous, ils représentent les seules réalisations tangibles, aussi imparfaites et imprévisibles soient-elles. Le mariage et la famille font paraître les autres expériences, aussi agréables soient-elles, ternes et insipides. Et nous ne pouvons nous empêcher de conclure qu'un style de vie si intense et si durable ne peut que nous être naturel, qu'il est inhérent à l'être humain.

NOTES

[1] Lawrence Stone, *The Family, Sex and Marriage in England 1500-1800,* Ed. Pelican, 1979, pp. 47-48.

[2] Peter Laslett, Karla Oosterveen et Richard M. Smith (eds), *Bastardy and its Comparative History*, Londres 1980, pp. 1-65, et Edward Shorter, *The Making of the Modern Family*, Ed. Fontana, 1977, chapitre 3.
[3] *Cit. in* Laslett, Oosterveen et Smith (eds) *Bastardy and Its Comparative History*, p. 11.
[4] *Cit. in ibid.*, p. 56.
[5] Tous les exemples cités, *ibid.*, pp. 192-216.

Appendice

La reproduction des tableaux suivants a été autorisée par le Contrôleur de l'Office des Publications de Sa Majesté; ces données sont extraites des *Statistiques des Mariages et des Divorces: Registre Général des Mariages et des Divorces en Angleterre et au Pays de Galles*, 1979 8HMSO, 19819, tableaux 2.1. et 1.1.b.

Tableau 1: Mariages et divorces: résumé 1901-1979

Période	Mariages			Divorces
	Total	1ᵉʳ mariage pour chaque époux	Remariage pour les 2 époux	Total
1901-05	**1.300.851**	1.139.258	43.215	**2.816**
1906-10	**1.339.664**	1.181.184	41.324	**3.118**
1911-15	**1.500.646**	1.326.633	45.006	**3.280**
1916-20	**1.575.257**	1.314.651	65.320	**7.548**
1921-25	**1.504.889**	1.300.067	51.894	**13.668**
1926-30	**1.519.883**	1.341.273	47.839	**16.789**
1931-35	**1.629.065**	1.454.421	44.644	**20.056**
1936-40	**1.985.815**	1.783.679	51.302	**30.903**
1941-45	**1.755.437**	1.518.961	62.832	**51.944**
1946-50	**1.917.238**	1.517.749	107.561	**199.507**
1951-55	**1.754.579**	1.432.217	104.779	**147.858**
1956-60	**1.723.500**	1.452.971	95.870	**128.858**
1961-65	**1.776.173**	1.495.700	104.454	**159.034**
1966-70	**1.990.604**	1.647.342	133.363	**237.503**
1971-75	**1.996.422**	1.457.924	231.229	**533.487**
1969	**386.746**	326.950	27.622	**51.310**
1970	**415.487**	339.873	29.853	**58.239**
1971	**404.737**	320.347	34.126	**74.437**
1972	**426.241**	312.957	47.856	**119.025**
1973	**440.435**	288.003	48.752	**106.003**
1974	**384.389**	271.672	49.164	**113.500**
1975	**380.620**	264.945	51.331	**120.522**
1976	**358.567**	243.770	51.362	**126.694**
1977	**356.954**	237.961	53.654	**129.053**
1978	**368.258**	240.512	58.666	**143.667**
1979	**368.853**	240.744	58.445	**138.706**

Tableau 2: Etat civil des hommes
Estimations de population, proportion 1/2000 (1901-1979)

Année	Célibataires	Mariés	Veufs	Divorcés
1901	608	357	35	
1911	593	372	35	
1921	550	414	36	0
1931	517	444	38	1
1951	441	520	35	4
1961	438	527	30	5
1971	439	525	28	8
1975	436	522	28	14
1976	436	520	28	16
1977	436	520	28	17
1978	436	518	28	19
1979	436	515	28	20

Tableau 3: Etat civil des femmes
Estimation de population, proportion 1/1000 (1901-1979)

Année	Célibataires	Mariées	Veuves	Divorcées
1901	586	340	74	
1911	571	356	73	
1921	535	383	82	0
1931	500	413	86	1
1951	405	487	102	6
1961	389	497	106	8
1971	380	497	111	12
1975	372	496	113	19
1976	370	495	113	21
1977	369	495	114	22
1978	368	493	115	24
1979	367	491	115	26

Sélection bibliographique

Cette liste reprend les ouvrages qui m'ont semblé les plus utiles et les plus intéressants pour l'étude du mariage et de la famille, de jadis et d'aujourd'hui. Elle ne comprend pas de sources littéraires classiques telles que Chaucer ou Jane Austen. Les ouvrages précédés d'une astérisque contiennent des bibliographies utiles.

ALBERTI Leon Battista, *The Family in Renaissance Florence*, trad. et éd. par R.N. Watkins, Columbia, Caroline du Sud, 1969.
ANDERSON Michael, *Family Structure in Nineteenth Century Lancashire*, Cambridge, 1971.
* ARIES Philippe, *Centuries of Childhood*, Londres, 1962, Peregrine edn, 1979, traduction.
AUBREY John, *Brief Lives* (ed. 1898), Michigan, 1962; ed. Oliver Lawson Dick, Londres, 1969, Penguin edn, 1972.
BAINTON Roland H., *Erasmus of Christendom*, New York, 1969, Londres, 1970.
BALSDON J.P.V.D., *Life and Leisure in Ancient Rome*, Londres, 1969.
BEAUVOIR Simone de, *The Second Sex*, Londres, 1953, Penguin edn, 1972, traduction.
BEECHER J. et BIENVENU R., *The Utopian Vision of Charles Fourier*, Boston, 1971, Londres, 1975.
BENNETT H.S., *The Pastons and Their England*, Cambridge, 1922.
BETTELHEIM Bruno, *The Children of the Dream*, Londres, 1969, Paladin edn, 1971.
* BEUYS Barbara, *Familienleben in Deutschland*, Hambourg, 1980.
BLOCH Marc, *Feudal Society*, Londres, 1962.
BRANTOME, *Les Dames galantes*, Paris, 1962.
BREWER, D.S., *Love and Marriage in the Age of Chaucer*, Cornell, 1975.
BRIDENTHAL Renate et KOONZ Claudia (eds), *Becoming Visible: Women in European History*, Boston, 1977.
BYRNE Muriel St Clare (ed.), *The Lisle Letters*, Chicago, 1981, 6 vols.

CAUDWELL Christopher, *Studies in a Dying Culture*, Londres, 1938.
COHN Norman, *The Pursuit of the Millennium*, Londres, 1959, Paladin edn, 1970.
CROSLAND C.A.R., *The Future of Socialism*, Londres, 1956, revised paperback edn, 1964, reissued, 1981.
CRUMP G.C. et JACOBS F.F., *The Legacy of the Middle Ages*, Oxford, 1926.
DANIELOU J. et MARROU H., *The Christian Centuries*, Vol. I, Londres, 1964.
DAVIES R.T., *Medieval English Lyrics*, Londres, 1963.
De MAUSE Lloyd (ed.), *The History of Childhood*, U.S., 1974, Londres, 1967.
DILLON Myles et CHADWICK Nora, *The Celic Realms*, Londres, 1967.
DONALDSON E.T., *Speaking of Chaucer*, Londres, 1970.
DREITZEL H.P. (ed); *Family, Marriage and the Struggle of the Sexes*, New York, 1972.
DRONKE Peter, *Medieval Latin and the Rise of European Love-lyric*, Oxford, 1965.
ENGELS Friedrich, *The Origin of the Family, Private Property and the State*, trad. A. West, Londres, 1972.
ERASMUS, *Colloquies* (1516-36), ed. Craig Thompson, Chicago, 1965.
FALKUS Christopher (ed.), *Private Lives of the Tudor Monarchs*, Londres, 1974.
FIRESTONE Shulamith, *The Dialectic of Sex*, U.S., 1970, Londres, 1971, Women's Press edn, 1979.
FLANDRIN J.L., *Families in Former Times: Kinship, Household and Sexuality*, Cambridge, 1979.
FLETCHER Ronald, *The Family and Marriage in Britain*, Londres, 1962.
FORTES Meyer, *Kinship and the Social Order*, Londres, 1969.
FRIEDAN Betty, *The Feminine Mystique*, New York et Londres, 1963.
GEIGER H. Kent, *The Family in Soviet Russia*, Cambridge, Mass., 1968.
GOODY Jack, THIRSK Joan et THOMPSON E.P. (eds), *Family and Inheritance: Rural Society in Western Europe 1200-1800*, Cambridge, 1976.
GOUGH Richard, *The History of Myddle*, ed. Peter Razzell, Caliban Books, Firle, Sussex, 1979, Penguin edn, 1981.
GREER Germaine, *The Female Eunuch*, Londres, 1970, Granada edn, 1971.
HALLAM H.G., *Rural England 1066-1348*, Londres, 1981.
HAMER Richard (ed. et trad.), *A Choice of Anglo-Saxon Verse*, Londres, 1970.
* HELMHOLZ R.H., *Marriage Litigation in Medieval England*, Cambridge, 1974.
HEROARD Jean, *Journal de Jean Héroard sur l'enfance et la jeunesse de Louis XIII*, Ed. Soulié et E. de Barthélemy, Paris, 1868.
HEYWOOD Oliver, *The Autobiography of Oliver Heywood*, ed. J.H. Turner, 1882.
HILDEGARD Abbess, *Causae et Curae*, Ed. Kaiser, Leipzig, 1903.
HILL Christopher, *Puritanism and Revolution*, Londres, Panther edn, 1968.
HILTON Rodney, *Bondmen Made Free*, Londres, 1973, University Paperback edn, 1977.
HITLER Adolf, *Mein Kampf*, Munich, 1929.
HOMANS G.C., *English Villagers of the Thirteenth Century*, Cambridge, Mass., 1942.
HUIZINGA Johan, *The Waning of the Middle Ages*, Londres, 1924, Penguin edn, 1955.
JOSSELIN Ralph, *Diary of Ralph Josselin*, ed. Alan Macfarlane, Cambridge, 1976.
JOYCE G.H., *Christian Marriage*, Londres, 1948.
KING P.D., *Law and Society in the Visigothic Kingdom*, Cambridge, 1972.
KINGSFORD C.L. (ed.), *Stonor Letters and Papers*, Londres, 1919, 2 vols.
KITCHEN S.B., *A History of Divorce*, Londres, 1912.
LADURIE Emmanuel Le Roy, *Montaillou: Cathars and Catholics in a French Village 1294-1324*, Paris, 1975, Londres, 1978.
LANDRY La Tour, *The Book of the Knight of La Tour Landry*, ed. T. Wright, Londres, 1868.
* LASLETT Peter, *The World We Have Lost*, Londres, 1965.

LASLETT Peter, *Family Life and Illicit Love in Earlier Generations*, Cambridge, 1977.
LASLETT Peter, OOSTERVEEN Karla et SMITH Richard M. (eds), *Bastardy and its Comparative History,* Londres, 1980.
* LASLETT Peter et WALL Richard (eds.), *Household and Family in Past Time,* Cambridge, 1972.
LAWRENCE D.H., *Lady Chatterley's Lover,* Londres, Phœnix edn, 1961.
LENIN V.I., *On the Emancipation of Women,* Moscou, 1965.
LE PLAY F., *Les Ouvriers européens,* Paris, 1855, 1877-9.
LERNER Laurence, *Love and Marriage: Literature and Its Social Context,* Londres, 1979.
LEWIS C.S., *The Allegory of Love,* Oxford, 1936.
LIETZMANN H., *History of the Early Church,* Londres, 1961, 2 vol.
LOCKE John, *Two Treatises of Government,* ed. Peter Laslett, Cambridge, 1960.
LOWE Roger, *Diary of Roger Lowe,* ed. W.L. Sachse, Londres, 1938.
LOWIE R.H., *Primitive Society,* New York, 1920, Londres, 1929.
LYELL Laetitia (ed.), *A Mediaeval Postbag,* Londres, 1934.
MACFARLANE Alan, *The Family Life of Ralph Josselin,* Cambridge, 1970.
MACFARLANE Alan, *The Origin of English Individualism,* Oxford, 1978.
McWILLIAMS, W.C., *The Idea of Fraternity in America,* Berkeley, 1973.
MAINE Henry, *Ancient Law,* Londres, 1861.
—, *Village Communities,* Londres, 4ᵉ edn, 1881.
* MAIR Lucy, *Marriage,* Londres, 1971.
MARINETTI F.T., *Selected Writings,* ed. R.W. Flint, New York, 1972.
MARX Karl, *Das Kapital,* Londres, 1889.
MARX Karl et ENGELS Friedrich, *Communist Manifesto* (1848), Harmondsworth, Pelican edn, 1967.
* MILLETT Kate, *Sexual Politics,* U.S., 1969, Londres, 1971.
MILTON John, *Prose Writings,* Londres, Everyman edn, 1927 (inclut *The Doctrine and Discipline of Divorce*).
MORE Thomas, *Utopia* (1515), Londres, 1974.
* MORGAN D.H.J., *Social Theory and the Family,* Londres, 1975.
MORGAN L.H., *Ancient Society,* New York, 1877.
MORRIS Colin, *The Discovery of the Individual 1050-1200,* New York, 1972.
MOSS Rachel (ed.), *God's Yes to Sexuality,* Londres, 1981.
NELSON B.N., *The Idea of Usury,* Princeton, 1949.
* NEUBURG V.E., *Popular Literature,* Londres, 1977.
PAGE R.I., *Life in Anglo-Saxon England,* Londres, 1970.
The Paston Letters, ed. John Warrington, Londres, Everyman edn, 2 vol., 1924; republié en 1975.
PEPYS Samuel, *Diary,* ed. R. Latham et W. Matthews, Londres, 1974.
* PINCHBECK Ivy et HEWITT Margaret, *Childhood in English Society, Vol. I, From Tudor Times to the Nineteenth Century,* Londres, 1969.
PLATO, *The Republic,* trad. Jowett, Oxford, 1908.
PLUTARCH, *Moral Essays,* trans. Rex Warner, Harmondsworth, Penguin edn, 1971.
POLE Nicholas (ed.), *Environmental Solutions,* Cambridge, 1972.
POLLOCK F. et MAITLAND F.W., *History of English Law,* Cambridge, 1898, reissued 1968, 2 vol.
POWELL C.L., *English Domestic Relations 1487-1653,* New York, 1917.
RIGAUD R., *Les Idées féministes de Christine de Pisan,* Neuchâtel, 1911.
ROBERTSON D.N. (ed.), *The Meaning of Courtly Love,* New York, 1968.
ROGERS Carl R., *Encounter Groups,* Harmondsworth, 1973.
ROUGEMONT Denis de, *L'amour et l'Occident,* Paris, 1939; publ. en Grande-Breta-

gne, 1940, *Passion and Society*, aux E.U., *Love in the Western World*.
—, *Comme toi-même*, Paris, 1961; publ. en Grande-Bretagne, *The Myths of Love*, trad. R. Howard, Londres, 1964.
* ROWBOTHAM Sheila, *Women, Resistance and Revolution*, Londres, 1972.
—, *Women's Liberation and the New Politics*, Institute for Worker's Control, Nottingham, 1969.
SCARISBRICK J.J., *Henry VIII*, Londres, 1968.
SEABROOK Jeremy, *What Went Wrong: Working People and the Ideals of the Labour Movement*, Londres, 1978.
SHORTER Edward, *The Making of the Modern Family*, Londres, 1976, Fontana edn, 1977.
STAPLETON Thomas (ed.), *Plumpton Correspondance*, Londres, 1839.
STENDHAL, *De l'amour*, Paris, 1822; Londres, trad. T.S. et C.N.S. Woolf, 1915.
STENTON F.M., *Anglo-Saxon England*, Oxford, 1943.
STEPHEN J.F., *Liberty, Equality and Fraternity*, Londres, 1873.
STONE Lawrence, *The Family, Sex and Marriage in England 1500-1800*, Londres, 1977, Pelican edn, 1979.
THOMPSON E.P., *The Making of the English Working Class*, Harmondsworth, Pelican edn, 1968.
TROELTSCH Ernst, *Social Teaching of the Christian Churches*, Londres, 1931.
VINOGRADOFF P., *Villeinage in Medieval England*, Oxford, 1923.
WADDELL Helen, *Mediaeval Latin Lyrics*, Londres, 1952.
WEBB Beatrice et WEBB Sidney, *Soviet Communism: A New Civilisation?*, Londres, 1935, sans point d'interrog., 1937, revu, 1944.
WERTH A. et MIHANOVICH C.S., *Papal Pronouncements on Marriage and the Family*, Milwaukee, 1955.
WESTERMARCK E., *History of Marriage*, Londres, 1891, 3 vol.
* YOUNG Michael et WILLMOTT Peter, *Family and Kinship in East London*, Londres, 1957, Pelican edn 1962.

Bibliographie des traductrices

ARIES Philippe, *L'enfant et la Vie familiale sous l'Ancien Régime*, Paris, Le Seuil, 1973.
ARISTOTE, *Politique*, Livres I et II, traduit par Jean Aubonnet, Paris, Les Belles Lettres, 1968.
AUSTEN Jane, *Orgueil et Préjugés*, trad. Leconte V et Pressoir, ch. Christian Bourgeois Ed., Paris, 1979.
BEAUVOIR Simone de, *Le deuxième Sexe*, I et II, N.R.F., Gallimard, Collection Idées, 1975.
BETTELHEIM Bruno, *Les Enfants du Rêve*, traduit de l'américain par Odile Werthemer, Ed. R. Laffont, Paris, 1971.
La Bible, Nouveau Testament, Traduction œcuménique de la Bible, Librairie générale française, Livre de Poche, 1979.
BRANT S., *La Nef des Fous*, adaptation française, Horst, Bruxelles, Seghers, 1979.
BRANTOME, *Les Dames galantes*, Nouvelle édition publiée d'après les manuscrits de la Bibliothèque Nationale avec variantes, introduction, notes, Paris, Ed. Gernier Frères, 1947.
BURKE Edmund, *Réflexions sur la Révolution française*, Paris, Nouvelle Librairie Nationale, 1912.
CHAUCER, *Les Contes de Canterbury*, Aubier, Ed. Montaigne, Paris, 1942.
CHAUCER, *Troïle et Crisède*, trad. Simon, J.R. Paris, Aubier-Montaigne, 1970.
Chevalier de la Tour Landry, *Le Livre pour l'Enseignement de ses Filles*, Anat. de Montaiglon, Paris, 1854.
CREPIN André, *Poèmes héroïques vieil-anglais*, Union Générale d'Editions, 10/18, Paris, 1981.
DANIELOU J. et MARROU H., *Nouvelle Histoire de l'Eglise*, «Des Origines à St Grégoire le Grand», Vol. I, Ed. Seuil, Paris, 1963.
ENGELS Friedrich, Œuvres Complètes, *L'Origine de la Famille, de la Propriété privée et de l'Etat*, Ed. Sociales, Paris, 1954.
ERASME, *Colloques*, J. et R. Wittnan, Paris, 1946.

FIRESTONE Shulamith, *La Dialectique du Sexe*, Trad., Stock, Paris, 1972.
FLANDRIN J.L., *Familles, Parenté Maison, Sexualité dans l'ancienne Société*, Hachette, Paris, 1976.
GREER Germaine, *La femme Eunuque*, Trad., Collection Documents, Laffont, Paris, 1971.
HITLER Adolf, *Ma Doctrine*, trad. Dauture F. et Blond G., Fayard, Paris, 1938.
HUIZINGA Johan, *L'Automne au Moyen Age*, traduit du hollandais par J. Bastin, Payot, Paris, 1977.
LASLETT Peter, *Un Monde que nous avons perdu, Famille, Communauté et Structure sociale dans l'Angleterre pré-industrielle*, trad.; Campos, Ch. Flammarion, Paris, 1969.
LAWRENCE D.H., *Défense de Lady Chatterley*, Trad. J. Benoist-Méchin, N.R.F., Paris, 1932.
LE ROY LADURIE Emmanuel, *Montaillou, Village occitan*, N.R.F., Paris, 1975.
LOCKE John, *Deuxième Traité du Gouvernement civil*, par Bernard Gilson, Librairie Philosophique J. Vrin, Paris, 1967.
MARX Karl, *Le Capital*, V. Girard et E. Brière, Paris, 1900-1902.
MARX Karl et ENGELS, Friedrich, *Manifeste du Parti communiste,* trad.; Chatelet Fr., Pédagogie moderne, Bordas, Paris, 1981.
MONTAIGNE Michel de, *Essais*, Presses Universitaires de France, 1965, II.
PLATON, *Œuvres complètes*, Tomes VI et VII, «La République», texte établi et traduit par Chambry E., Les Belles Lettres, Collection des Universités de France, Budé, Paris.
PLUTARQUE, *Œuvres morales*, Les Belles Lettres, Paris, 1974.
ROUGEMONT Denis de, *L'Amour et l'Occident*, Union Générale d'Editions, Collection 10/18, Paris, 1962.
ROWBOTHAM S., *Féminisme et Révolution*, Trad. Kamnitzer P., Payot, Paris, 1973.
SHAKESPAERE William, *Les joyeuses Commères de Windsor*, trad. Hugo, F-V., Flammarion, Paris, 1966.
SHELLEY, *Prométhé Délivré*, Collection bilingue des classiques étrangers, Aubier, Ed. Montaigne, Paris, 1942.
SHORTER Edward, *Naissance de la Famille moderne, XVIII-XXe siècle*, Le Seuil, Paris, 1977.

Index

Adamites, 116
Adoption, 144
Adultère, 15, 19, 91, 104-108, 150, 219
Alberti Léon Battista, 232
Alcuin, 129, 223
'Alison', 137
Amour courtois, 91, 103-113
— libre, 13, 42-43, 44, 166
— romantique, 15, 103-113, 150, 199-200
Anabaptistes, 166
Anderson, Michael, 54
Anglo-Saxons, 110-111, 212-213, 242
Anno de Cologne, Archevêque, 129
Anselme, Saint, 128-129
Ariès, Philippe, 16, 115-117, 126, 132, 148, 152-157, 159, 160, 232
Aristote, 194-195, 198
Assistance juridique, 226
Aubrey, John, 235
Augustin, Saint, 130
Auguste, Empereur, 213
Austen, Jane, 75-76, 169.

Bachofen, Johan, 58
Banham, Reyner, 187
Beard, Mary, 141
Beauvoir, Simone de, 232, 235
Beaux-Arts, Enfance et, 153-154
Becon, Thomas, 79
Belle-mère, 108, 149, 238
Bennett, Stanley, 80

Berthold le Chapelain, 72
Bethnal Green, 181, 249-250
Bettelheim, Bruno, 205-206
Bloch, Marc, 69
Boccace, 105-106, 234
Boethius, 136
Boleyn, Anne, 71
Bond, Edward, 192
Book of Good Manners, The, 79
Boukharine, N., 45
Bourdieu, Pierre, 122
Bracciolini, Poggio, 137
Brant, Sébastien, 79
Brantôme, Abbé de, 235
Brewer, D.S., 105
Fraternité, 189-210
Burke, Edmund, 185-186, 207
Burns, Robert, 112
Byrne, Muriel St Clare, 247

Calvin, Jean, 26
Cambridge Group for the History of Population and Social Structure, 18, 64
Capellanus, Andreas, 108
Capitalisme, 47, 180, 204
Catherine d'Aragon, 216-218
Caudwell, Christopher, 199-200
Caxton William, 79, 97, 137
Censure, 135-140
Chapiteaux du Mariage, Venise, 126-127
Charlemagne, 243
Chartisme, 182

Chaucer, Geoffrey, 106-107, 135-137, 234
Chettle Henry, 138
Chine, 12, 156
Clément Ier, Pape, 166
Clément d'Alexandrie, 24
Clovis, Roi des Francs, 11, 242
Coetquen, Madame de, 117
Communauté, 8, 15, 43, 49, 180, 193, 204-207, 209-210, 253-254
Communauté, Sens de la, 67-68, 180-184, 196
Complainte de l'Epoux, La, 110-111
Concile de Trente, 25, 42, 214
Connolly, Cyril, 169-170
Conservatisme, 185
Constantin, Empereur, 25, 242
Contes de Canterbury, 123, 135-137
Cooper, Thomas, 182-183
Coppe, Abiezer, 167-169
Coram, Thomas, 119-120
Costeker, Richard, 119
Costume, 155-157
Cour, 91-92, 98-100
Cour d'Etaïn, 111
Cranmond, William, 264
Cranmer, Thomas, 11, 215
Cricket, 159
Cromwell, Thomas, 81, 83
Crosland, C.A.R., 183

Daniélou, Cardinal Jean, 23, 26, 27
Davies, R.T., 136
De Amore, 105
Deloney Thomas, 138
Deschamps, Eustache, 238-239
Désertion du Foyer conjugal, 96
Deutéronome, 216
'Diarmait, Fugue de Grainme avec', 111
Dickens, Charles, 66, 207-208
Diodore de Sicile, 166
Dionysius d'Alexandrie, 24
Disraeli, Benjamin, 66, 196
Divorce, 11, 15, 22, 48, 95, 150, 166-167, 211-230, 259
    Loi sur la Réforme du —, 226
Donat, 139
Droit, Canon, 88-89, 213-219, 224
Dronke, Peter, 108-109, 113

Eadmer of Canterbury, 129
Ecoles, 138-139, 157

Ecosse, Attitude face aux naissances illégitimes en, 264-265
Edouard II, 158
Edouard VI, 11, 215
Eglise anglicane, 11-12, 48-49
Elgise catholique romaine, 8, 10-11, 15, 21-34, 42, 56
Elizabeth de Hongrie, Sainte, 72
Empire romain, 23-25, 28, 212-213, 240, 244-245
Encratisme, 23
Enfance, concept d', 15, 153-160
Enfant-martyr, 149
    Mort d'—, 117-118, 121-126
    Education des —, 15, 73, 115-117, 127-131, 144-146, 148-149, 151, 204-206
Engels, Friedrich, 15, 37, 38, 45, 53-60, 66, 103-104, 150, 168, 199
Erasme, 217-220
Esseniens, 217-220
Estissac, Mme d', 117
Ethelbert, Roi du Kent, 11, 212, 242
Ethelburga, 242
Evelyn, John, 125
Exeter Book, 110

Fagius, 220
Famille, Anthropologie et, 53-60
    Artistes et —, 168-171
    — étendue, 14-15, 57, 63-74, 180-181
    Histoire et Historiens de la —, 10, 14-15, 17-18, 135-161, 194-197
    Idéologie et —, 12, 30-34, 37-46, 70, 77-78
    Classe ouvrière et —, 146-147, 173-188, 226-228, 260-261
    — nucléaire, 14-16, 32, 46-47, 63-74, 140, 204-254
Féminisme, 15, 151-152, 231-257
Femme de Bath, 93, 95, 241
Féodalité, 90-91
Filmer, Sir Robert, 193
Firestone, Shulamith, 16, 252
Fisher, Evêque de Rochester, 216
Fitzstephen, William, 158
Flandrin, J.L., 29
Fletcher, Ronald, 229
Football, 158-159
'Formariage', 40
Fourier, Charles, 168
Fournier, Jacques, 121

France, 69, 121-123, 140, 144, 247-248, 263
Frères du Libre Esprit, 166
Friedan, Betty, 152, 233
Fromageau, G., 6, 30
Futuristes, 168

Gaskell, Elizabeth, 66
Gerhardie, William, 169
Gerson, Jean Charlier de, 239
Gide, André, 168
Giraldus, Cambrensis, 136
Godwin, William, 204
Golf, 157
Goody, Jack, 68
Gorman, Clem, 204
Gough, Richard, 95-96
Gratien, 166
Gray, Thomas, 159
Greer, Germaine, 16, 232, 253, 255, 257
Griselda, 123-124
Grotius, 220

Hajnal, John, 77
Hammurabi, Code d', 214
Hazlitt, William, 160
Hefner, Hugh, 239
Helmolz, R.H., 85
Henri Ier, 224
Henri VII, 124
Henri VIII, 71, 216-218
Héroard, Jean, 148
Herzen, Alexandre, 192
Hewitt Margaret, 143
Heywood, Rév. Oliver, 98
Hildebrand (Pape Grégoire VII), 214
Hildegarde, Abbesse, 236
Hill, Christopher, 223
Hilton, Rodney, 69
Hilter, Adolf, 13, 38-39
Hittites, 214
Hobsbawn, 190-191
Homosexualité, 12-13, 31-32, 45
Hôpital des Innocents de Florence, 120, 143
Howell, Cicely, 236
Howes, John, 96-97
Hugh of Lincoln, Saint, 129
Huizinga, Johan, 156

Illégitimité, 65, 142-145, 225, 261-266
Impuissance, 86

Irlande, 111, 212, 264
Iustus, 113

Jacques III, 158
Jellyby, Mme, 207-208
Jérôme, Saint, 28
Jésus-Christ, Attitude envers la famille et le mariage, 21-22, 33-34
Jean-Paul II, 29
Johnson, Dr, 169
Joyeuses Commères de Windsor, 147
Josselin, Rév. Ralph, 97-98
Juvénal, 128, 235, 246

Kelly, H.A., 105
Kennedy, Sénateur Edward, 228
Kibboutz, 15, 205-207
Kittredge, G.L., 92
Kollontai, Alexandra, 42
Krylenko, N.V., 42, 45

Ladurie, Emmauel Le Roy, 63, 121-123, 247-248
Laing, R.D., 197, 221, 256
Lancashire, 64-66, 182
Lancelot et Guenièvre, 106
Landry, Chevalier de La Tour, 97
Laneham, Robert, 137
Langland, William, 80
Laslett, Peter, 18, 63-64, 70, 78, 141, 143, 173, 194, 232, 264
Lawrence, D.H., 8, 174, 196, 239
Lawrence, W.W., 92
Leach, Sir Edmund, 16, 46, 168
Lear, Roi, 123
Leavis, F.R., 174
Lenine, V.I., 13, 43-44
Léon XIII, Pape, 56
Lerner Lawrence, 106, 108
Lettres d'Amour, 81-82
Lévitique, 216
Levy, Marion, 64
Lewis, C.S., 23, 103-105
Lietzmann, H., 23
Lisle, Honor, 81, 247
Lisle Letters, 81-82, 247
John, Locke, 119, 128, 193-194
Lois de succession, 140, 240-244, 248-249, 250
Louis IV de Thuringe, 72
Lowe, Roger, 98-100
Lowie, Robert H., 59

Lubbock, Sir John, 58
Lucrèce, 130
Lunacharski, A., 43
Luther, Martin, 40, 124, 215

Macbeth, 123
Macfarlane, Alan, 63, 143, 242
McLellan, David, 59
McWilliams, Wilson Carey, 190, 195
Mailer, Norman, 239
Maine, Sir Henry, 196-197
Maitland, F.W., 151, 241, 246
Malinowski, B., 59
Marinetti, F.T., 168
Mariage, âge du, 77, 261
— arrangé, 122, 149
Cérémonie du —, 25, 67-68, 86-89
— de convenance, 15, 75-80
— d'enfants, 15, 78, 89
Egalité dans le —, 93-94, 233-239, 250-251
— primitif, 15, 56-59
Marrou, H., 108
Marx, Karl, et le marxisme, 15, 37-38, 57-58, 63, 66, 187, 199-200, 203, 254
Masefield, John, 92
Mathieu, Saint, 28
Mause, Lloyd de, 127-128, 130-131, 151
Mein Kampf, 38-39
'Merchet', 40
Meung, Jean de, 238-239
Miller, Henry, 239
Millett, Kate, 239
Milton, John, 28, 219-221
Molière, 117
Monluc, Maréchal de, 118-119
Montaigne, Michel de, 30, 117-119, 235
Montaillou, 121-123, 247-248, 263
Montrose, Conte de, 159
More, Sir Thomas, 220
Morelli, Giovanni, 130-131
Morgan, Lewis, 53, 57, 58-59, 215-216
Morris, Colin, 191
'Mortmain', 140
Morungen, Heinrich von, 109
Munich, 243
Murdock, G.P., 64
Musgrove Frank, 209
Myddle, Hystory of, 95-96

Narbonne, 138
Nazisme, 13, 38-39

Nef des Fous, La, 79
Nelson, Benjamin, 197
Noces de Cana, Les, 22
Normand, Le Joug, 223-224
Nourrices, 30, 116, 131

Oestreicher, Rév. Paul, 193
Orgasme, 234-236
Orgueil et Préjugés, 75-76
Orphelins et Orphelinats, 117, 119-120, 142-146
Ossory, Evêque d', 136

Palme, Olof, 201
Paris, Gaston, 103
Parti communiste, 37-38
Parti travailliste indépendant, 180-181
Pasquier, Etienne, 139
Paston Letters, 80-81, 83
Paternité, Abolition de la, 43, 204
Patriarcat, 57, 239-240
Paul, Saint, 22-23, 26, 28, 29, 192, 202
Pays de Galles, 111, 212
Pie XI, Pape, 42
Pie XII, Pape, 29
Pierre de Vénérable, 129
Pinchbeck, Ivy, 143
Pisan, Christine de, 238-239
Platon, 49-50, 165-166, 195, 204
Plutarque, 125-126, 244-245
Poèmes d'Amour, 109-112, 136-137
Polygamie, 54, 56, 58-60, 166-167
Pompéi, Inscriptions de, 110
Pordage, John, 167
Powell, Enoch, 193
Power, Eileen, 242
Pravda, 45
Vie privée, 8, 67, 173-188, 205, 218-219, 251-252
Prusse, 40
Psychiatrie, 197-198
Puritains, 26

Radcliffe-Brown, A.R., 59
Raleigh, 235
Ranters, 167-168
Recognitions de Clément, 166
Réforme, 11
Révolution industrielle, 64-65, 173-174, 249
Révolution sentimentale du 18ᵉ siècle, 77, 98, 119, 127

Remariage, 260-261
Richard II, 158
Robertson, D.N., 105
Rogers, Carl R., 198
Rogers, Thomas, 82
Roman de la Rose, 166, 238-239
Roman de Troie, 106
Roméo et Juliette, 71, 78, 147
Ross, J.B., 130-131
Rougemont, Denis de, 104
Rousseau, J.J., 119, 186, 207
Rowbotham, Sheila, 60, 233
Russel, Bertrand, 183, 195

Saint Thomas, Hôpital de, 143
Sainte-Maure, Benoît de, 106
Samaritain, Parabole du Bon, 208-209
Sappho, 109
Scarisbrick, 216
Schweitzer, 208
Seabrook, Jeremy, 167-168
Selden, John, 220
Septime Sévère, Empereur, 24
Sermon sur la Montagne, 33-34
Sévigné, Mme de, 117
Shelley, Percy, 191, 195
Shorter, E., 47, 72, 115-116, 119, 127, 142, 148
Slepkov, A., 42-43
Slingsby, Sir Henry, 124
Smout, Christopher, 264
Société des Juristes conservateurs, 48
Socrate, 49-50
Solidarité, 201-202
Sparte, 247
Sports et Jeux, 138, 140, 157-160
Staline, J., 45
Stendhal, 103
Stenton, F.M., 213
Stephen, James Fitzjames, 190
Stevens, Jessie, 180,182
Stone, Lawrence, 46, 70-73, 78, 119, 147, 160
Stonor, Elizabeth, 82
Storr, Anthony, 169
Strachan, J.M., 264

Stubbes, Philip, 158
Styrie (Autriche), 264
Subversion, 7-8
Synode de l'Eglise d'Angleterre, 224

Table of Affinity, 25
Tacite, 246
Tahiti, 54-58, 167
Tawney, Alfred Lord, 150
Tertullien, 24-25, 28
Théodore, Archevêque, 213
Thomas d'Aquin, Saint, 27, 30
Thompson, E.P., 246
Thrale, Mrs, 119
Times, The, 259
Tocqueville, Alexis de, 8
Tolstoï, Léon, 169
Tribunaux ecclésiastiques, 25, 84-90, 107
Tristan et Iseult, 106
Troeltsch, Ernst, 26-27
Troyle et Chriseyde, 90, 106-107
Trotsky, L., 42, 44, 45
Troubadours, 15, 57, 103-113
Troyes, Chrétien de, 106-108

Union Soviétique, 11, 38, 42-46, 155
Utopies, 8, 167-168, 219-220, 253-254, 256-257

Valère, Saint, 113
Veuvage, 97-98
Vie privée, 8, 67
Vinogradoff, Sir Paul, 40
Virginité, 23-26, 219
Visigoths, 213

Wagner, Richard, 150
Webb, Béatrice et Sidney, 44-45
Westermack, E., 58-59
Whittington, Dick, 143
Württemberg, 40

Yougoslavie, 58

Zadrugas, 68

Table des matières

Introduction	7
PREMIERE PARTIE: LES MYTHES	19
Chapitre 1: Le mariage et l'Eglise	21
Chapitre 2: L'Etat et la famille	37
Chapitre 3: La famille est-elle un accident historique?	53
Chapitre 4: Le mythe de la famille étendue	63
Chapitre 5: Mariage d'amour et mariage d'argent	75
Chapitre 6: Le mythe du troubadour	103
Chapitre 7: Le mythe de la mère indifférente	115
Chapitre 8: Où les historiens se sont-ils fourvoyés?	135
DEUXIEME PARTIE: LA FAMILLE HIER ET AUJOURD'HUI	163
Chapitre 9: Les détracteurs de la famille	165
Chapitre 10: La classe ouvrière et la vie privée	173
Chapitre 11: La dilution de la fraternité	189
Chapitre 12: Le retour du divorce	211
Chapitre 13: Les femmes, le pouvoir et le mariage	231

Chapitre 14: Et après?	259
Appendice	269
Sélection bibliographique	273
Bibliographie des traductrices	277
Index	279
Table des matières	284

PSYCHOLOGIE ET SCIENCES HUMAINES

collection publiée sous la direction de MARC RICHELLE

1. Dr Paul Chauchard
   LA MAITRISE DE SOI, 9ᵉ éd.
5. François Duyckaerts
   LA FORMATION DU LIEN SEXUEL, 9ᵉ éd.
7. Paul-A. Osterrieth
   FAIRE DES ADULTES, 16ᵉ éd.
9. Daniel Widlöcher
   L'INTERPRETATION DES DESSINS D'ENFANTS, 9ᵉ éd.
11. Berthe Reymond-Rivier
    LE DEVELOPPEMENT SOCIAL DE L'ENFANT ET DE L'ADOLESCENT, 9ᵉ éd.
12. Maurice Dongier
    NEVROSES ET TROUBLES PSYCHOSOMATIQUES, 7ᵉ éd.
15. Roger Mucchielli
    INTRODUCTION A LA PSYCHOLOGIE STRUCTURALE, 3ᵉ éd.
16. Claude Köhler
    JEUNES DEFICIENTS MENTAUX, 4ᵉ éd.
21. Dr P. Geissmann et Dr R. Durand
    LES METHODES DE RELAXATION, 4ᵉ éd.
22. H. T. Klinkhamer-Steketée
    PSYCHOTHERAPIE PAR LE JEU, 3ᵉ éd.
23. Louis Corman
    L'EXAMEN PSYCHOLOGIQUE D'UN ENFANT, 3ᵉ éd.
24. Marc Richelle
    POURQUOI LES PSYCHOLOGUES?, 6ᵉ éd.
25. Lucien Israel
    LE MEDECIN FACE AU MALADE, 5ᵉ éd.
26. Francine Robaye-Geelen
    L'ENFANT AU CERVEAU BLESSE, 2ᵉ éd.
27. B.F. Skinner
    LA REVOLUTION SCIENTIFIQUE DE L'ENSEIGNEMENT, 3ᵉ éd.
28. Colette Durieu
    LA REEDUCATION DES APHASIQUES
29. J.C. Ruwet
    ETHOLOGIE: BIOLOGIE DU COMPORTEMENT, 3ᵉ éd.
30. Eugénie De Keyser
    ART ET MESURE DE L'ESPACE
32. Ernest Natalis
    CARREFOURS PSYCHOPEDAGOGIQUES
33. E. Hartmann
    BIOLOGIE DU REVE
34. Georges Bastin
    DICTIONNAIRE DE LA PSYCHOLOGIE SEXUELLE
35. Louis Corman
    PSYCHO-PATHOLOGIE DE LA RIVALITE FRATERNELLE
36. Dr G. Varenne
    L'ABUS DES DROGUES
37. Christian Debuyst, Julienne Joos
    L'ENFANT ET L'ADOLESCENT VOLEURS
38. B.-F. Skinner
    L'ANALYSE EXPERIMENTALE DU COMPORTEMENT, 2ᵉ éd.
39. D.J. West
    HOMOSEXUALITE
40. R. Droz et M. Rahmy
    LIRE PIAGET, 3ᵉ éd.
41. José M.R. Delgado
    LE CONDITIONNEMENT DU CERVEAU ET LA LIBERTE DE L'ESPRIT
42. Denis Szabo, Denis Gagné, Alice Parizeau
    L'ADOLESCENT ET LA SOCIETE, 2ᵉ éd.
43. Pierre Oléron
    LANGAGE ET DEVELOPPEMENT MENTAL, 2ᵉ éd.
44. Roger Mucchielli
    ANALYSE EXISTENTIELLE ET PSYCHOTHERAPIE PHENOMENO-STRUCTURALE
45. Gertrud L. Wyatt
    LA RELATION MERE-ENFANT ET L'ACQUISITION DU LANGAGE, 2ᵉ éd.
46. Dr Etienne De Greeff
    AMOUR ET CRIMES D'AMOUR
47. Louis Corman
    L'EDUCATION ECLAIREE PAR LA PSYCHANALYSE
48. Jean-Claude Benoit et Mario Berta
    L'ACTIVATION PSYCHOTHERAPIQUE
49. T. Ayllon et N. Azrin
    TRAITEMENT COMPORTEMENTAL EN INSTITUTION PSYCHIATRIQUE
50. G. Rucquoy
    LA CONSULTATION CONJUGALE
51. R. Titone
    LE BILINGUISME PRECOCE
52. G. Kellens
    BANQUEROUTE ET BANQUEROUTIERS
53. François Duyckaerts
    CONSCIENCE ET PRISE DE CONSCIENCE
54. Jacques Launay, Jacques Levine et Gilbert Maurey
    LE REVE EVEILLE-DIRIGE ET L'INCONSCIENT
55. Alain Lieury
    LA MEMOIRE

56 Louis Corman
NARCISSISME ET FRUSTRATION D'AMOUR
57 E. Hartmann
LES FONCTIONS DU SOMMEIL
58 Jean-Marie Paisse
L'UNIVERS SYMBOLIQUE DE L'ENFANT ARRIERE MENTAL
59 Jacques Van Rillaer
L'AGRESSIVITE HUMAINE
60 Georges Mounin
LINGUISTIQUE ET TRADUCTION
61 Jérôme Kagan
COMPRENDRE L'ENFANT
62 Michael S. Gazzaniga
LE CERVEAU DEDOUBLE
63 Paul Cazayus
L'APHASIE
64 X. Seron, J.L. Lambert, M. Van der Linden
LA MODIFICATION DU COMPORTEMENT
65 W. Huber
INTRODUCTION A LA PSYCHOLOGIE DE LA PERSONNALITE, 2ᵉ éd.
66 Emile Meurice
PSYCHIATRIE ET VIE SOCIALE
67 J. Château, H. Gratiot-Alphandéry, R. Doron et P. Cazayus
LES GRANDES PSYCHOLOGIES MODERNES
68 P. Sifnéos
PSYCHOTHERAPIE BREVE ET CRISE EMOTIONNELLE
69 Marc Richelle
B.F. SKINNER OU LE PERIL BEHAVIORISTE
70 J.P. Bronckart
THEORIES DU LANGAGE
71 Anika Lemaire
JACQUES LACAN, 2ᵉ éd. revue et augmentée
72 J.L. Lambert
INTRODUCTION A L'ARRIERATION MENTALE
73 T.G.R. Bower
DEVELOPPEMENT PSYCHOLOGIQUE DE LA PREMIERE ENFANCE
74 J. Rondal
LANGAGE ET EDUCATION
75 Sheila Kitzinger
PREPARER A L'ACCOUCHEMENT
76 Ovide Fontaine
INTRODUCTION AUX THERAPIES COMPORTEMENTALES
77 Jacques-Philippe Leyens
PSYCHOLOGIE SOCIALE, 2ᵉ éd.
78 Jean Rondal
VOTRE ENFANT APPREND A PARLER
79 Michel Legrand
LE TEST DE SZONDI
80 H.J. Eysenck
LA NEVROSE ET VOUS
81 Albert Demaret
ETHOLOGIE ET PSYCHIATRIE
82 Jean-Luc Lambert et Jean A. Rondal
LE MONGOLISME
83 Albert Bandura
L'APPRENTISSAGE SOCIAL
84 Xavier Seron
APHASIE ET NEUROPSYCHOLOGIE
85 Roger Rondeau
LES GROUPES EN CRISE?
86 J. Danset-Léger
L'ENFANT ET LES IMAGES DE LA LITTERATURE ENFANTINE
87 Herbert S. Terrace
NIM, UN CHIMPANZE QUI A APPRIS LE LANGAGE GESTUEL
88 Roger Gilbert
BON POUR ENSEIGNER?
89 Wing, Cooper et Sartorius
GUIDE POUR UN EXAMEN PSYCHIATRIQUE
90 Jean Costermans
PSYCHOLOGIE DU LANGAGE
91 Françoise Macar
LE TEMPS, PERSPECTIVES PSYCHOPHYSIOLOGIQUES
92 Jacques Van Rillaer
LES ILLUSIONS DE LA PSYCHANALYSE, 2ᵉ éd.
93 Alain Lieury
LES PROCEDES MNEMOTECHNIQUES
94 Georges Thinès
PHENOMENOLOGIE ET SCIENCE DU COMPORTEMENT
95 Rudolph Schaffer
COMPORTEMENT MATERNEL
96 Daniel Stern
MERE ET ENFANT, LES PREMIERES RELATIONS
97 R. Kempe & C. Kempe
L'ENFACE TORTUREE
98 Jean-Luc Lambert
ENSEIGNEMENT SPECIAL ET HANDICAP MENTAL
99 Jean Morval
INTRODUCTION A LA PSYCHOLOGIE DE L'ENVIRONNEMENT

100 Pierre Oleron et al.
SAVOIRS ET SAVOIR-FAIRE PSYCHOLOGIQUES CHEZ L'ENFANT
101 Bernard I. Murstein
STYLES DE VIE INTIME
102 Rondal/Lambert/Chipman
PSYCHOLINGUISTIQUE ET HANDICAP MENTAL
103 Brédart/Rondal
L'ANALYSE DU LANGAGE CHEZ L'ENFANT
104 David Malan
PSYCHODYNAMIQUE & PSYCHOTHERAPIE INDIVIDUELLE
105 Philippe Muller
WAGNER PAR SES REVES
106 John Eccles
LE MYSTERE HUMAIN
107 Xavier Seron
REEDUQUER LE CERVEAU
108 Moreau/Richelle
L'ACQUISITION DU LANGAGE
109 Georges Nizard
ANALYSE TRANSACTIONNELLE ET SOIN INFIRMIER
110 Howard Gardner
GRIBOUILLAGES ET DESSINS D'ENFANTS, LEUR SIGNIFICATION
111 Wilson/Otto
LA FEMME MODERNE ET L'ALCOOL
112 Edwards
DESSINER GRACE AU CERVEAU DROIT
113 Rondal
L'INTERACTION ADULTE-ENFANT
114 Blancheteau
L'APPRENTISSAGE CHEZ L'ANIMAL
115 Boutin
FORMATION ET DEVELOPPEMENTS
116 Húsen
L'ECOLE EN QUESTION
117 Ferrero/Besse
L'ENFANT ET SES COMPLEXES
118 R. Bruyer
LE VISAGE ET L'EXPRESSION FACIALE
119 J.P. Leyens
SOMMES-NOUS TOUS DES PSYCHOLOGUES?
120 J. Château
L'INTELLIGENCE OU LES INTELLIGENCES?
121 M. Claes
L'EXPERIENCE ADOLESCENTE
122 J. Hayes et P. Nutman
COMPRENDRE LES CHOMEURS
123 S. Sturdivant
LES FEMMES ET LA PSYCHOTHERAPIE
124 A. Pomerleau et G. Malcuit
L'ENFANT ET SON ENVIRONNEMENT
125 A. Van Hout et X. Seron
L'APHASIE DE L'ENFANT
126 A. Vergote
RELIGION, FOI, INCROYANCE

Hors collection

Paisse
PSYCHOPEDAGOGIE DE LA LUCIDITE
Paisse
ESSENCE DU PLATONISME
Collectif
SYSTEME AMDP
Boulangé/Lambert
LES AUTRES, L'EXPRESSION ARTISTIQUE CHEZ LES HANDICAPES MENTAUX

Manuels et Traités

2 Thinès
PSYCHOLOGIE DES ANIMAUX
3 Paulus
LA FONCTION SYMBOLIQUE ET LE LANGAGE
4 Richelle
L'ACQUISITION DU LANGAGE
5 Paulus
REFLEXES-EMOTIONS-INSTINCTS
Droz-Richelle
MANUEL DE PSYCHOLOGIE
Hurtig-Rondal
MANUEL DE PSYCHOLOGIE DE L'ENFANT (Tome 1)
Hurtig-Rondal
MANUEL DE PSYCHOLOGIE DE L'ENFANT (Tome 2)
Hurtig-Rondal
MANUEL DE PSYCHOLOGIE DE L'ENFANT (Tome 3)
Rondal-Seron
LES TROUBLES DU LANGAGE (DIAGNOSTIC ET REEDUCATION)